말이 힘이다

전면개정판

말이 힘이다

Basic Liberal Arts Courses of HANYANG UNIVERSITY

한양대학교 교양국어교육위원회 편

전면개정판

한양대학교 출판부

그래도 '말'이다!

우리는 OpenAI가 제공하는 ChatGPT를 경험하면서 새로운 세상을 실감하고 있다. 그러나 여전히 본격적인 AI 시대에도 말하기 능력은 가장 중요한 경쟁력이다. 빛나는 아이디어와 다양한 정보를 가졌어도 그것을 듣는 사람의 안목과 공감에 맞게 말로 표현하는 능력을 갖추지 못했다면 허사이다. 훌륭한 말하기 능력의 밑거름은 우선 자기 자신을 이해하는 데서 시작된다. 앞으로 자신을 둘러쌀 가상세계, 증강세계와 혼재하는 현실세계를 어떻게 창의적으로 이해하고 해석하느냐에 그 성패가 달려 있다. 따라서 우리는 비판적으로 바라보는 눈을 가지고 세상을 채우고 있는 초격차의 논쟁거리들에 대해 다양하고도 치열한 토론과 설득력 있는 자신의 주장을 전달하고 논쟁점에 접근해 가는 과정을 배워야 한다. 위기감이 감도는 새 세상에서 그래도 '말'이 인간사에서 여전히 중요하기 때문이다.

말하기란 사물이나 현상을 이해하고 해석하고 판단하는 일련의 사고 과정과 결과를 일정한 원리에 의해 음성으로 표현하는 행위를 말한다. 그래서 말하기 능력에 선행하는 창조적 사고 능력이 절실하게 요구된다. 창조적 사고 과정이 말하기에 담기는 것은 오래전부터 추구되어 왔다. 고대 로마의 원로원, 고대 그리스의 소피스트, 중국 춘추전국시대의 제자백가들뿐만 아니라 오늘날 각 방면의 지도자나 리더들은 말하기의 중요함을 깨치고 잘 활용한 사람들이다. 물론 시대의 변화와 함께 말하기 양식도 변화를 필연적으로 겪는다. 이러한 변화를 가져오는 가장 주도적인 힘은 말하기가 가지고 있는 매체적 성격의 변화이다. 우리는 다매체의 활성화와 가상세계, 증강세계 및 현실세계가 넘나드는 시대에 따른 음성 매체의 필연적 약화 추세를 맞았다. 이럴 때 여전히 중요한 말하기 교육을 현재 상황과 어떻게 접목시켜 가야 하는가? 새로운 교재와 교육 방법에 대하여 깊이 고민한 것도 바로 이러한 이유에서 비롯되었다.

한양대학교 교양국어교육위원회에서는 이번에 『말이 힘이다』 교재를 개편하였다. 개편 과정에서 우리는 대학생들의 창조적 사고 능력과 실제적 말하기 능력을 향상하는 쪽으로 방향을 정했다. 우선 말하기 과정을 단계별로 설명하면서 창의적 사고 훈련 과정을 더욱 강화하였다. AI 시대가 요구하는 정신에 가장 부합하는 명문을 엄선하여 읽기 자료로 담았고 이를 바탕으로 창조적 논리적 사고가 도출되는 말하기를 발표와 토론을 통해 실제로 해 볼 수 있도록 하였다. 우선 학생들은 말하기 능력을 길러 가는 훈련 과정이 매우 어려운 만큼, 이 교재와 '말과 글' 수업을 통해 수준 높은 교양 지식을 쌓으면서 창의적 소통 능력을 키워 가기 바란다. 마지막으로 이러한 선도적인 말하기의 교재 개편이 가능했던 것은 오랫동안 '말과 글' 과목을 담당해 오신 선생님들의 경험과 자료 제공이 중요한 몫을 하였다. 『말이 힘이다』 교재 개편에 직접 참여하신 김현주, 전은진, 전지은, 정종수, 허진혁 선생님과 집필의 과정에 올바른 방향으로 교재 개편이 되도록 조언을 아끼지 않은 '말과 글' 담당 선생님들께 다시 한번 감사함을 전한다.

2024년 2월

한양대학교 교양국어교육위원회 위원장 서경석

이 책은 한국인의 말하기 실력 향상에 도움을 주기 위하여 개발되었다. 말하기 실력 향상이란, 단순히 강한 말발을 갖추어서 상대를 제압하는 것을 뜻하는 것은 아니다. 요즘은 상대를 제압하여서 독불장군으로 군림하는 시대가 아니라 다양한 능력을 가진 이들이 협동하여 강력한 힘을 발휘하고 추구하는 목표를 함께 이루어 나가는 시대이다. 이를 위하여서는 다양한 말하기의 능력을 갖추어야 한다. 협동하는 능력, 대화하는 능력, 배려하는 능력, 세련되게 표현하는 능력 등 다양한 말하기의 능력을 갖추어야 한다.

말하기 실력을 향상하기 위해서는 그저 말하기의 실력을 약간 향상하는 정도로 목표를 두면 안 된다. 우리가 염두에 두어야 하는 것은 첫째, 나 자신이 말하기의 하수나 중수가 아닌 고수가 되어야겠다는 다짐이다. 말하기는 평생의 화두이다. 누가 말을 잘하느냐에 따라서 직업이 달라지고 소득이 달라지고 귀천이 달라지는 것이 요즘 세상이다. 같은 환경에서도 어떤 말을 하느냐에 따라서 어떤 사람은 환영을 받고 어떤 사람은 미움을 받는다. 하루라도 빨리 뜻을 펼치기 위하여 말하기의 고수가 되어야겠다는 방향을 일찍 결정한 사람과 그렇지 않은 사람은 시간이 갈수록 큰 차이가 나타날 수밖에 없다. 말하기를 배우기 전에 말하기의 고수가 되어야겠다는 다짐을 갖도록 하자.

둘째, 말하기 훈련을 하겠다는 다짐이다. 말하기 실력이 늘지 않는 사람들이 있는데, 그들이 부족한 것은 지식이 아니라 훈련이다. 해 보지 않은 일을 처음부터 잘하는 사람은 그러한 능력을 타고난, 선택받은 극소수일 뿐이다. 물론 하루아침에 말하기의 고수가 되지는 못한다. 대화를 더 잘하고 발표를 더 잘하기 위해서 말하기 훈련을 꾸준히 계속하겠다는 다짐을 갖도록 하자.

이 책은 말하기의 다양한 능력을 갖추는 데 도움을 주고자 한다. 본 책의 앞부분은 말하기의 기본 지식에 관하여 다루고, 뒷부분은 대화, 발표, 토론 등 사회에서 자주 접하게 되는 말하기에 관하여 다룬다. 이 책은 말하기 노하우를 총괄하였을 뿐 아니라 요즘 많이 사용되는 말하기에 관한 용례도 다수 첨가하였다. 이 책을 통해 말하기 실력 향상에 큰 도움이 되기를 바란다.

차례

제4부 발표

제5부 토론

제1부

말하기 개요

1

말하기의 본질 및 중요성

• • •

우리는 스스로에게 물어볼 필요가 있다. 과연 나는 바람직한 말하기를 하고 있는가? 나는 교양인에 걸맞은 말하기를 하고 있는가? 나는 말을 잘하기 위한 노력을 하고 있는가? 우리는 어떻게 말하여야 교양을 갖추고 상대에게 인정받을 수 있을 것인가에 관한 고민을 하여야 한다.

말하기는 단순히 언어와 정보의 전달만을 담당하는 것이 아니다. 성인이 되기 전까지의 말하기는 주로 수업 시간에 이루어지는 정보 전달이 주를 이루었다. 그러나 성인이 되고 사회생활을 하면서 이루어지는 말하기는 우리 인생의 성패에 지대한 영향을 미치게 된다. 말하기로 인하여 개인의 자아가 형성되고 인간관계가 유지되며 그로 인하여 삶의 질이 달라지기도 한다. 현대 사회는 인풋(input)의 시대에서 아웃풋(output)의 시대로 변하고 있다. 자신이 가지고 있는 지식과 능력도 중요하지만, 그것을 어떻게 펼치느냐가 관건이다. 성공과 말하기 능력이 밀접한 연관이 있다고 말하는 것도 이 때문이다. 이러한 말하기의 중요성을 사회적으로 인식하기에 화법, 설득과 협상, 프레젠테이션, 유머 등 말하기와 관련된 서적들은 항상 베스트셀러 상위 명단에 이름을 올린다. 자고이래로 지금까지 말하기의 비중은 항상 컸고, 말하기가 인생의 성패와 관련이 있다는 인식은 항상 있어 왔다. 그만큼 말하기는 중요하다.

1.1. 말하기의 본질

말하기란 언어의 일종이다. 언어는 말과 글로 이루어지는 것인데, 우리는 일상생활에서 글보다는 말을 훨씬 더 많이 사용한다. 말은 의사소통의 기본을 이루는 것으로서 말을 통하여서 사회생활을 하고 자신의 생각을 드러내며, 정보를 주고받는다. 요즘은 글의 강점인 정보의 저장 능력도 말에서 영상이나 녹취로 보완되고 있는 추세이다. 말하기는 예나 지금이나 미래에나 그 중요도는 줄어들지 않는다.

말이란 무엇인가? 말이라는 것은 인간만이 가지고 있는 특질로서, 인간의 이런 특성을 동물과 구별하기 위하여 라틴어로 '호모 로퀜스(Homo loquens)'라는 말을 쓰기도 한다. 지능이 높은 돌고래와 같은 동물도 의사소통을 하지만, 문장으로 이루어지는 고도의 내용을 담은 말은 할 수 없다. 영국의 철학자 러셀(Bertrand Arthur William Russell)이 한 말 "개가 아무리 유창하게 짖는다고 하여도, 다른 개에게 자기 부모가 가난하였지만 정직하였노라고 말할 수 없다.(No matter how eloquently a dog may bark, he cannot tell another dog that his parents were poor but honest.)"는 동물이 복잡한 내용을 담은 말을 전할 수 없다는 것을 잘 표현하고 있다. 그만큼 말은 인간만이 사용할 수 있는 것이고 말을 소중히 여겨야 한다는 통찰을 얻을 수 있다.

이 절에서는 말하기의 본질을 '언어의 특성과 말하기, 존재와 말하기, 관계망 속의 말하기'의 세 측면에서 살펴보도록 한다. '언어의 특성과 말하기'에서는 언어의 특성이 말하기에 미치는 의의는 무엇인가를 살펴볼 것이고, '존재와 말하기'에서는 말하기가 존재 자체가 될 수 있음을 살펴볼 것이다. 그리고 '관계망 속의 말하기'에서는 말하기의 의사소통적 측면에서 말하기의 본질을 살펴보고자 한다.

1.1.1. 언어의 특성과 말하기

언어는 기호성, 자의성, 규칙성, 사회성, 창조성, 역사성 등 다양한 특성이 있다. 언어는 말과 글로 이루어져 있는데, 이 언어의 특성들은 말에도 다 적용이 되는 것이기에 하나씩 살펴보면서 이 특성들이 말하기에 미치는 의의를 살펴보도록 한다.

먼저 기호성과 자의성을 함께 살펴보도록 한다. 기호성의 기호란, 기의(의미)와 기표(표시)의 결합으로서 가장 대표적인 기호로는 언어가 꼽힌다. 언어는 내용이라는 기의와 말소리·문자라는 기표의 결합이다. 자의성이란, 기의와 기표는 서로 간에 아무런 관련성이 없다는 것이다. 기호성과 자의성은 언어학자 소쉬르(Ferdinand de Saussure)가 주창한 것으로서, 기호성과 자의성은 연관된다. 기의와 기표가 연관된다면 우리는 '☀'를 전 세계에서 '해'라고 불러야지, 'sun', '日'이라고 달리 부르지 않을 것이다. 즉, '☀'를 '해'나 'sun'이나 '日'로 부를 아무런 이유는 없으며, 그저 언어권마다 각각 쓰는 말의 영향을 받아서 그렇게 달리 명칭을 붙일 뿐이라는 것이다. 이렇듯 언어는 하나의 기호이고 자의성이 있기에 그 내용을 가장 적확한 말소리에 담아야 한다. 그 내용과 말소리의 결합이 제대로 이루어지지 않았을 경우에는 전달이 잘되지 않는다. 이렇게 적확한 표현을 찾기 위하여 독서와 대화를 통하여서 어휘력을 늘려야 하는 것이다.

다음으로 언어의 규칙성을 살펴보도록 한다. 언어의 규칙성이란, 언어가 규칙 체계를 가지고 있다는 것이다. 규칙성의 측면에서 살펴보면, 우리는 언어를 사용할 때 언어 체계의 규칙을 준수하면서 말을 하여야 한다는 것이다. 우리는 일상생활에서 한국어를 말할 때 수많은 오발음과 잘못된 문법(주어·서술어의 불호응, 문장 성분의 과도한 생략 등), 잘못된 구성(논리적 비약, 말 순서의 역행 등)을 사용한다. 규칙을 지키지 않고 말을 하면, 의사소통에 오류가 생길뿐더러 청자로부터 품격이 떨어진다는 평가를 받을 수도 있다. 규칙을 잘 지키면서 말하는 습관을 들여야 할 것이다.

언어의 사회성이란, 언어가 사회적으로 수용된 이후에는 어느 개인이 마음대로 그 언어를 바꿀 수 없다는 특징이다. 이는 언어의 약속성이라고 불리기도 한다. 언어는 사회성이 있기에 우리는 사회적으로 약속된 표현을 적절하게 사용하여야 한다. 즉, 어떤 상황에서 사용할 수 있는 단어가 사회적으로 정해져 있는 것이다. 멋진 풍경을 보면서, "참 가관이구나."라고 말하지 않고, "참 장관이구나."라고 표현하는 것이 맞는 것이다. 언어가 사회성이 있다는 것을 인식하고 그 상황을 가장 잘 표현할 수 있는 어휘를 잘 사용할 수 있도록 어휘력을 길러야 한다.

언어는 창조성이 있다. 언어의 창조성이란, 무수히 많은 단어와 문장을 만들 수 있다는 언어의 특징이다. 언어의 창조성에 따라서 우리는 하나의 내용을 여러 가지로 표현할 수 있으며, 이것이 말의 세계를 더욱 다채롭게 만든다. 창조성은 앞서 규칙성과 일면 배치되는 면이 있어 보이지만, 창조라는 것이 꼭 규칙을 파괴하면서 이루어지는 것만은 아니다. 규칙의 체계를 탄탄히 한 이후에 규칙에 맞는 참신하고 다양한 표현을 하는 것이 언어생활을 더욱 풍요롭게 만들 것이다.

언어는 역사성이 있다. 즉, 언어는 변화한다는 것이다. 따라서 언어의 변화에 유연하게 대할 필요가 있다. 세대가 다르면 다른 세대의 말을 잘 알아듣지 못하는 경우가 생긴다. 이때 자신의 세대에 있는 말을 고집하거나 다른 세대에서 하는 말을 배척하기보다는 언어는 변화하기 마련이라는 유연성을 가지고 시의성 있게 언어를 받아들일 필요가 있다. 후속 세대도 전 세대에서는 이런 말을 썼다는 것을 알고 전 세대와 대화할 때는 이를 고려하여 용어를 선택할 수 있는 지식과 센스를 갖추어야 한다.

1.1.2. 존재와 말하기

말은 곧 자기 자신이다. 말을 통하여 그 사람의 인격과 지위가 드러난다. 언어는 그 사람의 사회적 계층이나 신분이라는 사회적 자아를 드러내 주는 표지 역할을 한다. 즉, 그 사람이 사용하는 말(발음이나 억양, 어조, 어휘 수준이나 문장, 대화 스타일, 몸짓이나 자세 등의 비언어적 행동 등에서 드러나는 말하기 태도 및 방식 등)을 통해서 그 사람이 어느 지역 출신인지, 무엇을 하는 사람인지, 어떤 신분에 속한 사람인지가 그대로 드러난다는 의미이다. 긍정적으로 말을 하면 긍정적인 사람으로 인식되고, 부정적인 말을 하면 부정적인 사람으로 인식된다. 논리적인 말을 하면 배운 사람으로 인식되고, 욕설이 튀어 나가면 저급한 사람으로 인식되기도 한다.

"언어는 존재의 집이다. 인간은 그 집에서 산다."는 하이데거(Martin Heidegger)의 유명한 말처럼 사람은 언어를 통해 사유하고, 언어를 통해 자신을 드러낸다. 깊은 사유(思惟)와 지식, 인격은 말하기에 영향을 주기도 하지만 반대로 말하기를 통해 그 사람의 사유와 지식, 인격이 드러나기도 한다. 언어가 그 존재를 대변하는 것이다. 덕망이 있고 학식이 있는 사람이 막말을 하는 것을 볼 때, 우아한 외모를 가진 여성이 상스러운 말을 할 때 우리가 느끼는 이질감은 이와 관련이 있다. 사람들은 말과 그 사람을 동일하게 여기는 성향이 있기 때문이다. 또한 사람들은 의사소통 과정에서 자신의 사회적 계층이나 신분이라는 사회적 자아를 드러낸다. 이런 의미에서 본다면 말은 그 사람의 신분을 드러내 주는 사회적 표지(social marker) 역할까지도 하는 셈이다. 이렇듯 말하기를 통하여 우리는 우리 존재를 드러낸다.

1.1.3. 관계망 속의 말하기

말하기의 본질에서 잊지 말아야 할 점은 우리가 말을 할 때는 그 말을 듣는 청자가 있다는 사실이다. 말하기는 기본적으로 늘 청자가 있다는 것을 염두에 두어야 한다. 너무도 당연한 이 사실을 잘 인지하지 못하고 있기에 우리는 말실수를 하게 된다. 마치 공기로 숨을 쉬고 있지만 공기의 존재를 잘 모르고 살듯, 우리는 자신이 하는 말만 생각하고 상대방이 이 말을 어떻게 받아들일지 인지하지 못할 때가 많다. 말하기의 목적은 상대에게 메시지를 전달하기 위함이다. 이 말을 했을 때 상대가 어떤 반응을 보일지에 대한 생각을 할 수 있어야 말하기를 성공적으로 수행할 수 있고, 다른 사람들과 관계를 잘 맺을 수 있다.

'의사소통(communication)'이라는 말은 '나누다, 함께하다, 분배하다'의 의미를 지니고 있는 'communicate'에서 유래하였다. 이처럼 의사소통은 최소한 두 사람 이상이 서로 관계를 맺으면서 언어적 행위를 '함께 나누는 과정'이라는 개념을 전제한다. 여기서 우리가 주목해야 할 것은 말하기가 구체적인 삶 속에서 그 누군가를 대상으로 하여 이루어진다는 점이다. 말하기가 쉽지 않은 이유도 바로 여기에 있다. 의사소통의 본질이 '의미의 공유'에 있기 때문에 듣는 이의 존재와 이해의 정도는 말하기의 성공 여부와 밀접한 관련을 맺는다.

말하기는 단순히 언어만의 문제가 아니다. 화자와 청자가 상호공존하며 소통하는 '나눔'과 '관계 형성'의 장이다. 이 때문에 상대방을 배려하고, 눈높이에 맞는 말하기가 필요하다. 듣는 이의 취향과 상황을 고려하지 않은 말하기가 소통에 실패하는 것은 당연한 일이다. '이야기를 하다'라는 말은 말하는 이가 듣는 이에게 일방적으로 말하는 것을 뜻하지 않는다. 말하는 이가 듣는 이와 함께 화제와 의미를 공유하는 '이야기를 나누다'라는 뜻을 내포하고 있는 것이다.

말을 할 때에는 항상 말하는 목적이 있으며 그 목적을 이루어 줄 수 있는 것은 화자가 아니라 청자이다. 말하기의 효과는 화자가 청자에게 바라고 있는 반응과 관련된다. 화자가 바라고 있는 청자의 반응, 즉 효과를 얻는 것은 쉬운 일이 아니며 그것이 쉬운 일이 아니기 때문에 말하기에 대한 지속적인 연구가 필요하다. 그러므로 청자를 늘 고려하고 배려하면서 말을 하여야 말하기의 효과를 얻을 수 있다.

1.2. 말하기의 중요성

말하기의 중요성은 앞에서도 언급한 바 있지만, 이 절에서는 '존재 증명, 사회 지표, 심리 평정'의 세 가지 측면에서 좀 더 구체적으로 살펴보도록 한다. 우리는 말하기를 통해 자신의 존재를 청자에게 드러내고, 사회적 가치를 인정받고, 심리의 안정을 얻을 수 있다.

1.2.1. 존재 증명

우리는 말하기를 통하여 자신을 드러낸다. 특히 빠른 속도로 변화하고 있는 현대 사회에서 개인의 능력은 주로 말을 통해서 표출된다. 사회 규모가 커지고 정보화 사회가 도래하면서 그 이전 세대에 비해 사람들 간의 개별적 접촉은 감소하는 대신 미디어를 통한 간접 접촉은 늘어나는 추세이다. 이때 사람의 인격이나 지적 능력의 표출은 말하기를 통하여 이루어진다. 결국 그 사람에 대한 여러 판단 준거는 말하기 능력에 의존할 수밖에 없다. 그래서 말은 곧 그 사람 자체, 존재라고 할 수 있다.

또한 사람들은 자신의 존재 가치를 말로서 얻기도 한다. 자신의 말을 누군가 들어 주거나 소중히 여겨 주고 그 말에서 배울 점을 얻어간다면 화자는 자신의 삶이 헛되지 않았다는 것을 체험하고 자신의 존재 가치를 높이게 된다. 그리고 말을 듣는 사람은 말하는 사람을 보며 그 사람의 지식과 성품을 알게 된다. 이렇듯 말하기는 자신의 가치를 스스로에게나 타인에게나 확인시켜 주기에 더더욱 중요하다.

1.2.2. 사회 지표

말하기는 사회에서 중요한 지표가 되기도 한다. 미국의 'Job Outlook' 보고서에 따르면, 신입사원을 뽑을 때 우선적으로 고려해야 할 사항으로 꼽히는 것 1위가 커뮤니케이션 스킬이었다.

Job Outlook의 신입사원 채용 시 고려하는 10가지 스킬

① 커뮤니케이션 스킬	② 정직성, 통합성
③ 대인관계 스킬	④ 지원 동기

⑤ 강한 직업윤리 ⑥ 팀워크 스킬
⑦ 분석 스킬 ⑧ 유연성, 적용성
⑨ 컴퓨터 스킬 ⑩ 꼼꼼함

위에서 다룬 것 중에서 커뮤니케이션 스킬 외에도 대인관계 스킬, 팀워크 스킬 등이 말하기와 직접적 관련이 있다. 이처럼 말하기는 채용과 직접적인 관련이 있다고 할 수 있다.

말하기는 학교생활에서도 필수적이다. 대학에서 진행되는 많은 수업에서는 학생들의 발표가 필수적으로 이루어진다. 발표를 피하여서는 원만한 대학 생활을 할 수 없다고 해도 과언은 아니다. 또한 효과적인 말하기 스킬은 우리가 선택한 직업이 무엇이든 간에 성공적인 직장생활을 하는 데 필요하다. 직장에서 회의는 기본적으로 이루어지는 말하기 활동이며, 이 외에도 하나의 프로젝트를 따오기 위하여 경합 프레젠테이션을 하기도 하고, 여러 투자자에게 사업 설명회를 하여서 큰 사업을 유치하기도 하고, 기존 투자자들의 투자를 계속 받아서 사업을 계속 유지시키는 애뉴얼(annual) 프레젠테이션을 하기도 한다. 이러한 모든 일이 바로 '말'을 통하여서 이루어진다.

사회에서 이루어지는 중요한 말하기는 주로 설득과 관련이 있는 경우가 많다. 말하기에 설득력이 있는 사람이 주요 자리를 차지하고 주요 성과를 올릴 수 있다. 자기가 원하는 꿈을 이루는 데 말하기는 큰 역할을 한다. 나와 뜻을 같이 할 수 있는 사람, 나와 협업할 수 있는 사람을 만나고 함께 할 수 있는 있는 것은 바로 나의 말하기에서 비롯되는 것이다. 그뿐만 아니라 이제는 유튜브 등의 매체를 통해 말을 잘하는 사람들이 주목받는 시대가 되었다. 누구나 방송을 개설할 수 있고 말 실력으로 셀럽이 될 수 있고 방송으로 진출하고 큰 재화를 얻을 수 있는 시대가 되었다. 말이 사회적 성공과 경제적 부를 가져다주는 중요한 열쇠가 될 수 있다는 것이다.

1.2.3. 심리 평정

심리상태가 불안하면 안정적인 사회생활을 하기가 어렵다. 미국의 심리학자 매슬로우(Abraham Maslow)의 욕구 5단계를 보면, 1단계가 생리적 욕구이고 2단계가 안전의 욕구인데, 안전의 욕구가 바탕이 되어야 3단계 소속과 애정의 욕구, 4단계 존경의 욕구, 5단계 자아실현의 욕구까지 나아갈 수 있다고 하였다. 여기서 안전의 욕구는 물리적 안전뿐만 아니라 심리적으로도 안전한 상태, 즉 안정이 되어야 한다는 것이다. 이렇듯 안정된 심리상태, 평안한 심리상태는 우리의 삶에서 기본적인 것이라고 할 수 있다.

불안한 심리를 안정시키기 위하여 많이 사용하는 것이 바로 '상담'이다. 우리는 상담을 위해 심리 전문가를 찾아가기도 하지만 자신의 마음과 상황을 잘 이해하는 사람과의 대화를 통하여 치유하기도 한다. 물론 심리를 불안하게 만드는 각종 폭언, 무시, 비난, 조롱 등이 말을 통하여서 이루어진다는 것이 아이러니하지만, 어쨌든 말로 받은 상처는 말로 풀어야 한다. 말로 받은 상처가 아닌 각종 사건으로 인한 트라우마도 우리는 다른 사람과 상담을 통하여 치유한다.

말로 상처를 입은 이들만 치유를 받아야 하는 것이 아니라, 말로 상처를 주는 이들도 자신의 말이 잘못되었다는 인식을 갖고 바람직한 교육을 받아야 한다. 할 말을 하는 것만큼 하지 말아야 할 말을 하지 않는 것이 필요하며, 이에 관한 사회적 공감대가 형성될 때 우리 사회가 치유되고 건강해질 것이다.

1.3. 말하기의 요건

말을 잘하려면 무엇을 고려하여야 할까? 이 절에서는 말을 잘하기 위한 요건을 살펴보도록 한다. 말을 잘하기 위해서는 소재, 문법 및 구성, 표현, 태도, 말하기 요소에 각각 신경을 써야 한다. 사람마다 말하기 소재를 잘 선정하거나, 말을 정확하고 조리 있게 잘하거나, 표현력이 뛰어나거나, 공손한 태도로 말하거나, 상황 파악을 잘하는 등 어느 하나에 강점을 가지고 있는데, 이들 모두를 잘 섭렵한다면 그야말로 최고의 화자가 될 수 있다. 말하기의 요건에 대하여서는 Ⅱ부에서 구체적으로 다루겠지만, 여기서는 이 요건의 개념을 간단히 살펴보도록 한다.

1.3.1. 소재

말하기의 소재란, 어떤 화제를 다룰 것인가 하는 것이다. 우리는 말을 할 때 어떤 소재를 골라서 말을 하는데, 말하기에서 다루는 소재를 특히 '화제(話題)'라고 한다. 우리는 말하기에 어느 소재가 적절하고, 어느 소재가 적절하지 못한지를 어느 정도는 알고 있다. 대화 참여자들이 공감하는 소재가 좋을까, 공감하지 못하는 소재가 좋을까? 공감하는 소재가 좋을 것이다. 신선한 소재가 좋을까, 진부한 소재가 좋을까? 신선한 소재가 좋을 것이다. 재밌는 소재가 좋을까, 따분한 소재가 좋을까? 재밌는 소재가 좋을 것이다. 이렇듯 답을 잘 알고 있지만, 실제 말하기에서는 소재 선정이 잘 이루어지지 않는 경우가 많다. 상대를 배려하는 마음이 적어서 그럴 수도 있고, 좋은 소재를 고르는 경험이 부족해서 그럴 수도 있다. 하나의 소재가 어떤 말하기 상황에서는 효과적이나 어떤 말하기 상황에서는 비효과적일 수 있어서 소재를 잘 고르기가 쉽지 않다. 따라서 참여자들이 흥미를 가질 소재를 잘 파악하여 활용하고 상황별로 소재를 적절하게 선택하는 스킬을 익히려는 노력이 필요하다.

1.3.2. 문법 및 구성

말하기의 문법은 규범에 맞게 정확히 말하는 것을 뜻하고, 구성은 체계적으로 순서에 맞게 말하는 것을 뜻한다. 문법은 표준 발음을 잘 구사하고, 단어들의 호응 관계를 고려하며, 문장 성분을 잘 갖추어 말하는 것 등이 모두 포함된다. 구성은 여러 문장을 청자가 이해하기 쉽게 배치하거나, 흥미를 유발할 수 있게 전개하거나, 기능 단계(도입, 전개, 마무리)를 효과적으로 잘 짜는 것도 포함된다. 말을 할 때 문법을 정확하게 사용하고 구성을 잘하면 청자가 말을 이해하는 데도 큰 도움이 되고 말의 흥미도 높일 수 있다. 마치 어떤 상품을 조립하거나 예술품을 만들어 내듯이 말도 문법과 구성을 통하여 말의 완성도를 높일 수 있다.

1.3.3. 표현

말하기의 표현이란, 하나의 의미를 여러 가지 말로 나타내는 것을 말한다. 어떤 사람은 하나의 의미를 전달할 때 늘 같은 표현으로만 말하고, 어떤 사람은 하나의 의미를 다양한 표현으로 말한다. 우리는 어떤 의미를 전달할 때, 하나의 단어로도 표현할 수 있고, 구나 절로도 표현할 수 있으며, 문장으로도 표현할 수 있다. 또한 관용구나 속담으로도 표현이 가능하고, 비유적인 표현으로도 나타낼 수 있다. 심지어 외국어로도 표현이 가능하다. 어떤 의미를 한 가지 표현만으로 말하는 사람과, 다양한 표현으로 말하는 사람 중에 누가 더 표현력이 좋을까? 우리는 의미를 더 다양하게 표현할 줄 아는 사람을 표현력이 좋다고 평가하며, 표현력이 좋은 사람을 말을 잘하는 사람이라고 판단한다.

그렇다면 표현력을 늘리기 위하여서는 어떤 노력이 필요할까? 우리는 독서를 통해, 다른 사람과 대화를 통해, 다양한 매체의 활용을 통해 표현력을 향상시킬 수 있다. 이 중 가장 효과적인 방법으로 인식되는 것은 독서라고 할 수 있다. 대화와 영상 매체를 통해 표현력을 늘리는 방법은 누구와 대화하느냐, 어떤 프로그램을 접하느냐 하는 것에서 영향을 받는 정도가 다를 것이다. 그런데 책은 일단 출판되기까지 많은 사유가 이루어지고 품격 있고 적확한 표현을 위하여 여러 편집과 교정이 이루어지기 때문에 기본적으로 그 수준이 매우 높다고 할 수 있다. 그리고 독서를 하면서도 우리는 많은 사유를 하기 때문에 책에 나오는 표현을 자신의 것으로 만들 수 있는 기회가 충분한 편이다. 그래서 고급스럽고 적확한 표현을 익히고 사유를 통하여서 자신의 표현으로서 소화하는 데 독서가 가장 좋은 방법이라고 할 수 있다.

뛰어난 표현력은 선천적으로 타고나기보다 노력을 통하여 나타나는 경우가 많다. 방송 연예인 중에는 말을 잘하는 사람들이 많은데, 그들이 다른 이들보다 학력이 아주 높은 것이 아닌데도 좋은 표현력을 가지고 있는 것을 볼 수 있다. 방송에 나오는 그들의 생활을 들여다보면, 매일 아침 구독하는 신문을 정독하거나, 서가에 시집이나 책들이 빽빽이 꽂혀 있는 것을 볼 수 있다. 또한 대여섯 채널의 방송을 보면서 분석하기도 한다. 표현력이 좋은 사람들은 표현에 대한 배움의 노력이 있었기에 다른 이들보다 뛰어난 능력을 갖출 수 있었던 것이다.

1.3.4. 태도

태도는 말하기에서 갖추어야 할 자세를 뜻한다. 말하기는 나 혼자 하는 것이 아니라 청자와 상호작용으로 이루어지기에 상대를 대하는 태도가 그 무엇보다 중요하다. 태도가 공손하지 못하면 그 사람의 말의 내용도 잘 들리지 않는 법이다. 태도가 자연스럽지 못하면 그 사람의 말의 힘이 경감된다. 이렇듯 말을 할 때 태도가 중요하다. 태도는 목소리나 몸짓언어로 나타날 때가 많다. 태도는 내용의 변화에 따라 적절히 변화해야 한다. 즐거운 이야기를 할 때는 즐거운 태도를, 진지한 이야기를 할 때는 진지한 태도를 갖춰야 한다. 그런데 우리는 말을 할 때 말하는 내용에만 신경을 쓰다가 상대를 불편하게 만드는 태도를 보일 때가 많다. 태도를 잘 갖추는 것도 말을 잘하기 위한 필수 조건이다.

2

말하기 기본 원칙

• • •

말하기에 적용되는 기본 원칙이 있을까? 글에는 기본 원칙이 있을 것이라고 예상되지만, 말은 그냥 생각나는 대로 하는 것이 아닐까 하는 생각을 할 수도 있다. 그러나 말하기에도 엄연히 적용되는 원칙이 있으며, 이 원칙을 지켜야지 화자가 발화할 때 기대하는 목적을 이룰 가능성이 높다.

말하기의 기본 원칙에는 일반적으로 그라이스(Herbert Paul Grice)의 협력 원칙(The Co-operative Principle)이 거론된다. 영국의 언어 철학자 그라이스는 말을 할 때는 대화 참여자들이 서로 협력하여야 의사소통이 원활하게 되기에 그때 지켜야 하는 원칙을 크게 4가지로 설명하였다. 이 원칙은 대화 참여자의 협력을 기반으로 하므로 '협력 원칙'이라고 하는 것이다. 이 4대 협력 원칙을 대화의 원칙(Maxims of Conversation, '대화의 격률'로도 번역됨.)이라고 하는데, 이 원칙에 해당하는 것은 '질의 원칙', '양의 원칙', '관련성의 원칙', '방법의 원칙'이 있다.

협력 원칙(The Co-operative Principle)

대화가 진행되는 각 단계에서 대화의 방향이나 목적에 의해 요구되는 만큼 기여를 하라.

ⅰ. 질의 원칙(The Maxim of Quality)

진실된 기여가 되도록 노력하라. 특히,

a. 거짓이라고 믿는 것은 말하지 말라.

b. 적절한 증거가 없는 것은 말하지 말라.

ⅱ. 양의 원칙(The Maxim of Quantity)

a. 진행되는 대화 목적을 위해 필요한 만큼만 정보를 제공하라.

b. 필요 이상의 정보를 제공하지 말라.

ⅲ. 관련성의 원칙(The Maxim of Relevance)

관련성을 지녀라.

ⅳ. 태도의 원칙(The Maxim of Manner)

명료하라. 특히,

a. 모호성을 피하라.

b. 중의성을 피하라.

c. 간결하라.

d. 조리 있게 하라.

우리는 대화를 할 때 기본적으로 이 원칙을 전제로 하고 발화를 한다. 그러나 상황에 따라 이 원칙이 안 지켜질 때가 많고, 이로 인해 소통에 실패를 하게 된다. 따라서 이 원칙을 잘 알아 두면 말을 더 성공적으로 할 수 있다. 그러면 지금부터 4대 원칙을 하나씩 살펴보도록 하자.

2.1. 질의 원칙

질의 원칙(The Maxim of Quality)이란, 말을 할 때 진실된 기여가 되도록 노력하라는 것이다. 질의 원칙의 세부 규칙으로는 'a. 거짓이라고 믿는 것은 말하지 말라.'와 'b. 적절한 증거가 없는 것은 말하지 말라.'가 있다. 질의 원칙을 쉽게 설명하자면, 거짓말하지 말라는 것과 근거가 없는 것은 말하지 말라는 것이다. 우리는 일상생활에서 거짓 정보나 불확실한 정보를 듣고 크고 작은 손해를 보게 되는 경우가 많다. 질의 원칙은 이러한 사회적 손실을 막아 주는 장치라고 보면 되겠다.

일반적으로 우리는 진실된 사람을 좋아한다. 진실된 사람이란, 거짓말을 하지 않고 허황된 말을 하지 않으며 말과 행위가 일치되는 사람을 말한다. 반대로 우리는 거짓말을 자주 하거나 근거가 없는 말을 하면서 우기는 사람을 반기지 않는다. 이러한 현상은 질의 원칙이 보편적으로도 인정을 받고 있는 것이라고 할 수 있다. 그러므로 우리가 질의 원칙을 잘 지켜 말을 할 때 다른 사람과 소통을 잘 할 수 있는 것이다.

2.2. 양의 원칙

양의 원칙(The Maxim of Quantity)이란, 말을 할 때 적절한 양의 정보가 제공되어야 한다는 것이다. 양의 원칙의 세부 규칙으로는 'a. 진행되는 대화 목적을 위해 필요한 만큼 정보를 제공하라.'와 'b. 필요 이상의 정보를 제공하지 말라.'가 있다. 즉, 너무 적게 말하지도 말고 너무 많이 말하지도 말라는 것이다. 일상생활에서 상대가 알고 싶은 정보를 충족하게 할 수 있어야 환영받는 대화자가 된다. 상대에게 필요한 정보를 너무 적게 제공하는 것도 문제이지만, 너무 많은 정보를 말하는 경우에는 상대에게 그 정보 속에서 필요한 것을 걸러 내어야 한다는 부담을 주므로 좋은 말하기라고 할 수 없다.

일반적으로 우리는 필요한 정보를 제공하여 주는 사람을 좋아한다. 우리가 어떤 조직에 새로 들어가는 경우에 그 조직에 관하여 필요한 정보를 잘 알려주는 사람을 만나면 그 사람에게 큰 고마움을 느낀다. 우리가 어떤 일의 해결 방법을 몰라서 헤매고 있을 때 핵심적인 해결책을 제시하여 주는 사람은 전문가로서 인정을 받는다. 반면에 쓸데없는 말을 계속해 대는 수다쟁이를 우리는 반기지 않는다. 특히 쓸데없는 말은 주로 자기 자랑으로 연결되는 경우가 많은데, 그럴 때 청자는 더 불편함을 느끼게 된다. 그러므로 우리는 상대가 원하는 필요한 양의 정보를 제공할 수 있도록 노력해야 한다.

2.3. 관련성의 원칙

관련성의 원칙(The Maxim of Relevance)이란, 관련성을 지녀야 한다는 것이다. 즉, 화제에 관한 일관성을 지키라는 것이다. 관련성의 격률은 앞서의 질의 원칙, 양의 원칙과 달리 세부 규칙은 따로 없다. 우리는 일상적으로 말을 할 때 화제를 지키면서 말을 해야 혼란을 줄일 수 있다. 글에서 단락을 쓸 때 하나의 소주제를 소주제와 밀접한 관련이 있는 뒷받침 문장들이 도와주어야 하듯이, 말을 할 때도 하나의 화제를 그 화제와 밀접한 관련이 있는 발화들이 도와주어야 한다. 그래야 완성도 있는 대화가 된다. 하나의 목표를 향하여서 협동하는 모습은 아름다움과 보람을 이끌어 낼 때가 많다. 대화에서도 대화 참여자들이 서로 하나의 화제를 향해 협동하면서 말을 할 때 목표를 이루고 소통도 성공적으로 할 수 있다.

일반적으로 우리는 하나의 화제를 집중적으로 말하는 것을 좋아한다. 물론 사람마다 표현 방식이 달라서 어떨 때는 마치 딴소리를 하는 것 같아 보여도, 넓게 보면 그 화제와 연관된 경우가 많다. 가령 아이돌 그룹에 대하여 이야기하다가 그 중 한 멤버에 대해서 이야기를 하다가 다른 아이돌 그룹에 대하여 이야기하는 것은 큰 범위에서 하나의 화제로 묶인다고 할 수 있다. 다른 화제로 이야기하는 것 같지만 어쨌든 하나의 큰 화제로 묶이는 것이기에 관련성의 원칙을 준수하는 것이라고 할 수 있다. 그리고 이야기도 자연스럽게 전개된다. 그러나 그 큰 화제마저도 벗어나서 발화를 한다면 대화를 수습하기 어렵다. 아이돌 그룹에 대하여 이야기하다가 갑자기 물리 공식에 대해서 말을 한다면 서로 간에 연관을 짓기가 어려울 것이다. 따라서 말을 성공적으로 이끌어가기 위해서는 관련성의 원칙을 잘 지키는 것이 좋다.

2.4. 방법의 원칙

방법의 원칙(The Maxim of Manner)이란, 명료하게 말하라는 것으로서 태도의 격률로도 번역된다. 방법의 원칙은 앞의 원칙들과는 다르게 크게 4개의 하위 원칙이 있다. 이 하위 원칙은 '중의성을 피하라', '모호성을 피하라', '조리 있게 말하라', '간결하게 말하라'라는 것인데, 하나씩 살펴보도록 한다.

2.4.1. 중의성을 피하라

중의성은 애매성(ambiguity)이라고도 한다. 중의성은 한 가지 표현이 하나 이상의 뜻으로 해석되는 것을 말하는데, 말이 중의성을 띨 경우 그 의미를 정확히 파악하기 어려우므로 말할 때 이러한 중의성을 피하여야 한다. 중의성이 나타나는 것에는 다음과 같은 경우가 있다. 첫째, '어휘적 중의성(lexical ambiguity)'이 나타날 수 있는데, '배'라는 낱말은 먹는 배가 있을 수 있고 타는 배가 있을 수 있고 사람의 배가 있을 수 있다. 둘째, '구조적 중의성(structural ambiguity)'이 나타날 수 있는데, 가령 '친절한 금자 씨의 남편'의 경우에 금자 씨가 친절한 것인지, 남편이 친절한 것인지 불분명하다. '게으른 토끼와 거북이'의 경우도 '게으른'이 수식하는 것이 '토끼'인지, '토끼와 거북이'인지 불분명하다. 셋째, '문장적 중의성(sentential ambiguity)'이 나타날 수 있는데, "어떻게 오셨어요?"의 경우에, 무엇을 타고 왔느냐는 수단을 묻는 내용이 되기도 하고 어떤 용무로 왔느냐는 목적을 묻는 내용이 되기도 한다. 한국에서는 이유('왜')를 묻는 것을 실례로 생각하는 경우가 많기에 이런 완곡한 표현이 나타나는 경우가 있다. 그러나 말을 할 때에는 이러한 중의적 표현이 나타나지 않도록 명확하게 표현하는 것이 좋다.

2.4.2. 모호성을 피하라

모호성(vagueness)은 기준이 불분명하여서 혼동을 주는 경우인데, 말을 할 때 이러한 모호성을 피하여야 한다. 모호성은 앞서의 애매성(중의성)과 함께 말에 혼동을 주어 원활한 소통을 방해하는데, 중의성은 여러 의미로 혼동을 준다면 모호성은 기준이 모호하여 혼동을 주는 것이다.

말에 모호성이 나타나면 혼동을 주기에 이러한 모호성도 피하여야 한다. 가령, 발표장에서 청중에게 "통통한 사람은 손을 들어 보세요."라고 하면 대다수의 청중이 어깨를 움찔한다. 체질량 지수가 몇인지, 몸무게가 몇인지를 묻는 것에 비하여 '통통하다'라는 말은 매우 기준이 불분명하여 모호성이 나타난다고 할 수 있다.

2.4.3. 조리 있게 말하라

'조리 있게 말하라.'에서, '조리 있다'라는 것은 두 가지 개념을 포함하고 있는 말이다. 하나는 '논리'이고, 다른 하나는 '순서'이다. 즉, 논리가 있으면서 순서대로 말한다는 것이다. 그러면 '논리가 있다'라는 것은 무슨 뜻인가? 우리는 어떻게 말하는 사람에게 "저 사람은 논리적으로 말한다."라고 하는가? 논리적으로 말한다는 것은 타당한 근거를 일목요연하게 제시하면서 말한다는 것이다. 어떤 사람은 근거도 없이 말하거나, '원래 그렇다.', '당연하다.'라는 말로 눙치는데, 우리는 이런 사람을 논리적이라고 판단하지 않는다.

일반적으로 기업 면접에서는 말하기 능력을 '논리적으로 말하는 능력(63.5%), 이해 능력(17.3%), 상대의 말을 경청하는 자세(12.4%), 풍부한 어휘 선택(3.7%), 표준어 구사 능력(2.9%)' 순으로 높이 평가한다고 한다. 이렇듯 사회에서도 논리적으로 말하는 능력을 높이 평가한다. 그리고 대부분의 사람들은 자신이 논리적인 사람이라고 생각하며, 상대 화자가 말을 할 때 증거와 논리성을 사용하기를 기대한다고 한다.

실제로 근거를 대면서 말을 하면 근거를 대지 않으면서 말을 하는 경우보다 설득 확률이 높아진다는 연구도 있다. 치알디니(Robert Cialdini)의 《설득의 심리학》에서 보면, 복사기 앞에 줄을 서 있는데 복사를 먼저 해야 하는 경우, 그냥 "복사를 먼저 해도 될까요?"라고 말을 하는 것보다 "복사를 먼저 해도 될까요? 왜냐하면 제가 꼭 복사를 해야 하거든요."라고 간단한 한마디라도 근거를 대는 경우가 상대가 양보를 해줄 확률이 높아진다고 한다. 근거를 대면 말이 길어지기때문에 말이 길어지는 것을 싫어하는 사람들은 짧게만 말하려는 습관이 좋다고 생각하는 경우도 있다. 그러나 수학 문제는 짧은 시간 내에 빨리 푸는 사람이 잘한다는 소리를 듣지만, 말은 논리에 맞는 근거와 적절한 예시를 많이 대는 사람이 잘한다는 소리를 듣는 것이 현실이다. 의견이나 주장만 내세우기보다는 근거를 제시하면서 효과적으로 말하기 위하여 노력하는 것이 좋다.

근거를 댄다고 터무니없는 근거를 대면서 말을 하라는 것이 아니다. 논리적이고 타당한 근거를 대면서 말을 하여야 한다. 터무니없는 근거를 대며 자신의 입장만 내세우려고 한다면 '저 사람은 억지를 부린다.', '저 사람은 잘 모르면서 저런다.',

'저 사람은 아집이 있는 갑갑한 사람이다.'라는 인식을 주게 된다.

조리 있게 말한다는 것은 '말의 앞뒤가 들어맞고 순서에 맞게 체계적으로 말한다'는 것이다. 순서대로 말한다는 것은 일반적으로 쉽게 인식되는 순서를 따라서 말을 한다는 것이다. 시간적 순서대로 말을 한다든지, 공간적 순서대로 말을 한다든지, 논리적 순서대로 말을 한다든지 순서를 지키면서 말을 하여야 상대가 쉽게 알아들을 수 있다. 단, 내용을 각인시키거나 강조하기 위하여 일반적인 시간적 순서, 공간적 순서, 논리적 순서를 바꾸는 경우도 있다. 이는 뒤의 Ⅱ의 5.2에서 상세하게 다루겠지만, 특수한 경우가 아니면 보편적인 순서를 잘 지켜서 말을 하는 것이 좋다.

2.4.4. 간결하게 말하라

방법의 원칙 중 '간결하게 말하라.'는 앞에서 설명한 양의 원칙과 상충되는 것처럼 보인다. 그러나 양의 원칙은 '정보를 너무 적게 주거나 너무 많이 주지 말라.'는 것이고, 방법의 원칙 '간결하게 말하라'는 '중언부언하지 말라.'는 것이다. '중언부언(重言復言)'은 반복적으로 말하는 것과 첨언하며 말하는 것을 말한다. 반복적으로 말하는 것은 했던 말을 또 하고 또 하는 것을 말하며, 첨언하며 말하는 것은 청자도 다 알기에 굳이 할 필요 없는 내용을 더 말하는 것을 말한다. 정리하자면, '간결하게 말하라.'라는 것은 '중언부언하지 말라.'라는 말이며, '중언부언하지 말라.'라는 것은 아는 내용을 말하지 말고 반복적으로 말하지 말라는 것이다.

우리는 했던 말을 자꾸 반복해서 또 하거나, 다 아는 이야기를 하는 사람을 반기지 않는다. 또한 간결하게 말할 수 있는 내용을 불필요한 표현이나 군말을 사용하면서 장황하게 말하는 사람들도 있다. 상대에게 할 말을 정확히 전달하기 위해서는 필요한 말만 군더더기 없이 간결하게 하는 것이 좋다.

3

말하기 분류

• • •

말하기의 분류는 기준에 따라서 달리 나누어진다. 공식성을 기준으로 보자면, 사적인 말하기와 공적인 말하기로 나눌 수 있다. 방향성을 기준으로 보자면, 일방적 말하기와 쌍방적 말하기로 나눌 수 있다. 목적성을 기준으로 보자면, 설명과 설득과 친교로 나눌 수 있다. 아래에 하나씩 절을 나누어서 살펴보도록 한다.

3.1. 공식성 기준

공식성 기준이란, 공식성을 띠는 것과 공식성을 띠지 않은 것으로 나눈 것으로서, 공식성을 띠는 것을 공적인 말하기라고 하고 공식성을 띠지 않은 것을 사적인 말하기라고 한다. 공식성을 띤 자리 즉 공적인 자리에서 말할 내용, 방법 등이 따로 있고, 공식성을 띠지 않은 자리 즉 사적인 자리에서 말할 내용, 방법 등이 따로 있다. 이런 자리를 구분하지 못하고 말하는 사람이라면, 공적인 자리에서는 큰 실수를 하게 되고 사적인 자리에서는 진솔한 대화를 잘 나누지 못하게 된다. 두 자리를 잘 구분하여서 그 자리에 맞는 말하기 전략을 구사해야 할 것이다.

3.1.1. 공적인 말하기

공적인 말하기는 발표·토론·토의 등과 같이 대개 공적인 목적을 가지고 정해진 형식과 과정에 따라 진행되는 말하기를 뜻한다. 공적인 말하기는 주로 청중의 수가 다수이고, 말하는 순서가 정해진 경우도 많다. 가령, 토론을 할 때에는 '입론 → 반론 → 교차 조사 → 최종 변론'처럼 진행 순서가 정해져 있다. 결혼식 사회 진행을 한다고 할 때도, '개회 선언 및 양가 어머님 촛불 점화 → 신랑 입장 → 신부 입장 → 신랑·신부 맞절 → 주례사 → 혼인 서약 및 성혼 선언문 낭독 → 축가 → 신랑·신부 행진 → 폐회 선언'의 순서를 지키게 된다. 그리고 공적인 말하기는 다수의 청중을 대상으로 말을 하는 경우가 많아서 사적인 말하기보다 피하여야 할 소재가 많고 준비할 것도 많으므로, 공적인 말하기를 할 때에는 철저한 준비를 하는 것이 좋다.

3.1.2. 사적인 말하기

사적인 말하기란, 일정한 격의 없이 일상생활에서 이루어지는 가족, 친구, 동료 간의 대화를 말한다. 공적인 말하기보다 자유로운 분위기에서 형식에 구애받지 않고 이루어지며, 주로 청중의 수가 적고 화자가 말할 때 앉아서 말하게 된다. 사적인 말하기라도 상대에게 기본적으로 지켜야 할 예의는 지켜야 하며 상대와 같이 즐길 만한 소재를 잘 선택하여서 말하여야 한다.

3.2. 방향성 기준

방향성 기준은 화자, 청자의 말하기 주도권 관계에 따른 것으로서 일방적 말하기와 쌍방적 말하기로 나눌 수 있다.

3.2.1. 일방적 말하기

일방적 말하기는 화자와 청자의 역할이 변하지 않는 말하기로서 발표가 이에 속한다. 화자가 온전히 발화하거나 주도권을 갖고 발화하는 경우인데, 주로 공적인 말하기로 진행되는 경우가 많다. 그러나 공적인 말하기는 토론, 토의와 같이 쌍방으로 말하는 경우도 있기에 일방적 말하기와 완전히 일치하지는 않는다. 일방적 말하기를 할 때, 화자는 청중들이 시간을 아까워하거나 지루해하지 않도록 준비를 잘하고 센스 있게 진행하여야 한다.

3.2.2. 쌍방적 말하기

쌍방적 말하기는 화자와 청자가 그 역할을 바꾸어 가며 이루어지는 상호교환적 말하기로서 토의, 토론, 대화 등이 있다. 쌍방적 말하기를 할 때는 말 순서가 겹치지 않고 한쪽이 말을 독점하지 않도록 말하기 참여자끼리 서로 협조하여야 한다.

3.3. 목적성 기준

말하기는 그 목적에 따라서 설명, 설득, 친교로 나눌 수 있다. 설명은 정보의 전달을 위한 것이고, 설득은 화자의 목적에 맞게 상대의 행위, 사고 등을 변화하기 위한 것이고, 친교는 상대방과의 관계 강화, 화자의 심적 충족 등을 위한 것이다. 목적에 따라서 말하기는 너무 칼같이 나누지 말고 유연하게 말하여야 한다. 설득에도 친교, 설명을 할 수 있고, 설명에도 설득, 친교를 할 수 있고, 친교에도 설명, 설득을 할 수 있다. 그러나 큰 목적은 벗어나지 말고 끝까지 잘 유지하여야 한다. 목적성 기준에 따른 말하기의 준비, 방법에 관한 것은 뒤의 'Ⅱ부 1. 말하기 목적'에서 자세하게 다룰 것이다.

연습 문제

조별로 앉아서 과거에 자신이 멋있게 또는 인상 깊게 말을 했다고 기억되는 경험을 나누어 보자. 무슨 말을 하였는지를 구체적으로 구현해 보도록 하자. 한 사람씩 돌아가면서 말하고 말이 끝나면 박수를 쳐서 격려하도록 하자.

참고 문헌

구현정, 『대화의 기법』, 경진문화사, 2000.

김문수, 『대학생을 위한 프레젠테이션 스킬』, 비즈프레스, 2011.

로버트 치알디니(이현우 역), 『설득의 심리학』, 21세기북스, 2002.(Robert B. Cialdini, Influence, Science and Practice, Allyn & Bacon., a Pearson Education Inc.)

백미숙, 『스피치 특강』, 커뮤니케이션북스, 2007.

한양대학교 교양국어위원회, 『말이 힘이다』, 한양대학교 출판부, 2017.

Stephen C. Levinson, *Pragmatics*, Cambridge: Cambridge University Press, 1983.

Leech, G., *Principles of Pragmatics*, New York: Longman. 1983.

제2부

말하기
준비 및 실행

1

말하기 목적

말하기의 목적은 "내 말을 통해 청자에게 무엇을 하려고 하는가?"라는 질문에 대한 답이라고 할 수 있다. 말하기는 그 목적에 따라 크게 '설명, 설득, 친교' 말하기로 나누어 볼 수 있다.

1.1. 설명

설명은 화자가 청자에게 지식이나 정보를 전달하기 위해서 수행하는 말하기이다. 더 구체적으로 말하면, 자신의 연구나 조사 결과, 자신의 전문지식, 그리고 자신이 알고 있거나 수집한 정보 등을 전달함으로써 청자의 이해를 돕고자 하는 것이다. 설명을 위한 대표적인 말하기에는 '강의 및 강연, 발표 및 프레젠테이션, 보고, 지시' 등이 있다.

설명은 무엇을 어떻게 설명하느냐에 따라 '대상에 대한 설명, 과정에 대한 설명, 사건에 대한 설명' 등으로 나누어 볼 수 있다. '대상'이란 어떤 일의 상대 또는 목표나 목적이 되는 것을 말한다. 더 구체적으로, 정신 또는 인식의 목적이 개념이나 언어에 의하여 표상이 된 것을 말한다. 예를 들어, '화자 자신에 대한 소개, 게임

이론에 대한 설명, 민주주의의 역할과 기능' 등은 대상에 대한 설명이 된다. '과정'은 특정한 결과를 얻기 위해 거쳐야 할 일련의 행위들을 말한다. 가령 '상품 생산 과정, 전통주를 빚는 과정, 창업 과정, 스피치 준비 과정' 등은 과정에 대한 설명에 해당한다고 볼 수 있다. '사건'이란 이미 발생했거나 지금 발생하고 있는 일을 가리킨다. 사람들은 사회적으로 문제를 일으키거나 주목을 받을 만한 큰일을 사건이라고 생각하는 경향이 있지만, 사건은 반드시 역사적인 사건 또는 큰 사건만을 가리키는 것은 아니다. 가령, '대학 축제, 시험, 교통사고, 학생 운동' 등 다양하게 다룰 수 있다. 설명은 다른 사람들 앞에서 발표하거나 보고하는 방식으로 할 수도 있고 수업처럼 강의 방식으로 할 수도 있다.

설명을 할 때에는 명확하게 해야 한다. 청자에게 지식이나 정보를 전달하는 설명은 멋있게 하거나 감동을 주는 말을 하기보다는 설명할 내용을 명확하게 드러내는 것이 중요하다. 설명을 할 때 너무 관념적으로 말하면 그 뜻이 구체적으로 드러나지 않기 때문에 청자가 그 내용을 이해하기 어려울 수 있다. 청자는 화자의 설명이 명료하고 구체적이며 쉽게 전달될 때 그 설명을 잘 이해할 수 있다. 설명은 명료하고 일관성이 있어서 혼란스럽고 복잡한 내용을 쉽게 풀어낼 수 있어야 한다. 설명할 내용을 명확하게 전달하기 위해서는 표현 자체가 명료하고, 화자가 주제나 내용에 대해서 잘 이해하고 있어야 한다. 그리고 설명할 내용이 체계적이고 일목요연하게 조직되어야 한다.

또한 설명을 할 때는 청자의 이해 여부가 매우 중요하다. 아무리 좋은 정보와 유용한 지식이라고 할지라도 청자가 이해하지 못하면 그 설명은 아무 소용이 없다. 따라서 청자에게 설명을 효과적으로 하기 위해서는 청자의 지식수준을 정확하게 파악하여야 한다. 청자의 지식수준을 판단할 수 없는 상황에서는 청자의 지식을 과소평가할지라도 과대평가해서는 안 된다. 청자의 지식에 대한 과소평가는 정보의 중복에 불과하지만, 과대평가는 청자가 설명할 내용을 알아듣지 못함으로써 말하기 실패로 돌아가는 경우가 많다.

화자는 자신이 알고 있는 정보나 지식, 연구 등을 설명하고, 청자는 그 설명을 들음으로써 유용한 정보를 얻고 청자의 지식을 쌓게 된다. 즉, 설명을 위한 말하기는 화자의 설명을 통해 청자가 유익하고 의미 있는 내용을 이해하고 얻도록 돕는 것을 목표로 한다. 이처럼 설명은 화자와 청자가 주제를 깊이 이해하고 지식을 고취하는 데 도움이 된다.

연습 문제

다음 활동 중 한 가지를 해 보자.

– 자신의 취미를 소개해 보자.

– 김구 선생에 대해 조사하여 발표해 보자.

– 우리 학교의 특징 세 가지를 찾아서 보고해 보자.

1.2. 설득

설득은 화자의 의견이나 화자가 주장하는 바를 청자에게 잘 전달하여, 청자가 이를 이해하고 수용하도록 하는 말하기이다. 화자는 자신이 선호하는 것이나 비선호하는 것, 자신의 소견이나 관점 등을 청자가 공감하도록 논리적으로 말해야 한다. 또한 청자의 태도나 신념 또는 가치관을 화자가 의도하는 방향에 따르도록 설득해야 한다. 화자의 설득을 통해 청자는 자신의 생각, 신념 및 가치관, 태도, 행동 등을 강화하거나 수정하거나 변화시킨다. 화자는 청자의 입장이 자신과 다를 경우에는 같아지도록 청자를 설득하고, 자신의 입장과 같을 경우에는 그 강도를 더욱 높이고자 노력한다. 설득을 위한 말하기는 정치가들이 행하는 대중 연설이나 각급 후보들의 선거 연설, 토론이나 회의 참여자들의 소견 발표, 면접 대상자들의 응답 등을 예로 들 수 있다.

화자가 청자를 설득할 때는 자신의 의견이나 주장에 대한 증거를 잘 제시해야 한다. 사람은 증거에 약하다. 청자가 화자와 다른 생각과 태도를 보인다고 하더라도 부인할 수 없는 증거가 제시되면 화자의 말을 수용하지 않을 수 없다. 따라서 설득을 위한 말하기를 할 때에는 화자의 입장을 뒷받침할 수 있는 타당한 증거를 잘 제시할 수 있어야 한다. 대인 간 설득을 하든, 선거 연설을 하든, 업무 협상을 하든, 자신의 주장을 내세울 때는 이를 뒷받침할 증거를 반드시 준비하여야 한다. '증거'란 '사실, 구체적인 예, 통계 자료, 증언' 등 주장을 입증해 주는 자료들을 통칭하는 말이다. 여기서 '사실'이란 '실제로 존재하는 것, 실제로 있었던 일이나 현재에 있는 일, 객관적으로 볼 때 진실하다고 인정받는 정보' 등을 가리킨다고 볼 수 있다.

또한 화자가 청자를 설득할 때는 공신력을 이용해야 한다. '공신력'은 '공적인 신뢰를 받을 만한 능력'을 말하며, 이는 화자 또는 화자가 인용한 증거 자료가 얼마나 믿을 수 있느냐 하는 것과 관계된다. 즉, '공신력'은 화자의 전문성과 신뢰감 그리고 노력으로 결정된다. 일반적으로 지식과 경험이 풍부해서 그 분야에 권위가 있는 사람, 진솔하고 정직하며 항상 호의적으로 행동하는 사람, 그리고 주어진 일에 끈기를 가지고 꾸준히 노력하는 사람이 공신력을 인정받는다.

또한 화자는 청자의 욕구를 잘 파악해야 한다. 청자가 무엇을 원하고 있는가를 잘 파악하여 이를 적극적으로 공략하면 청자는 예상외로 쉽게 설득당한다. 그리고 청자를 설득할 때는 절대 서두르지 말아야 한다. 한꺼번에 모든 것을 이루겠다는 성급한 마음을 가지고 청자에게 무리하게 다가가면 청자가 부담을 느끼거나 청자의 기분을 상하게 하거나 청자에게 신뢰를 잃게 될 수도 있다. 상대방의 태도를 한 번에 바꾸어 놓겠다는 생각에서 그의 잘못을 지적하거나 그가 생각하는 바와 상반되는 주장을 하게 되면 청자는 화가 나서 오히려 더욱 빗나가게 된다. 따라서 화자가 자신의 입장과 다른 청자를 설득할 때는 서로의 생각이 유사한 부분에서부터 출발하여 점점 자신의 생각 쪽으로 청자를 이끄는 점진적인 접근법을 사용하는 것이 좋다.

설명과 설득은 접근 방법이 다르다. 설명은 화자에게 청자의 이해를 돕는 전문가의 역할을 요구한다면, 설득은 청자가 공감하고 수용하기를 바라는 판매자나 제안자의 역할을 요구한다. 그리고 설명에서는 화자가 그 내용에 대해 일반적으로 중립적인 입장을 보이는 데 반해 설득에서는 화자가 분명한 입장이나 관점을 갖게 된다. 예를 들어, 카메라에 대한 설명에서 화자는 청자에게 카메라의 역사나 변천 과정을 명료하게 잘 설명해 주려고 한다. 반면에 설득에서는 화자가 아날로그식 카메라가 디지털카메라보다 훨씬 우수하다는 입장의 주장을 펴게 된다. 따라서 말을 할 때에는 자신의 목적을 분명히 하여 청자에게 전달해야 그 목적을 달성할 수 있다.

TIP

청자를 유혹하는 설득의 기법

미소 작전: 웃는 자가 승리한다!

사람들은 친근하고 친절한 사람에게 호감을 더 느낀다. 친절한 미소를 잃지 않는 사람은 성공적인 설득가가 될 수 있다.

선심 작전: 베푸는 자가 보답받는다!

조그만 것이라도 선심을 베풀면 더 큰 보답으로 이어질 수 있다. 말 한마디라도 호의를 베풀어라.

양보 작전: 작은 것을 원하면 먼저 큰 것을 요구한다!

상대가 받아들이기 힘든 요구를 먼저 한다. 상대가 이를 거절하면 한 발 양보하는 척하며 보다 작고 현실적인 요구를 한다. 상대방은 한 번 거절을 했기 때문에 이는 수용하기 마련이다.

침투 작전: 큰 것을 원하면 작은 것부터 공략한다!

처음에는 아주 사소한 것을 요구하며 서서히 접근한 후, 점차 요구의 크기를 늘려 나간다.

권위 작전: 권위가 있어야 상대를 제압할 수 있다!

사람은 권위에 약하다. 자신의 공신력이나 다른 권위 있는 사람의 공신력을 이용하거나, 역할이나 복장 및 태도 등으로 자신이 권위 있는 사람이라는 것을 보여 준다.

욕구 작전: 상대의 욕구를 정확히 파악한다!

청자가 무엇을 원하는지를 정확히 파악하여, 내 말을 들어야 성취할 수 있음을 각인시킨다.

공포 작전: 상대에게 공포감을 준다!

나의 말을 듣지 않으면 부정적인 결과가 있음을 보여 준다. 가령, "담배를 끊어야 한다. 안 그러면 폐암에 걸릴 수 있다."라고 말한다.

연습 문제

'TIP 청자를 유혹하는 설득의 기법' 중 한 가지를 이용하여 상대방을 설득하는 말하기를 해 보자. 원고를 먼저 작성한 후, 상대에게 말해 보고 그 반응을 살펴보자.

1.3. 친교

친교를 위한 말하기는 '오락 말하기' 또는 '유흥 말하기'라고도 하는데, 즐거운 분위기를 조성하고 청자를 유쾌하게 만들고자 하는 말하기이다. 친교를 위한 말하기는 개그맨과 같은 연예인들이 각종 쇼에 출현하여 행하는 소통을 대표적으로 들 수 있다. 친교를 위한 말하기는 연예인들이 방송에서 수행하는 말하기뿐만 아니라 사람들이 서로 간에 우호를 다지기 위해서 마련하는 동창회나 모임, 연회나 파티도 포함되며, 더 넓게는 우리가 지인이나 주변 사람들과 사적으로 행하는 말하기 또는 대화 등도 포함된다.

친교를 위한 말하기를 할 때에는 화자와 청자가 서로 편안하고 친근하게 소통할 수 있도록 노력해야 한다. 대표적인 친교 말하기로는 농담, 대화, 이야기 등이 포함된다.

연습 문제

두 사람 혹은 다수의 사람들과 둘러앉아서 친교를 위한 대화를 나누어 보자. 대화를 끝낸 후에 상대와의 관계가 어떻게 달라졌는지 생각해 보고, 이를 정리해 보자.

예 청자에 대해 아는 바가 전혀 없었는데, 나이, 전공, 관심사에 대해 알게 되어 더 친근하게 느껴진다. OO는 경험도 많고, 상당히 외향적인 성격인 것 같다.

말을 할 때, 화자는 말하는 목적에 집중해야 한다. 설명을 위한 말하기를 할 때에는 설명 중간중간에 농담이나 유머를 하더라도 최종 목적은 친교가 아니라 설명이라는 것을 염두에 두어야 한다. 설득을 위한 말하기를 할 때에는 말하는 중간에 무엇을 설명하더라도 최종 목적은 설명이 아니라 설득이라는 점을 고려해야 하고, 친교를 위한 말하기를 할 때에는 청자를 설득하려고 하더라도 최종 목적은 친교임을 잊지 말아야 한다.

말을 하기 전에 우리는 먼저 말하기의 목적을 분명히 해야 한다. 목적을 분명하게 세우지 않고 말하는 것은 나침반 없이 항해를 하는 것과 같다. 말하기 전에는 항상 '나는 왜 말을 하려고 하는가?', '말하기를 통해 얻고자 하는 것은 무엇인가?', '내 말이 청자에게 어떠한 영향을 끼치길 바라는가?' 하는 것들을 자신에게 물어보면서 먼저 말하기의 목적을 분명히 해야 한다. 목적이 분명할 때 일관성 있는 논점과 적절한 내용, 효과적인 방법이 이루어질 수 있다.

TIP

설명(정보전달적 말하기)	설득(설득적 말하기)
• 화자가 청자에게 지식이나 정보를 전달하기 위해서 하는 말하기이다. • 무엇보다도 내용을 알기 쉽고 분명하게 전달하도록 노력해야 한다.	• 화자가 바라는 대로 청자를 변화시킬 목적으로 하는 말하기이다. • 표현은 명확하고 호소력 있고 논리적이어야 한다.

↓ ↓ ↓

- **주제**: 대중교통
- **목적**
  - 설명: 대중교통 제도의 불편함을 청자에게 설명하기
    (현행 대중교통 체제는 시민에게 불편하다.)
  - 설득: 대중교통 제도의 문제점을 관할 시에 제안하도록 청자를 설득하기
    (시민이 참여하여 현행 대중교통 체제를 고쳐야 한다.)

2

청자 분석

말을 할 때 실패하는 중요한 원인 중의 하나는 청자를 제대로 파악하지 못했기 때문이다. 청자를 분석하지 않은 채 말을 한다는 것은 얼굴도 모르는 상대에게 프러포즈를 하는 것과 같다. 청자에 따라 말의 내용은 달라져야 하며, 구성 및 표현, 전달 방식까지 바뀌어야 한다. 청자가 알고 싶어 하는 것에 대해 전혀 말하지 못하거나 일반인에게 전문지식을 어렵게 말한다면, 청자는 결국 말에서 얻는 것이 없고 말하기는 화자의 경험이나 자기만족으로 끝나게 된다.

화자는 말을 할 때 자신이 주인공이라고 착각하는 경우가 많다. 우리가 말을 하는 목적은 말 자체를 실행하는 데 그 목적이 있는 게 아니다. 청자로부터 화자가 의도한 효과를 거두는 데 그 목적이 있다. 말을 하는 사람은 화자 자신이지만 그 목적을 달성시켜 주는 사람은 청자이다. 따라서 말은 항상 청자를 중심으로 준비되어야 한다. 청자의 성향, 지식, 태도, 욕구, 감정 등을 잘 파악하여 이에 부합하는 말하기를 준비해야만 청자가 화자의 의도대로 움직이고 화자도 말하는 목적을 달성할 수 있다.

'사람이 말을 하는데 잠을 자다니!', '내가 발표를 하는데 집중을 안 하다니!' 하고 청자를 책망하지 말자. 청자가 잠을 자거나 집중하지 못하는 이유는 화자의 말하기 문제에서 오는 경우가 많다. 화자는 청자에게 말을 전하는 데 그 목적이 있으므로, 청자가 절대적인 존재임을 잊지 말자. 청자에 대해 충분히 파악하고 있다면 화자의 말은 청자의 마음을 움직일 것이다.

2.1. 청자 분석의 기본 요소

2.1.1. 청자의 사회인류학적 요소

대부분의 공적인 말하기 상황에서 화자는 청자가 정확히 누구인지 잘 모른 채 발표를 하거나 강연을 하는 경우가 많다. 이는 스스로를 궁지로 내모는 일이다. 가령, 대학교 교양 수업 대규모 강좌에서 발표 일정이 잡혔다고 하자. 발표에서 난감한 상황에 빠지고 싶지 않다면 당연히 수강자들을 먼저 파악해 보아야 한다.

청자를 분석할 때 기본적으로 청자의 사회인류학적 요소를 파악하게 되는데, 연령, 성별, 직업, 출신, 종교, 문화적 배경 등의 사회인류학적 요소에 따라 사람들은 각각 다른 특징을 보이기 때문이다. 청자 역시 연령, 성별, 직업, 출신 등에 따라 화자의 말을 받아들이는 태도나 방식이 다르므로 청자의 사회인류학적 요소를 파악하는 것은 그 무엇보다 중요하다. 따라서 청자의 사회인류학적 요소를 파악하고 이를 고려하여 청자의 전체적인 경향을 파악해야 한다.

우리는 말을 하기 전에 청자의 성별을 파악해 보는 것이 좋다. 청자의 성별에 따라 흥미나 관심, 사고방식과 행동양식이 달라질 수 있기 때문이다. 또한 청자의 연령을 고려하지 않은 채 말을 한다면 화자의 말을 흥미 있게 효과적으로 전달하기 어렵다. 중장년층 청자에게 SNS상에서 젊은이들이 즐겨 쓰는 말투로 최신 유행어를 다양하게 사용하면서 말을 한다고 해 보자. 중장년층의 청자는 화자의 말을 정확히 이해하기도 어려울 수 있다. 반면에, 젊은 층 청자에게 책을 읽듯이 사자성어를 써 가며 격조 높은 한문 투로 말을 한다고 해 보자. 청자는 화자의 이야기에 지루함을 느낄 수도 있다. 따라서 젊은 층을 대상으로 말을 한다면 딱딱한 말투보다는 참신하고 감각 있는 표현을 사용하는 것이 좋다. 청자가 화자보다 연령이 높을 경우에는 예절과 격조를 더 갖추어 말하는 것이 좋다.

청자가 어떤 조직이나 집단에 소속되어 있는지, 어떤 직업을 갖고 있는지를 분석하는 것도 중요하다. 직업, 직급, 분야 등의 사회적 위치에 따라 흥미를 보이는 대상이나 주제, 문제의식도 다르기 때문이다. 예를 들어, 제조공장에서 작업하는 사람과 본사 사무실에서 일하는 사람은 '노동'에 대한 생각이 다를 수 있다. 도시의 사무직 근로자와 지방에서 농사를 짓는 농부에게는 '무역 문제'를 다룰 때에도 관점을 달리해야 한다. 사업가와 자원봉사자에게는 '사회 공헌'이라는 주제로 말을 하더라도 각각 다른 제안으로 내용을 구성해야 한다.

이 외에 종교 문제도 고려할 수 있다. 종교 문제는 지극히 개인적이고 주관적인 것이다. 어느 누구도 그 사람의 종교적 신념을 모독할 수는 없다. 종교 전쟁이나, 인종, 음주, 이혼, 낙태 등의 문제에 대해 언급할 때에는 적어도 청자의 종교적 배경을 알아야 한다. 하지만 상당히 민감한 문제들이므로 가능하면 이러한 문제는 언급하지 않는 것이 좋다.

연습 문제

전공이 다른 20대 남녀 대학생들 100명이 수강하는 대규모 강좌에서 3분 스피치를 할 경우, 어떤 주제로 말을 하는 것이 좋을지 구상해 보고, 그 이유도 함께 적어 보자.

주제

주제 선정 이유

연습 문제

전공이 다른 20대 남녀 대학생들 100명이 수강하는 대규모 강좌에서 3분 스피치를 한다고 생각하고, 3분 스피치 원고를 작성해 보자.

| 3분 스피치 원고 작성하기 |

주제

원고 내용

2.1.2. 청자의 지식수준

청자를 분석할 때 중요한 요소 중의 하나가 바로 청자의 지식수준이다. 화자가 아무리 좋은 말을 하더라도 청자가 그 말을 이해하지 못한다면 그 소통은 실패할 수밖에 없다. 말하기에 대한 청자의 이해 여부를 결정짓는 가장 중요한 요인 중 하나는 청자의 지식수준이다. 그러므로 화자는 지금부터 말하고자 하는 내용을 청자가 얼마나 이해할 수 있는가, 이해할 만한 충분한 지식이 있는가를 분석해야 한다. 그런데 대부분의 화자는 청자의 지식수준을 고려하지 않은 채 말을 하다가 청자와 자신의 지식수준에 차이가 난다는 사실을 뒤늦게 깨닫는 경우가 많다.

화자는 적어도 말을 하는 주제나 그 분야에서는 청자보다 지식수준이 높을 것이다. 하지만 그렇다고 하더라도 난해한 용어를 마구 쓰면서 보란 듯이 전문적인 이야기만 늘어놓는다면 청자는 그 말을 이해하기 어렵게 되고 결국 소통은 실패로 돌아가게 된다. 따라서 화자는 말을 할 때 청자의 지식수준을 고려하여 청자와 눈높이를 맞추어야 한다. 예를 들어, 주식 시장의 동향에 대해 발표를 한다고 해 보자. 화자는 전문 분야인 경제 용어와 주식 용어를 쓰면서 앞으로 시장의 변화에 대해 말하고 싶어 한다. 우리나라의 경제 평균은 이렇고, 기업의 신용 평가는 저러하며, 경제지표를 운운하다 마침내 뉴욕 채권시장 이야기까지 꺼내려고 한다. 하지만 그저 지금 당장 푼돈을 모아 조금이라도 목돈을 늘리고 싶은 일반인들이 청자라면 화자의 전문적인 발표는 너무 난해하고 지루하게 느껴질 것이다. 따라서 화자는 사전에 청자가 무엇을 원하고 청자의 지식수준은 어떠한지 분석한 후 그에 맞추어 말할 내용을 구성해야 한다.

청자의 지식은 일반적인 지식과 주제에 대한 지식으로 나누어 볼 수 있다. 일반적인 지식은 말하는 주제와 무관하게 청자가 얼마나 많은 지식을 갖고 있는가를 말하고, 주제에 대한 지식은 말하는 주제와 관련된 사항을 청자가 얼마나 알고 있는가를 말한다. 일반적인 지식은 우리가 다른 사람의 말을 이해할 수 있는 능력, 즉 어휘와 문법을 이해할 수 있는 능력, 논리 체계를 이해할 수 있는 사고력과 관련된다. 어휘와 문법 그리고 논리에 대한 이해력은 대체로 교육 수준과 비례하기도 한다. 교육 수준이 낮은 청자를 대상으로 할 때는 쉬운 말과 짧은 문장 그리고 단순한 논리를 사용하는 것이 청자의 이해도를 높이는 데 효과적이다. 반대로 교육 수준이 높은 청자를 대상으로 할 때는 전문용어나 복합적인 문장, 그리고 정교한 논리를 사용하는 것이 오히려 빠른 이해에 도움이 될 수 있다.

주제에 대한 지식은 화자가 말하고자 하는 주제에 대해 청자가 가지고 있는 예비 지식을 말한다. 주제에 대한 지식은 그 주제에 대해 직접적이거나 간접적으로 쌓아온 경험이 어느 정도인가에 따라서 결정된다. 청자가 실제로 그 주제와 관련된 일을 겪거나 해 보았을 때 직접적 경험이 생기게 되고, 교육이나 시사 상식 등을 통하여 간접적인 경험을 쌓을 수도 있다. 따라서 화자는 주제에 대한 청자의 지식수준을 판단할 때, 우선적으로 청자가 그 주제를 실제로 경험했는지를 알아보아야 하고, 그다음으로 그들의 교육 수준 및 시사에 대한 관심 등을 파악해야 한다. 주제에 대한 지식이 부족한 청자는 그 주제에 관해서는 세상 물정을 모르는 어린아이와 같다. 이러한 청자에게 주제에 대한 배경 설명도 없이 본격적인 논의로 들어가면 청자는 미궁에 빠지게 될 것이다. 반대로 주제에 대한 지식이 많은 청자는 그 문제에 관한 한은 전문가 수준에 있는 경우가 많다. 이러한 청자에게 주제에 대한 배경 설명에 너무 많은 시간을 할애하게 되면 청자는 뻔한 이야기에 지루해하거나 화자의 말에 관심을 기울이지 않을 것이다.

TIP

'주제에 대한 지식' 수준에 따른 말하기 기법

주제를 잘 아는 청자에게

– 기초적 지식이나 배경지식을 설명하는 데 시간을 낭비하지 않는다.
– 청자가 알고 있는 내용만으로 말이 끝나서는 안 된다.
– 새로운 지식은 기존 지식과 연결하여 설명한다.
– 청자에게 익숙한 전문용어를 사용한다.

주제를 잘 모르는 청자에게

– 기초적 지식이나 배경지식부터 차근차근 설명한다.
– 한꺼번에 많은 정보를 전달하려고 하지 않는다.
– 전문용어보다는 알기 쉬운 일반 용어로 풀어서 설명한다.

주제를 잘 알지만 무관심한 청자에게

– 도입부에서 주제가 청자에게 얼마나 중요한가를 강조한다.
– 말할 내용을 청자의 삶이나 생각과 결부시킨다.

따라서 말을 시작하기 전에 청자의 지식수준을 알아보는 것이 좋다. 말할 주제에 대해 전문가인가, 주제에 대해 잘 모르는 일반인인가 그 비율을 조사해 보는 것이다. 청자가 주제에 대해 이미 어느 정도 알고 있는 전문가인지, 아니면 전혀 모르는 일반인인지 '청자의 지식수준 분석표'를 만들어 보자.

청자의 지식수준 분석표

지식 / 청자	높다	낮다
주제에 대해 아는 전문가	%	%
주제에 대해 모르는 일반인	%	%
기타	%	%

청자를 분석한 결과, 모두 주제에 대해 잘 아는 전문가 또는 모두 주제에 대해 전혀 모르는 일반인이라면 큰 어려움은 없다. 화자는 청자의 지식수준에 맞추어 말을 하면 된다. 하지만 가령 50%는 전문가, 30%는 일반인, 나머지 20%는 정체를 알 수 없는 사람들이라면 어떻게 해야 할까? 지식수준 비율을 바탕으로 '시간을 배분한다', '전문용어를 가려 쓴다', '핵심 인물을 중심으로 말을 한다', '어느 한 쪽을 무시한다' 등 여러 가지 방법을 생각할 수 있다. 하지만 어디에 초점을 맞출지는 결국 말하기의 목적에 달려 있다. 왜 말을 하는가? 말을 해서 무엇을 얻으려고 하는가? 목적을 분석하면 청자에게 어떻게 대처해야 하는지 자연스럽게 깨닫게 된다.

청자를 분석한 결과 전부 또는 대부분이 주제에 대해 잘 아는 전문가라고 가정해 보자. 청자가 모두 말할 주제에 대해 잘 아는 전문가 집단이라면 전문용어도 마음껏 쓸 수 있으니 수월하다고 판단하고 낙관적으로 생각할 수 있다. 그러나 주제에 대해 잘 아는 전문가인 청자는 화자가 준비한 내용을 모두 알고 있을 수 있다. 따라서 주제를 잘 아는 청자에게 말을 한다면, 일반인 수준보다 말할 준비를 더 심도 있고 다양하게 해야 한다. 주제에 대해 잘 아는 청자는 화자에게 전문가로서의 의견이나 식견을 기대한다. 이러한 청자의 기대에 부응하기 위해서는 풍부한 자료와 새로운 정보 등을 철저히 준비해야 한다. 조사 및 실험 자료, 문헌, 권위 있는 의견 등 논리를 보강할 자료를 철저히 준비해야 한다. 적당히 준비하면 반드시 허점이 드러난다. 주제에 대해 잘 아는 청자는 조금이라도 불분명한 점이 있으면 기다렸다는 듯이 손을 들고 화자에게 질문을 할 것이다. 질문에 대해 대답하지 못한다면 결국 신뢰를 잃게 되고 말하기는 실패로 돌아갈 것이다.

전문가인 청자는 화자의 주장이 자신의 견해와 다르면 반론을 제기할 것이다. 그러한 상황이 생기더라도 청자에 대한 반감을 강하게 표하거나 노골적인 반박은 하지 않는 것이 좋다. 청자의 반론에 대해서는 미리 준비한 자료를 제시하며 논리적으로 자신의 의견을 피력하는 것이 좋다. 전문가 청자일수록 자신의 신념이 강한 편이다. 따라서 적대적으로 대처하기보다는 "소중한 의견 감사합니다.", "좋은 질문 주셨습니다." 등의 말을 덧붙이면서 청자의 권위를 높여 주고 "여러분이 이미 아시는 바와 같이…"라는 식으로 청자의 품위를 높여 주면서 다양한 자료를 활용하여 자신의 입장을 설득력 있게 설명해야 한다. 주제에 대해 잘 아는 청자들에게는 애매모호한 내용, 우유부단한 의견 등은 꺼내지 않는 것이 좋다. 그러나 전문가일수록 시야가 좁아지는 경향이 있기도 하다. 직업상 '넓고 얕게'보다는 '좁고 깊게' 생각하는 습관이 몸에 배어 있기 때문이다. 따라서 전문 분야에 종사하는 청자에게 말을 할 때에는 이러한 점을 고려하여 준비하고 대처할 필요가 있다.

청자를 분석해 보았더니 주제에 대해 잘 모르는 일반인이 대부분일 경우를 생각해 보자. 주제에 대해 모르는 일반인인 청자는 화자에게 누구라도 이해할 수 있는 전문가의 이야기를 기대한다. TV 교양 강좌 프로그램에서 유명한 평론가나 대학교수가 시청자에게 말하듯이, 화자가 전문적인 식견을 이해하기 쉽게 잘 설명해 주기를 바란다. 그런데 전문가들은 어려운 용어로 내용을 한층 더 어렵게 만드는 경향이 있다. 그러면 청자는 알아들을 수 없는 말에 관심을 기울이지 않는다. 어려운 이야기를 누구나 알기 쉽게 풀어서 설명할 수 있는 사람이야말로 진정한 전문가라고 할 수 있다.

화자가 일반인인 청자에게 훌륭한 전문가로 인정을 받고 싶다면, 우선 그 분야에서 사용하는 전문용어의 사용을 자제해야 한다. 이해가 어려울지도 모른다는 전제하에 단계를 차근차근 밟아가며 주제를 쉽게 풀어서 설명한다. 또한 간결하고 쉬운 표현으로 말을 한다. 굳이 전문용어를 사용해야 할 때에는 그 용어의 의미를 구체적으로 풀어서 설명한다. 난해한 개념은 가능한 한 알기 쉽게 설명한다. 청자에게 친숙한 사례를 제시하거나 쉬운 예시를 적용하면 효과적이다. 추상적인 개념이나 어려운 내용일수록 구체적인 사례나 자료를 제시하는 것이 좋다. 그러면 전문적인 어려운 개념이나 내용도 청자에게 쉽게 와닿는다.

화자가 전문적인 지식을 바탕으로 어려운 내용을 설명할 때 보면, "나 전문가야!", "나 잘났어!"라고 말하는 것처럼 설명하는 사람이 있다. 화자의 거만한 태도 때문에 청자는 불쾌감을 느끼는 경우가 많다. 그 분야 최고의 전문가로서 말을 하더라도, 화자는 청자의 눈높이에 맞추어야 한다. 겸손을 떨 필요도 없지만 거만하게 굴 필요도 없다. 화자와 청자는 항상 대등하다는 것을 잊지 말아야 한다.

연습 문제

내가 속한 조직에서 다음 주제에 대해 설명하는 말하기를 하려고 한다. 주제를 정한 후에 〈청자의 지식수준 분석표〉를 작성해 보고, 말하기 계획을 세워 보자.

주제

- 대학의 장학금 제도
- 한국의 프로 야구
- 제4차 산업 혁명
- 인공지능 챗봇
-
-
-
-

청자의 지식수준 분석표

지식 / 청자	높다	낮다
주제에 대해 아는 전문가	%	%
주제에 대해 모르는 일반인	%	%
기타	%	%
말하기 계획 세우기 (청자의 지식수준을 고려하여 어떻게 말할 것인가?)		

2.1.3. 청자의 태도

인간은 성장하면서 스스로의 가치 체계를 확립해 나간다. 가치 체계란 주어진 대상에 대하여 그 사람이 갖는 기본 성향을 의미하는데, 이 기본 성향의 핵심에는 '태도'가 자리 잡고 있다(McCroskey, Richmond & Stewart, 1986). '태도'란 주어진 대상에 대한 그 사람의 마음가짐이나 자세를 말한다. 인간은 성장 과정에서 겪은 경험도 다르고 서로 처한 상황도 다르므로 주어진 대상에 대하여 가지고 있는 태도도 서로 다르다. 자신이 별로 경험한 바도 없고 자신의 이익과 무관한 내용이나 영역에 대해서는 중립적인 태도를 가지게 되지만, 자신이 직접적으로 또는 간접적으로 경험해 본 대상이나 자신의 이익과 결부된 대상에 대해서는 비교적 확고한 태도를 갖게 마련이다. 또한 어떤 대상을 긍정적으로 평가하는 사람은 그 대상을 좋아하거나 호의적인 태도를 갖게 된다. 반면에 그 대상을 부정적으로 평가하는 사람은 그 대상을 싫어하거나 비호의적인 태도를 보이게 된다.

태도는 그 사람의 행위에 영향을 미친다. '인간 행위의 선택성'에 관한 연구(Deutschmann, 1960; Paletz et al, 1972; Atkin, 1971; Sebald, 1962)에 따르면, 사람은 자신의 기존 태도에 따라 선택적으로 참여하고, 선택적으로 인식하며, 선택적으로 저장하고 기억한다고 한다. 여기서, '선택적 참여'는 '선택적 노출'이라고도 불리는데, 이것은 청자 스스로가 화자가 말하는 것을 선택적으로 골라서 듣는 경향을 말한다. '선택적 인식'은 '선택적 해석'이라고도 불리는데, 이는 청자가 자신에게 주어진 메시지를 자신에게 유리한 방향으로 인식하고 해석하는 경향을 말한다. 즉, 청자는 화자가 말한 내용을 있는 그대로 수용하는 것이 아니라, 모든 것을 자신에게 유리한 방향으로 해석하고 받아들인다는 것이다. 따라서 화자가 모든 청자에게 동일한 이야기를 한다고 하더라도 청자의 태도에 따라 이야기가 다르게 해석될 수 있다는 것이다. '선택적 저장과 기억'이란 청자는 자신이 좋아하거나 자신에게 필요한 부분만을 선택하여 기억 속에 저장하고 회상해 내는 경향을 말한다. 청자는 아무리 중요한 이야기를 듣더라도 자신의 태도에 부합하지 않는 것은 쉽게 흘려버리고 자신에게 유리하거나 필요한 것만을 골라 기억한다. 이처럼 청자의 태도는 그들이 듣고 해석하고 기억하는 데 큰 영향을 미친다. 따라서 화자가 말을 할 때에는 청자가 어떤 태도를 가지고 있는지 파악하는 것이 중요하다.

청자의 태도는 두 가지로 구분해 볼 수 있다. 첫째, 청자가 화자에 대해 갖는 태도이다. 청자의 태도를 분석할 때 가장 먼저 생각해야 할 것은 바로 청자가 화자에 대해 갖는 태도이다. 화자에 대한 태도는 화자에 대해 '호의적인가' 또는 '존중하는가'를 생각해 볼 수 있다. 화자에게 호의적인가 하는 것은 청자가 화자를 얼마나 좋게 느끼는가를 말하는데, 화자에 대한 호의적인 태도를 보이는 청자는 화자를 우호적으로 생각하고, 호의적이지 않은 청자는 화자를 적대시하는 경향이 있다. 따라서 호의적이지 않은 청자를 상대로 말을 할 때는 감정적으로 접근하는 것보다 이성적인 논리를 중심으로 말을 이끌어가는 것이 좋다. 화자가 청자를 존중하는가 하는 태도는 청자가 화자를 얼마나 높이 평가하느냐 하는 것인데, 이는 공신력과도 관계된다. 청자가 화자에 대해 권위와 존경심을 느낀다면 화자를 높이 평가하고 화자의 말도 신뢰하게 된다.

둘째, 청자가 주제에 대해 갖는 태도이다. 주제에 대한 청자의 태도는 두 가지 측면에서 분석하여야 한다. 한 가지는, 주제에 대한 청자의 태도가 화자의 태도와 비슷한가 아니면 상반되는가 하는 점이다. 청자의 태도가 화자의 태도와 비슷한 경우, 화자는 자신의 관점을 관철시키는 데 큰 어려움이 없다. 또한 많은 증거를 제시할 필요도 없다. 그러나 청자의 태도가 화자의 입장과 상반되는 경우에는 화자는 조심스럽게 자신의 관점을 피력하여야 하며, 충분한 증거를 준비하여 이를 입증해 내야 한다. 주제에 대한 청자의 태도 중 다른 한 가지는 청자가 주제에 대해 갖는 흥미이다. '흥미'는 청자가 주제에 대하여 얼마나 많은 관심을 갖고 있느냐 하는 것을 말한다. 청자가 주제에 관심을 갖고 있으면 스스로 집중을 하려고 하지만 그렇지 않은 경우에는 좀처럼 화자의 말을 집중해서 들으려고 하지 않는다. 따라서 화자는 청자의 호응을 얻기 위해서, 청자가 흥미를 갖고 있는 주제, 청자가 공감하는 주제를 택하는 것이 좋다. 그러나 어쩔 수 없이 청자가 흥미를 느끼지 못하는 주제로 말을 해야 하는 경우도 있다. 이때는 그 주제가 청자에게 매우 의미 있고 중요하다는 것을 강조함으로써 청자가 관심을 갖게 하는 것이 좋다.

청자를 관찰해 보면 다양한 유형을 볼 수 있다. 호의적이며 열광적인 청자에서부터 호의적이지만 침착한 청자, 상황에 무관심한 청자, 관심은 있지만 비호의적인 청자, 적대적인 청자에 이르기까지 청자의 종류는 매우 다양하다. 화자는 청자의 태도에 따라 말을 달리해야 한다. 호의적인 청자를 상대로 말을 할 때는 가능한 한 빨리 그리고 명확하게 말하는 것이 효과적이지만, 비호의적인 청자를 상대로 말을 할 때는 많은 설명이나 논의를 거친 후에 분위기가 무르익었을 때 말하는 목적을 언급하는 것이 효과적이다.

호의적인 청자는 화자의 말에 큰 기대를 하게 된다. 예전에 화자의 말을 듣고 좋은 인상을 받았다면 더 큰 기대를 품고 집중해서 화자의 말을 들으려고 할 것이다. 그런 경험이 없더라도 화자와 같은 입장, 같은 집단이라면 기본적으로 화자의 말에 호의적이다. 즉, 받아들일 자세가 되어 있다. 일반적으로 화자는 호의적인 청자에 대해서는 긴장이 풀어지기 쉽다. 그러나 호의적인 청자라고 하더라도 너무 방심하면 안 된다. 호의적인 청자가 기대를 저버리게 된다면 더 혹독한 대가를 치르게 된다. 기대가 컸던 만큼 청자의 실망도 크기 때문이다. 호의적인 청자들에게 말한다고 준비를 대충하거나 도가 지나친 농담을 하면서 실수를 하지 않도록 주의해야 한다. 호의적인 청자에게는 철저한 준비로 신선한 화제를 제공하는 것이 좋다.

화자가 특정 청자에게 무척 친근하게 대하는 경우가 종종 있다. 호의적인 청자이거나 안면이 있는 청자일 경우 그렇다. 그러나 이는 다른 청자가 보면 결코 기분 좋은 장면이 아니다. 화자는 모든 청자를 평등하게 대할 필요가 있다. 청자에게 소외감을 느끼게 해서는 안 된다. 소외감을 느낀 청자는 비호의적인 태도로 바뀔 수 있으니 주의해야 한다. 모든 청자는 평등한 대우를 받을 권리가 있다.

청자 중에는 비호의적인 청자도 있다. 가령 의견이나 입장이 정반대인 청자 앞에서 자신의 주장을 내세워야 하는 경우도 있고, 청자에게 불리한 이야기를 해야 하는 상황도 있다. 이처럼 궁지에 몰린 상황에서 하는 말은 어렵기는 하지만 화자의 진가를 발휘할 수 있는 좋은 기회가 되기도 한다. 비호의적인 청자와는 상대의 의견에 대립하려고 들거나 자신의 의견을 고집하지 않도록 주의해야 한다. 편견이 없다는 사실을 내세우며 감정적인 이야기보다는 이성적인 의견을 말하면서 논리적으로 이야기를 펼치는 것이 좋다. 비호의적인 청자를 이해시키고 집중시키는 일은 다양한 전략이 필요하다. 체계적인 전략을 세워 단계적으로 접근하는 것이 좋다. 예를 들어, 디자인에 불만이 있는 청자에게는 기능의 우수성을 강조하며 호감을 이끌어 낼 수 있고, 청자와 대립 관계에 있다면 상대의 입장에 먼저 동의나 공감을 표시하며 경계심을 풀게 한 후에 자신의 입장을 제시하는 것이 좋다. 어느 한쪽으로 치우침 없는 생각을 보여 주어 '공정한 사람'이라는 평가를 얻는 것도 중요하다.

TIP

청자의 태도에 대응하는 기법

우호적인 청자에게

- 서로가 동의하는 부분을 입증하려고 시간을 할애하지 않는다.
- 입증 과정보다 주장에 더 신경을 쓴다.
- 동의가 약한 부분은 근거를 제시하며 설명한다.
- 결론을 먼저 설명하고 이에 대한 근거는 후에 제시하는 것이 효과적이다.

적대적인 청자에게

- 청자를 비난하거나 그들의 입장을 강하게 반박하지 않는다.
- 공통되거나 동의하는 부분을 찾아서 거기서부터 출발한다.
- 청자의 태도를 한 번에 바꾸려고 하지 않는다.
- 주장에 대한 근거를 먼저 설명하고 주장은 마지막에 제시한다.

연습 문제

다음의 논제 중 하나를 선택하여, 그 논제에 반대하는 태도를 보이는 청자 집단을 설득하는 말하기를 해 보자.

– GMO 식품은 안전하다.

– 동물 실험은 필요하다.

– 상속세를 없애야 한다.

– 청소년 범죄 처벌을 강화해야 한다.

– 대중교통의 노약자석을 늘려야 한다.

– 동성애자의 결혼을 법적으로 허용해야 한다.

– 인공지능의 창작물에도 저작권을 인정해야 한다.

2.2. 청자 분석의 종합적 방법: AIKAPP 분석

청자를 종합적으로 분석해 볼 수 있는 효과적인 방법이 있는데, 'AIKAPP 분석'이라는 방법이다. AIKAPP란, 청자(Audience)의 흥미(Interest), 지식(Knowledge), 태도(Attitude), 포지션(Position), 정치적 성향(Politics)의 머리글자를 딴 표현이다. AIKAPP 분석은 다섯 가지 항목을 통해 청자의 현재 상태를 분석하는 방법이다. 이들 각각의 항목에 청자가 어디에 속하는지를 5점 척도로 한눈에 파악할 수 있다.

이를 하나씩 살펴보면, 청자의 '흥미(Interest)' 항목은 청자가 화자의 말에 얼마나 흥미를 느끼고 있는지, 또는 관심을 갖고 있는지를 파악하는 것이다. 청자는 화자 자체에 흥미를 느끼기도 하고, 화자가 말하는 내용이나 주제에 흥미를 느끼기도 한다. 청자가 화자를 공신력이 있고 신뢰감을 주는 인물이라고 생각하거나, 화자가 하는 말이 자신과 관련된 이야기라면 그 내용에 관심을 갖게 될 것이다. 이를 '매우 흥미 있음', '흥미 있음', '중립', '흥미 없음', '전혀 흥미 없음'까지 5점 척도로 체크한다. 이처럼 화자의 말하기에 대해 청자가 얼마나 흥미로워하는지를 다섯 단계로 평가해 볼 수 있다. 분석 결과, 청자가 화자의 말에 별로 흥미를 느끼지 못한다고 판단되면, 화자는 청자가 흥미를 갖게 하기 위한 전략을 짜야 한다. 예를 들어, 화자가 하는 말이 청자에게 매우 유익하거나 큰 도움이 된다든지, 청자와 관련된 정보를 제시한다든지, 청자가 흥미를 느낄 만한 자료를 제시한다든지 하여 청자가 흥미를 느낄 수 있게 준비를 철저히 해야 한다.

'지식(Knowledge)'은 화자가 말하고자 하는 내용을 청자가 얼마나 이해할 수 있는가, 이해할 만한 충분한 지식이 있는가를 파악해 보는 것이다. 청자의 지식수준은 일반적인 지식과 주제에 대한 지식으로 나누어 생각해 볼 수 있다. 일반적인 지식은 화자가 말하고자 하는 주제와 관련된 것이 아니라, 청자가 다른 사람의 말을 어느 정도 이해할 수 있는가 하는 능력과 관계된다. 즉, 청자의 언어 능력과 사고력 등을 말한다. 그리고 주제에 대한 지식은 청자가 화자가 말하고자 하는 주제에 대해 어느 정도 알고 있는가를 말한다. 화자가 청자의 지식수준을 먼저 파악한 후에, 청자의 일반적인 지식수준에 따라 그에 적절한 어휘와 문장을 사용하고, 논리를 펼쳐 나가야 한다. 초등학생과 대학생은 일반적인 지식수준에도 큰 차이가 있다. 따라서 청자가 초등학생이라면 초등학생이 이해할 만한 어휘와 문장이나 논리 등의 표현을 사용해야 하고, 대학생이라면 그에 맞는 표현을 사용해야 한다. 또한 청자가 주제에 대해 전혀 모르는 사람이라면, 그 주제를 쉽게 이해할 수 있도록 배경 설명부터 차근차근 해야 하고, 전문용어를 사용하는 것보다 청자가 이해하기 쉬운 용어를 사용해서 설명하거나, 전문용어를 사용해야 할 경우 그 개념을 구체적으로 설명해 주어야 한다. 반면에 청자가 주제에 대해 잘 아는 전문가라면 청자가 알 만한 내용은 짧게 넘어가고 청자가 관심을 가질 만한 새로운 정보나 청자에게 의미 있는 이야기를 제시해야 한다.

청자가 어떤 태도로 화자의 말을 경청하는가도 상당히 중요하다. '태도(Attitude)'란 주어진 대상을 평가하게 하는 기본 성향이나 경향을 말한다. 여기서 평가한다는 것은 그 대상에 '호의적' 또는 '비호의적'이라고 생각하는 것을 말한다. 태도는 여러 가지 속성을 갖는데 그중에서 가장 중요한 것이 '방향'과 '강도'이다. '방향'이란 좋아하는 쪽으로 기울어 있느냐 아니면 싫어하는 쪽으로 기울어 있느냐 하는 것을 나타낸다. 대상을 좋아하게 되면 긍정적이거나 호의적인 태도를 갖게 되며, 싫어하게 되면 부정적이거나 적대적인 태도를 갖게 된다. '강도'는 좋아하거나 싫어하는 정도가 어느 정도인가를 말한다. 대상에 대해 호의적인 태도를 보인다고 해서 모두가 같은 정도로 호의적인 것도 아니고, 비호의적인 태도를 가졌다고 해서 모두가 한결같이 싫어하는 것은 아니다. 사람마다 호의적이거나 비호의적인 정도가 다르기 마련이다. 따라서 태도를 논할 때는 청자가 화자에 대해 얼마나 호의적인가 또는 얼마나 비호의적인가를 따지게 된다.

'포지션(Position)'은 '태도'보다 더 적극적인 행위로 볼 수 있다. 화자의 말에 대해 청자는 세 가지 측면, 즉 이성적인 측면, 감성적인 측면, 행위적인 측면을 가지게 된다. 이성적인 측면이란 청자가 여러 자료와 사고 판단의 결과에 따라 '옳다' 또는 '그르다'라고 생각하는 것을 말한다. 감성적인 측면이란 청자의 사고 판단의 개입 없이 청자의 느낌만으로 그 대상을 좋아하거나 싫어하는 것을 나타낸다. 행위적인 측면이란 청자가 실제 행동에서 대상에게 유리하거나 불리한 행위를 하는 것을 말한다. 즉, 화자의 말에 찬성하거나 반대하는 것을 말한다. 포지션은 이 세 가지와 모두 관련이 있는데, 특히 행위적인 측면이 나타나는 것을 말한다. 가령, 청자는 화자 후보의 출신이나 태도가 마음에 들지 않아서 화자에 대해 좋지 않은 감정적인 태도를 갖고 있지만, 화자의 연설을 듣고 화자의 주장이 옳다고 생각하여 화자에게 투표하게 되면 행위적인 측면이 나타났다고 볼 수 있다.

마지막으로 '정치적 성향(Politics)'이다. 정치적 성향은 태도처럼 대상이나 주장을 바탕으로 형성되기보다는, 집단의 사상이나 교육, 정부 또는 국가와 같은 매우 포괄적인 대상을 상대로 하여 형성되는 것이 일반적이다. 그리고 정치적 성향은 태도보다 훨씬 더 지속적이다. 태도는 상황에 따라 바뀔 수도 있지만, 정치적 성향은 한 번 형성되면 쉽게 바뀌지 않는 경향이 있다. 사람의 정치적 성향은 가치관이나 태도 및 신념의 원천에서 비롯된다. 청자의 정치적 성향이 '혁신적'인지 '보수적'인지를 분석해 보면 화자가 청자를 설득하는 데 도움이 될 수 있다.

말을 하기 전에 이 AIKAPP 분석을 이용해서 청자의 '흥미, 지식, 태도, 포지션, 정치적 성향'을 분석해 보자.

AIKAPP 분석표

	5	4	3	2	1
1 흥미	매우 흥미 있음	흥미 있음	중립	흥미 없음	전혀 흥미 없음
2 지식	전문가	지식 있음	어느 정도 있음	약간 있음	없음
3 태도	상당히 호의적	호의적	중립	비호의적	상당히 비호의적
4 포지션	적극 찬성	찬성	중립	반대	전적으로 반대
5 정치적 성향	매우 혁신적	혁신적	중립	보수적	매우 보수적

예를 들어, 판매 부서 담당자에게 신제품 마케팅에 대해 이야기한다면, 청자는 주제에 대해 '매우 흥미 있음'이든지 적어도 '흥미 있음'에 체크될 것이다. 반도체 개발자가 컴퓨터 제조회사 기술자에게 차세대 반도체에 대한 발표를 한다면, 청자의 '흥미'와 '지식'은 최소한 '흥미 있음'과 '지식 있음'이 될 것이다. 자녀 교육에 열성인 부모님들 모임에서 새로 발매한 모바일 게임에 대해 말한다면, '청자의 태도'는 '비호의적'이든가 '상당히 비호의적' 그리고 '포지션'은 '반대'나 '전적으로 반대'에 체크될 확률이 높다.

청자 분석표를 작성하기 위해서는 청자의 속성을 파악해야 하는데, 청자의 속성을 파악하는 방법은 크게 세 가지로 나누어 볼 수 있다. 첫째, 직접적 정보 수집 방법인데, 이것은 청자들 중 일부나 전부를 미리 만나서 그들의 흥미나 지식, 태도와 성향 등에 대하여 직접 조사하는 방법이다. 이 조사는 주로 인터뷰나 설문조사의 형식으로 이루어진다. 직접적 정보 수집 방법은 청자의 속성을 그들의 입을 통하여 직접 듣게 됨으로써 정확한 정보를 얻을 수 있다는 장점이 있지만, 이 방법은 시간과 노력을 필요로 한다는 단점이 있다.

둘째, 정보원을 통한 간접적 정보 수집 방법이다. 이것은 청자들을 잘 아는 제3자에게 청자의 속성에 관하여 질문하는 방법이다. 이 방법은 화자 자신이 청자에 대하여 아는 것이 거의 없고, 직접적으로 정보를 수집할 여유도 없을 때 많이 사용하는 방법이다. 그러나 이 방법은 소수 정보원의 개인적 판단에 의존하기 때문에, 정보의 정확성을 보장할 수 없다는 단점이 있다.

셋째, 청자의 사회인류학적 요소(연령, 성별, 출신, 교육, 소속 등)를 파악한 후에 이에 근거하여 그들의 흥미, 지식, 태도, 성향 등을 추론하는 방법이다. 이 방법은 객관적 사실보다는 집단에 대한 고정관념에 기초하기 때문에 부정확한 결론을 가져다줄 가능성이 있다.

연습 문제

수업 시간에 (   )에 대해 발표를 한다고 가정하고, 청자를 분석하는 AIKAPP 분석표를 작성해 보자.

AIKAPP 분석표

1 흥미

5	4	3	2	1
매우 흥미 있음	흥미 있음	중립	흥미 없음	전혀 흥미 없음

2 지식

5	4	3	2	1
전문가	지식 있음	어느 정도 있음	약간 있음	없음

3 태도

5	4	3	2	1
상당히 호의적	호의적	중립	비호의적	상당히 비호의적

4 포지션

5	4	3	2	1
적극 찬성	찬성	중립	반대	전적으로 반대

5 정치적 성향

5	4	3	2	1
매우 혁신적	혁신적	중립	보수적	매우 보수적

연습 문제

위에 체크한 분석표를 바탕으로, (   )에 대한 1분 스피치 원고를 작성해 보자.

| 1분 스피치 원고 작성하기 |

3

말하기 상황

우리가 말을 할 때 청자 분석과 함께 이루어져야 할 것이 말하기 상황에 대한 분석이다. 말하기 상황이란 주어진 말하기가 언제 어디서 어떻게 행해지는가를 말한다. 여기서는 말하기 상황을 '시간'과 '장소'로 구분하여 살펴보기로 한다.

3.1. 시간

우리가 말을 하고자 할 때, 또는 말하기 전략을 세울 때는 '시간'을 반드시 고려해야 한다. 특히 공적인 말하기, 가령 발표나 토론을 하고 나서 가장 후회가 되는 부분 중 하나는 '좀 더 시간을 들여 제대로 준비할걸…….'과 같은 아쉬움이다. 말할 기회가 생겼다면 먼저 준비할 시간을 충분히 확보하는 것이 좋다. 우리가 실제 말하는 상황에서도 후회가 많이 되는 경우는 시간 관계상 말을 하는 도중에 끝내야 할 때이다. 말을 할 때 시간이 부족하여 중요한 내용을 제대로 전달하지 못하고 급하게 마무리하는 경우가 많다. 따라서 말을 할 때에는 여유 있게 시간을 효율적으로 배분해야 한다. 그리고 말을 끝낸 후에는 자신의 말을 돌아보는 시간을 갖는 것도 중요하다. 이처럼, 말하기에서 시간은 매우 소중한 자원이다. 시간을 잘 관리하여 효율적으로 말을 한다면 나의 말을 성공적으로 전달할 수 있다.

우리가 공적인 말하기, 가령 발표를 할 때 이러한 일을 겪는 경우가 많다.

> 발표 전날까지 여러 과제와 일에 쫓겨 차일피일 미루다 겨우 저녁때가 돼서야 발표 준비를 시작한다. 자신이 하고자 하는 말을 머릿속으로 생각하며 자료를 검색하기 시작한다. "어! 이 시각 자료 괜찮네! 이 자료를 보여 주며 이렇게 말해야겠다! 그때 이 자료는 슬라이드로 보여 주고 보충 설명을 추가하면 되겠군!" 이런 식으로 여기저기서 자료를 가져와 붙이고 슬라이드를 편집하다가 결국 잠 한숨 못 자고 날이 새 버린다. 발표는 오늘인데, 이제 겨우 틀이 만들어진 상태이다. 발표를 앞두고 긴장하고 있어서 졸립지는 않지만, 머리가 멍한 것은 어쩔 도리가 없다… 발표하는 중에도 머리는 띵~~ 머리가 획획 돌아가지 않아 생각이 느리다. 하나씩 보이는 오타와 편집 오류, 그러다 생각하지 못한 부분에서 버벅거리기까지… 결국 발표 시간도 시키지 못하고 발표는 끝나 버리고 말았다.

이와 같은 참담한 상황을 피하고 싶다면 말하기를 준비할 때 먼저 시간을 충분히 확보한다. '효과적으로 말할 전략을 세울 시간, 시나리오를 구성하거나 시각 자료를 제작할 시간, 예행연습을 할 시간'을 충분히 마련한다. 머릿속으로만 발표를 구성한 채 실전에 나선다면, 생각지도 못한 곳에서 실수를 하게 된다.

말하기 시간이 30분이 주어졌다면 우리는 분명 30분 정도의 내용을 준비할 것이다. 그러면 결국 내용을 전부 말하지 못하고 도중에 끝내게 되는 경우가 많다. 기기를 조작하느라 시작 시간이 지체되거나, 중간에 질문을 받거나, 자신 있는 부분에서 너무 시간을 끌게 되면 시간은 금세 흘러가 버린다. 따라서 시간은 여유 있게 배분하는 것이 좋다. 실제 말하는 시간을 전체의 80% 내외로 배분하면 시간에 쫓기는 일 없이 말할 수 있다. 청자의 질문에도 여유 있게 답할 수 있으며, 혹여 기기 이상이 있을지라도 냉정한 대처가 가능하다. 혹시 시간이 남는 상황을 위하여 말할 내용에 대한 흥미 있는 보충 자료를 준비해 두는 것도 좋다.

화자가 말할 시간에 늦게 오는 것도 청자에게 큰 불쾌감을 주는 일이다. 청자뿐 아니라, 화자 본인에게도 좋지 않다. 시간에 쫓겨 초조해하며 겨우 도착하니 숨은 헐떡거리고 말할 내용도 생각이 나지 않는다. 서둘러 가방 안에서 부스럭부스럭 자료를 꺼내고 슬라이드를 테스트해 본다. 기침을 한 번 하고 나서 발표를 시작한다. "여러분, 늦어서 죄송합니다." 발표를 사과로 시작하는 것도 문제인데 하물며

"차가 막혀서……"와 같은 변명은 더 가관이다. 아무리 용서를 빌고 정당한 이유가 있다고 하여도 청자를 기다리게 한 사실은 변하지 않는다. 발표를 사죄와 변명으로 시작하면 청자는 시작부터 흥미를 잃는다. 화자에 대한 신뢰감은 사라진 지 오래다. 이렇게 발표는 안 좋게 끝나고 만다. 따라서 화자는 발표장에 30분에서 1시간 정도 일찍 도착하는 것이 좋다. 무사히 도착하여 남은 시간에 장소와 사용할 기기를 확인하고, 몸단장도 하며, 발표 내용을 최종적으로 확인한다.

말은 특히 시간의 영향을 많이 받기 때문에 좋은 말하기를 준비하기 위해서는 시간을 잘 고려해야 한다. 말하기 준비 시 고려해야 할 시간적 요소로 '시기, 순서, 그리고 제한 시간' 등을 들 수 있다. 첫째, 말하기 시기란 일 년 중 언제, 하루 중 어느 시간에 말하기를 하느냐를 말한다. 계절적으로 볼 때 여름에 하는 말하기는 더위에 영향을 받고, 겨울에 하는 말하기는 추위에 영향을 받는다. 그리고 말하는 날짜가 화자나 청자에게 특별한 의미를 갖는 경우도 있다. 이를테면, 명절이나 기념일, 말하는 날에 발생한 역사적 사건 등이 바로 그것인데, 화자는 이러한 날을 잘 파악하고 있다가 말하기 중에 적절히 언급함으로써 청자와의 공감대를 형성할 수 있다. 하루 중에서도 청자의 집중력이 높은 시간이 있고 그렇지 않은 시간이 있다. 보통 청자의 집중력이 좋은 시간은 오전은 10~11시 정도이고, 오후는 점심 식사 후 식곤증이 몰려오는 시간대가 지나간 3~5시 사이이다. 화자가 말할 시간을 선택할 수 있다면 이러한 시간대를 파악해 두는 것이 좋다.

둘째, 말할 순서를 파악하는 것도 중요하다. 자신의 말 전후에 누가 어떤 말을 하게 되는가도 알아야 한다. 내가 가장 먼저 발표를 한다면 청중을 집중시킬 수 있는 전략이 필요하고, 많은 발표자 가운데 마지막에 발표를 한다면 지쳐 있는 청중의 흥미를 유발할 만한 전략을 짜야 한다. 내 앞의 발표자와 주제가 겹친다면 나의 말을 차별화할 만한 내용을 고민해야 한다.

셋째, 시간적 제약이 있는 경우에는 주어진 시간 내에 자신이 하고자 하는 말을 조리 있게 하도록 준비하여야 한다. 불필요한 말을 길게 끌다가 제시간 내에 말을 마치지 못하게 되면 자신의 뜻을 제대로 전달하지 못하는 것은 물론이거니와 청자가 화자의 능력을 낮추어 평가할 가능성이 크다. 시간을 잘 지켜 말하는 것도 화자의 중요한 능력이다.

연습 문제

20분 시간제한이 있는 발표를 할 때, '도입–핵심 내용–마무리–질의응답'으로 구성하여 말을 한다면 시간 배분을 어떻게 하는 것이 좋을지 생각해 보자.

도입	(　　　　　)분
핵심 내용	(　　　　　)분
마무리	(　　　　　)분
질의응답	(　　　　　)분

3.2. 장소

말하기를 준비할 때 가장 놓치기 쉬운 부분이 바로 장소이다. 우리는 주어진 장소에서, 그 안에 설치된 기기 등을 사용하여 문제 없이 말을 한다고 생각한다. 그러나 우리가 눈치채지 못하는 사이에 문제가 발생한다. 청자는 글자가 잘 보이지 않는 슬라이드나 발표자의 모습이 불만스럽고, 실내의 춥고 더운 온도에 불편함을 느끼거나 이상한 냄새에 불쾌감을 느끼기도 한다. 딱딱한 의자에 오래 앉아 있다 보니 엉덩이가 배기기도 한다. 이런 사실을 모른 채 화자는 말하는 데에만 집중한다. 청자의 반응이 시원치 않자 '집중력이 약하네….'라고 청자를 탓하지만, 이는 큰 착각일 수 있다.

화자는 말을 하는 공간이 어떠한 상태인지, 청자는 이 공간을 어떻게 느끼는지 파악할 필요가 있다. 잘못하면 애써 준비한 슬라이드나 시각 자료를 전혀 쓰지 못하거나, 청자가 불편한 자세로 장시간 말하기를 들어야 하는 등 예상 밖의 문제들이 발생할 수 있다. 발표장에 있는 형광등이 계속 깜빡거려 방해가 되거나, 마이크나 기자재에서는 이상한 소리가 나기도 한다. 말하는 공간뿐만 아니라 주변 환경에도 주의를 기울여야 한다. 옆방에서는 요란한 소리가 들리기도 하고, 창밖에서는 구호 소리, 잔디 깎는 기계 소리가 끊임없이 윙윙대면 청자의 주의는 산만해지고 청자에게는 아무 소리도 들리지 않는다. 화자 또한 피해자가 되기는 마찬가지이다. 밝은 창을 등지고 있으면 가만히 서 있기만 해도 땀이 줄줄 흐르고, 청자의 얼굴이 잘 보이지 않는다. 마이크에 계속 삑 하는 소리가 들린다면 말하는 내용에 집중할 수가 없다. 이렇듯 장소와 환경을 분석하지 않은 채 말을 하는 것은 지형과 기후를 조사하지 않은 채 한겨울 등산을 나서는 일과 같다. 효과적인 말하기를 위해서는 사전에 장소를 잘 파악해 두어야 한다.

장소는 화자의 무대라고 할 수 있다. 화자는 말의 성패를 좌우할 만큼 중요한 무대가 되는 장소에 대부분이 무관심하다. 자신의 무대인 만큼 그저 주어진 대로 하기보다는 최적의 장소를 만들면 말을 할 때에도 큰 도움이 된다. 말할 장소를 개선하는 일은 쉬운 일이 아니다. 그래도 말하기 계획이 잡혀 있다면 화자의 무대가 되는 장소에 미리 가서 주인공이 등장해도 될 만한 최적의 환경을 만들어 놓는 것이 좋다. 예를 들어, 발표할 공간에 들어갔더니 숨막힐 듯한 냄새가 난다. 칠판에는 앞 시간에 필기한 내용이 그대로 적혀 있다. 폭염인데 에어컨은 꺼져 있다. 화자와 청자 모두에게 최악의 환경이다. 불쾌한 냄새는 창문을 열어 환기를 시키고, 칠판은 깨끗하게 정돈한다. 냉난방 에어컨은 미리 켜두어 화자가 말을 하기 전에 적정한 온도가 될 수 있도록 세팅한다.

장소에 비치된 기기 등은 제 기능을 발휘해야 가치가 있다. 예를 들어, 빔과 슬라이드를 이용해서 영상을 보여 주면서 발표를 하려고 한다. 그런데 슬라이드만 있고 컴퓨터 본체가 안 보인다. 그래서 노트북을 설치했더니 정작 영상의 소리가 나오지 않는다. 이런 상태라면 기기는 쓸모없는 고철 덩어리일 뿐이다. 물건이란 제 기능을 발휘해야 가치가 있는 법이다. 따라서 기기를 활용할 필요가 있다면 미리 기기를 작동해 보고 리허설을 해 보는 것이 좋다.

마이크가 필요한 환경이라면 몇 가지 주의할 점이 있다. 우선 핸드 마이크가 아닌 핀 마이크를 사용하는 것이 좋다. 핸드 마이크를 사용하면 한 손이 자유롭지 않아 두 손을 활용하기 힘들다. 반면 핀 마이크는 양손이 자유로워서 몸짓 동작을 자유자재로 할 수 있다. 양손을 자유롭게 하고 싶다면 스탠드 마이크도 괜찮다. 그러나 스탠드 마이크는 한 자리에서 꼼짝도 않아야 한다. 마이크에 익숙하지 않은 화자는 마이크를 들면 마이크를 향해 이야기를 하려 든다. 하지만 마이크는 청자가 아니다. 마이크를 통해 청자에게 말을 건네듯 이야기하여야 한다.

말할 장소나 기기 등을 확인했다면 화자가 어디에서 말을 할 것인지 위치를 정하는 것도 중요하다. 위치를 정하는 일은 설계도를 그릴 때 거실의 위치를 정하는 일만큼 어렵고 중요하다. 햇볕이 잘 드는 창가 쪽은 눈이 부시어 말을 할 때 방해가 될 수 있고 출입구 쪽은 출입하는 사람에게 주의가 쏠린다. 발표자 위에 시계가 바로 있다면 그 시계는 청자의 집중력을 떨어뜨릴 수 있다. 이때는 발표 위치를 이동하여야 한다. 이렇듯 청자가 집중하고 화자가 더 잘 말할 수 있는 위치를 잘 잡는 것도 중요하다.

청자의 수도 장소와 말하기에 영향을 미친다. 소수의 청자는 특수한 경우를 제외하고 같은 부류의 사람들일 경우가 많다. 같은 세대, 같은 분야, 같은 조직에 속하거나 사고방식, 흥미, 관심사 그리고 청자의 요구도 비슷한 경우가 많다. 이와 같은 청자에게는 주제의 범위를 좁히고 내용은 깊이 있게 다루는 것이 좋다. 주제가 일반적이고 겉핥기식의 내용일 때 이야기는 따분해진다. 청자에게는 이야기의 내용이 자신과 얼마나 관련이 있는가가 중요하다. 따라서 청자 한 사람 한 사람에게 관심을 갖고 말해야 한다. 청자의 수가 적은 경우는 장소도 좁을 수 있다. 좁은 장소에서 사람들은 불안함과 답답함을 느낄 수 있다. 따라서 좁은 장소에서 적은 수의 청자와 말을 할 때에는 편안한 분위기를 조성하는 것이 좋다.

다수의 청자일 때, 가령 100명 내외가 되는 다수의 청자일 경우 장소도 넓고 긴장감도 없고 주의가 산만할 수 있다. 이런 경우 말하기 시작과 동시에 잡담이나 사적인 수다, 딴청 피우기 등이 나타난다. 이야기가 절정에 다다를 무렵 이때다 싶어 힘주어 말하려고 할 때 휴대폰 벨소리가 울려 퍼져서 김이 빠지게 될 수도 있다. 화자의 이야기를 자장가 삼아 대낮부터 곤히 자는 사람도 있고 출구 가까이에 있는 사람은 여차하면 도망갈 태세를 갖추기도 한다. 청자의 수가 많은 넓은 장소에서는 다수의 청자들이 귀를 쫑긋 세울 만한 화제나 참신하면서 유익한 이야기만이 다수의 청자에게 흥미를 불러일으킬 수 있다. 그리고 넓은 장소에서는 맨 뒤에 앉은 청자에게도 소리가 명료하게 들리도록 마이크를 사용하거나 목소리의 크기를 조절해야 한다. 또한 청자의 성향도 제각각이고 흥미나 관심도 다양하여 주제를 좁히기 힘들므로 좀 더 폭넓은 화제를 꺼내는 것이 좋다.

연습 문제

다음 장소에서 말하기를 할 때, 어떤 환경이 효과적일지 생각해 보자.

200명의 청중 앞에서 설명을 위한 말하기를 할 때

– 공간의 구조 및 좌석 배치:
– 조명:
– 의자와 탁자:
– 프로젝터와 스크린 위치:
– 마이크와 스피커:
– 필요한 설비와 비품:
– 온도 및 습도:
– 판서 보드의 색상:
– 연설대 위치:
– 기타:

30명의 청중 앞에서 설득을 위한 말하기를 할 때

– 공간의 구조 및 좌석 배치:
– 조명:
– 의자와 탁자:
– 프로젝터와 스크린 위치:
– 마이크와 스피커:
– 필요한 설비와 비품:
– 온도 및 습도:
– 판서 보드의 색상:
– 연설대 위치:
– 기타:

10명의 청중 앞에서 친교를 위한 말하기를 할 때

– 공간의 구조 및 좌석 배치:
– 조명:
– 의자와 탁자:
– 프로젝터와 스크린 위치:
– 마이크와 스피커:
– 필요한 설비와 비품:
– 온도 및 습도:
– 판서 보드의 색상:
– 연설대 위치:
– 기타:

4

말하기 내용

말할 내용을 정하는 것은 말하기를 구성하는 여러 가지 요인 중에서 가장 핵심적인 부분이다. 지금부터 말하기 내용을 효과적으로 구성하기 위하여 필요한 과정을 살펴보기로 한다.

4.1. 주제 선정

말할 목적이나 상황 및 청자 분석이 끝난 다음에는 주제를 선정하고 구체적인 내용을 미리 생각해 두어야 한다. 어떤 주제를 택하느냐가 말하기의 성공 여부에 큰 영향을 준다. 주제가 정해져 있지 않을 때에는 주제를 정하는 일이 선행되어야 한다. 주제는 청자들이 들었을 때 그들의 삶에 도움이 되는 것과 청자의 관심을 끝까지 유지시킬 수 있는 재미있는 것일수록 좋다. 즉, 주제를 잡을 때는 '유익성'과 '흥미성'을 고려하는 것이 좋다. 이 주제가 청자에게 '유익한 것인가?', 청자가 '흥미를 가질 것인가?'를 생각해 보아야 한다.

임영환 외(2000)에서는 청자가 말하기에 흥미를 가지게 되는 이유를 '그들의 일상 업무와 밀접하게 관련되기 때문에, 어떤 문제의 해법과 관계되기 때문에, 새

롭거나 시의적절한 것이기 때문에, 주제에 관한 여러 견해들이 갈등을 빚기 때문에'라고 설명하고 있다. 백미숙(2007)에서는 주제 선정 시 주의해야 할 점을 연사, 청자, 상황의 측면으로 나누어 제시하고 있다. 연사의 측면에서는 잘 알고 있는 주제와 내용에 대한 확신이 있는 주제를 선택해야 함을 강조하고 있다. 청자의 측면에서는 청자가 관심을 두는 주제나 청자에게 중요한 주제를 선택하며, 상황의 측면에서는 행사의 성격에 적절한 주제 및 주어진 시간에 다루기 적절한 주제를 선택하도록 기술하고 있다.

위의 의견들을 참고해 보면 어떤 주제가 좋을지 힌트를 얻을 수 있다. 청자가 어떤 주제에 흥미를 느끼게 될지 생각해 보면, 주로 자신이 미처 생각하지 못한 것을 새롭게 발견해 내거나, 평소에 관심이 있었던 것에 대해 더 발전된 생각을 이끌어 낼 때 청자는 더 집중하게 된다. 너무 평범하거나 지나치게 추상적인 내용이어서 들으나 마나 한 이야기를 늘어놓는 것은 좋은 주제로 적합하지 않다. 어떤 내용으로 말을 할지 아이디어를 찾고 주제를 정하는 과정은 말하기 내용 준비의 첫 단계이자 말하기의 성패를 결정짓는 중요한 일이다.

그렇다면 말할 주제를 선정할 때 염두에 두어야 할 점은 무엇일까? 첫째, 주제는 분명하고 구체적이어야 한다. 주제를 정할 때에는 너무 넓게 잡으면 안 된다. 추상적이고 광범위한 내용은 제한된 시간 안에 충분히 다룰 수도 없고 화자도 어떤 내용을 집중해서 조사하거나 분석할지 혼란스러울 수 있다. 너무 많은 이야기를 다루려다 보면 시간도 문제지만, 청자들이 혼란스러워진다. 또 내용을 깊이 있게 다루기가 어렵다. 예를 들어 영화에 관한 주제로 '영화의 선정성과 폭력성'을 다루었다고 하자. 그러나 이 주제는 '선정성'과 '폭력성'이라는 두 개의 주제를 한꺼번에 다루려 하고 있고, 그렇기 때문에 '선정성'이나 '폭력성'의 주제 모두에 집중할 수 없게 만들 위험성이 있다. 이 경우 '영화의 선정성'이나 '영화의 폭력성' 중 하나의 주제로 범위를 좁히고 주제를 구체화하는 것이 좋다.

둘째로 주제는 시의성이 있는 것이 좋다. 현재 가장 문제가 되고 사람들의 관심의 대상이 되고 있는 시사적인 주제는 청자에게 흥미를 느끼게 할 수 있다. 청자는 자신들이 직접 보고 느낀 일에 대해서 화자가 어떤 해석을 하고 평가를 내리는지 궁금해하기 때문이다. '영화의 폭력성'의 예를 다시 들어보자. 화자는 왜 지금 '영화의 폭력성'에 대해서 말하고 싶은 것인가? '영화의 폭력성' 논란은 언제나 있어 왔다. 그렇다면 왜 지금 그것이 다시 문제가 되는 것인가? 지금 한창 '영화의 폭력성'이 다시 논란이 되는 것은 최근의 사회적 폭력 현상과 깊은 관련이 있기 때문이다. '영화의 폭력성'이라는 주제가 최근의 이러한 폭력성의 경향을 분석하고자 하는 것임을 밝히면 청자는 훨씬 더 큰 관심을 가지고 말하는 내용에 집중할 것이다.

셋째로 주제는 의미 있는 것이어야 한다. 시간과 노력을 들여서 조사하거나 분석한 내용이 아무 의미 없는 것이라면 그 말하기가 무슨 소용이 있겠는가? 말할 주제는 화자와 청자에게 현재에 의의가 있든 미래에 비전이 있든 들을 만한 가치가 있고 의미 있는 것이어야 한다. 말할 주제는 잘못된 것을 비판하여 개선할 수 있거나 미래의 방향을 제시해 주는 것일 때 의미를 가진다. 곧 말할 주제는 현재적 가치를 가지거나 미래적 가치를 가지는 것이어야 한다. 예를 들어 영화를 분석할 때 단순히 재미있는 영화여서 분석하는 것만으로는 모자란다. 영화는 개인적인 취향에 따라 선택되는 것이기에 단순히 재미있다는 이유만으로는 청자들의 보편적인 관심을 얻기 힘들다. 따라서 자신이 분석하는 영화가 대중문화 전체에서 어떤 위치를 차지하고 있는지, 그래서 향후 한국 영화의 방향과 발전에 어떤 영향을 끼치고 있는지 분석한다면 청자는 개인적인 취향을 넘어서 말하는 내용에 더 큰 흥미를 느끼게 될 것이다.

이렇듯 말할 주제를 선정하는 일은 여러 가지를 염두에 두어야 한다. 여러 가지 방법을 생각하며 각자의 말할 주제를 구체화시키는 훈련이 필요하다.

TIP

어떤 주제가 좋을까?

좋은 주제	나쁜 주제
참신한 주제	진부한 주제
친숙한 주제	생소한 주제
시사적 주제	어려운 주제
청자의 관심도가 높은 주제	시간 내 소화하기 힘든 주제

주제가 선정되고 나면 바로 자료 수집부터 해야 한다고 생각하는 경향이 있다. 그러나 그것은 좋은 방법이 아니다. 자신의 생각이 정리되기도 전에 자신의 의

견과 다른 외부 정보나 자료가 먼저 들어오게 되면 자료에 의존한 말하기가 되기 쉽다. 그렇게 되면 화자는 자신이 말을 하지만 그 내용은 자신의 이야기가 아니라 자료의 배열에 불과하다. 입으로 하는 자료 복사기나 앵무새가 되지 않으려면 바로 자신의 생각과 마음이 담긴 말하기를 해야 한다. 자료나 정보는 자신의 생각에 도움을 주고 뒷받침해 주는 참조적인 역할이어야 한다. 주제가 정해져 있을 때는 일상생활 속에서 그 주제를 화두 삼아 이런저런 생각을 떠올리며 좋은 내용을 찾으려고 노력해야 한다. 이럴 때 연상 훈련이 좋은 방법이 될 수 있다. 다음으로 떠오른 자신의 생각들을 정리해 보고 배열해 본다. 주제에 대한 자신의 독자적인 생각이 대충 정해진 다음에 자신의 생각이나 주장을 뒷받침할 관련 자료들을 찾아보는 것이다.

4.2. 자료 수집

주제가 정해지고 주제에 대한 화자의 생각을 정하고 나면 그것을 일정한 시간 안에 구체적으로 전개해 나가는 데 필요한 자료를 수집해야 한다. 자료는 말할 내용의 소재나 사례 혹은 근거가 되기 때문에, 설득력 있고 효과적인 말하기를 위해서는 주제나 내용에 적합한 자료들을 찾는 것이 중요하다.

좋은 자료를 확보하기 위해서는 책이나 신문 등과 같은 인쇄 자료나 인터넷을 이용하는 방법이 있고, 그 외에도 도움을 줄 만한 사람을 직접 만나 인터뷰를 하거나 직접 조사하고 실험하는 방법도 있다. 그러나 어떤 방법이든, 자신이 말할 주제를 충분히 인식하고 그 주제에 맞추어 자료를 수집하는 것이 효과적이고 능률적이다. 막연한 상태에서 자료를 모으려고 하면, 적합한 자료를 모으기 어려울 뿐 아니라, 힘들게 얻은 자료를 이용하지 못하고 버리는 경우도 있다. 여러 가지 방법에 의해 수집된 자료들이라 하더라도 그대로는 이용할 수 없고 이미 선정된 주제 그리고 계획하고 있는 순서 등에 맞추어 손질하여야 한다.

현시대는 인터넷의 발달로 정보가 넘쳐나는 시대이다. 다양한 인터넷 사이트에서 많은 정보를 쉽고 빠르게 수집할 수 있다. 또한 SNS나 개인 블로그 등 개인적이고 주관적인 글이나 영상을 통해 생생한 정보를 얻을 수도 있다. 인터넷에 빠른 속도로 올라오는 많은 자료들은 인터넷 검색을 통해 쉽고 유용하게 활용할 수 있

자료 수집 방법

개인적 경험	현장 조사, 실험, 답사 등 직접적인 경험 독서, 이야기(실화, 일화), TV 프로그램, 영화, 권위자의 말 등과 같은 간접적 경험
인터뷰	전문가의 의견이 필요하거나 특정 사례를 입증할 필요성이 있는 경우, 해당 정보원을 직접 찾아가 인터뷰를 통해서 자료를 수집하는 방법
설문	많은 사람들의 견해나 사람들의 의식 등을 알아볼 필요성이 있는 경우, 설문지를 돌려서 자료를 수집하는 방법
문헌 자료	객관적 정보, 통계 자료, 연구 보고서, 저서나 논문 등이 포함되며 가장 전통적인 자료 수집 방법
정보 통신매체	특히 인터넷을 통해서 비교적 손쉽게 자료를 수집하는 방법 다만 인터넷상의 자료가 원전 그대로보다는 축약된 것이 많고 카피된 것이 많으므로 자료의 신빙성에 대한 검증을 확실히 해야 함. 즉, 인터넷에서 찾은 자료의 공신력 및 정확성 등을 반드시 따져봐야 함.

는 정보이다. 그러나 다른 한편 인터넷 자료는 그만큼 부정확하거나 인용하기에 적절치 않은 자료들도 많다. 인터넷 정보의 특성은 자발성, 주관성, 유동성, 신속성 등으로 객관적인 논증이 필요한 말하기에는 적절치 못한 정보가 될 가능성도 있다. 또한 부정확한 출처는 내용의 신뢰도를 떨어뜨릴 수도 있다. 따라서 인터넷 정보는 제한된 범위 내에서 신중히 참고하거나 인용해야 한다.

이에 비해 책과 학술 논문 등의 문헌 자료는 전통적인 지식 정보의 원천으로 정확한 출처를 밝힐 수 있으며, 전문적인 고급 정보를 얻을 수 있다. 인터넷 정보가 실시간으로 빠르게 검색 가능한 데 비해, 책이나 논문은 집필, 편집, 교정, 출판, 유통 등 여러 과정을 거치기 때문에 좀 더 오랜 시간이 걸린다. 하나의 원고가 여러 절차와 단계를 거쳐 한 권의 책으로 만들어지는 만큼 좀 더 신뢰도가 높은 전문적인 정보를 얻을 수 있다. 따라서 문헌 자료의 활용에 좀 더 적극적일 필요가 있다.

마지막으로 자료를 수집하고 그 자료를 말하기를 위하여 사용할 경우, 반드시 출처를 밝혀야 한다. 출처를 밝히지 않고 자료를 이용할 경우 표절로 의심받을 수 있다. 실수에 의한 것이든 의도적인 것이든 표절은 잘못된 행위이다. 표절은 표절하는 사람으로 하여금 정보의 노예가 되게 할 뿐 정보의 주인이 되게 하지는 않는다. 말하기의 내용 구성에서 주의해야 하는 점은 자료는 자료일 뿐, 자료가 내용 자체가 되어서는 안 된다는 것이다.

TIP

자료를 이용하는 목적

– 논거로 활용하여 어떤 것을 증명하기 위하여

– 요점을 명확히 하기 위해서

– 요점을 흥미롭게 하여 청자의 호응도를 높이기 위하여

– 기억에 남도록 하기 위하여

Flecter, 2004

연습 문제

다양한 학술 정보 사이트를 알아보고, 그중의 한 곳에서 주제어를 검색하여 자료를 찾아보자. 단행본, 학위 논문, 학회지나 학술 잡지 등의 자료를 찾아서 다음과 같이 정리해 보자.

도서관

– 한양대 백남학술정보관 http://library.hanyang.ac.kr
– 국립중앙도서관 www.nl.go.kr
– 국회도서관 www.nanet.go.kr

학술 정보 사이트

– 학술 Database 서비스 www.dbpia.co.kr
– 학술연구정보서비스 www.riss.kr

인터넷 서점

– 교보문고 www.kyobobook.co.kr
– 알라딘 www.aladdin.co.kr
– YES24 www.yes24.com
– 인터파크 www.book.interpark.com

예 검색어 → 동아시아

백영서, 『동아시아의 귀환』, 창작과비평사, 2002.
박노자, 『우리가 몰랐던 동아시아』, 한겨레출판, 2007.
현화영, 「동아시아 영화의 탈식민주의적 특징 연구」, 한양대학교 석사학위논문, 2007.
최원식, 「탈냉전시대와 동아시아적 시각의 모색」, 『창작과비평』, 1993 봄호.

4.3. 내용 구성

'구슬이 서 말이라도 꿰어야 보배'라는 말이 있다. 말하기도 마찬가지이다. 아무리 좋은 내용이라고 하여도 잘 꿰어야만 훌륭한 말하기로 탄생할 수 있다. 좋은 말하기란 말하기의 근본적인 목표에 충실한 것이다. 말하기의 근본적인 목표는 화자가 전달하고자 하는 내용이 청자에게 효과적으로 전달되도록 하는 것이다. 말하기 내용을 구성한다는 것은, 글쓰기에서 쓰는 이의 의도를 명확하고 효과적으로 전달하기 위하여 '서론·본론·결론'이나 '기·승·전·결'과 같은 일정한 틀에 맞추어 내용을 전개하는 것과 같은 원리이다. 곧 말을 할 때에도 생각나는 대로 무작정 말해 버리는 것이 아니라, 머릿속에 들어 있는 내용과 자료들을 일정한 목적과 방향에 따라 조리 있게 구성해야 한다. 말을 할 때에는 기본적으로 '도입(서론) – 핵심 내용(본론) – 마무리(결론)'의 3단 구성으로 제시할 수 있다.

말하기 내용 구성은 이처럼 '도입, 핵심 내용, 마무리'이다. 흔히 글쓰기에서만 '처음, 가운데, 끝'의 3단 구성을 갖는다고 생각하지만, 말하기 내용도 역시 '도입, 핵심 내용, 마무리'의 3단 구성을 갖는다. 말하기 내용도 3단 구성을 갖는다는 것을 아는 사람과 모르는 사람은 큰 차이가 있다. 그것을 아는 사람은 단순히 전달할 내용만 생각하는 것이 아니라, 멋진 도입 멘트를 통하여 시작부터 청자의 관심을 집중시킬 수 있고, 멋진 마무리 멘트를 통하여 청자에게 깊은 여운을 줄 수 있다. 그러나 말하기 내용이 어떻게 구성되는지 감조차 잡을 수 없는 사람은 말하기가 밋밋하게 진행되거나 뒤죽박죽 진행될 수 있다. 말하기 구성도 3단 구성을 갖는다는 것을 인지하고 말하기 내용을 구성하는 것이 좋다.

4.3.1. 도입

화자는 본론에 해당하는 핵심 내용을 중시한 나머지 도입 부분을 등한시하는 경향이 있는데, 도입 부분은 단순히 본론으로 들어가기 위한 가교가 아니며 본론 못지않게 중요한 기능을 수행한다. 말하기의 경우도 '시작이 반이다'라고 할 만큼 도입 부분이 매우 중요하다. 대부분의 화자들은 긴장감 속에서 말을 시작하기 때문에 도입 부분이 순조롭게 진행되지 않으면 불안감을 느끼게 되어 준비한 말하기를 망칠 수 있다. 반면에 도입 부분이 잘 진행되면 불안감이 금방 사라져 버리기 때문에 이어지는 말하기에서 제 능력을 충분히 발휘할 수 있게 된다. 성공적인 말하기를 원한다면 본론을 준비하는 노력보다 더 많은 노력을 기울여 도입 부분을 준비해야 한다.

말의 도입 부분은 여러 가지 중요한 기능을 수행한다. 도입 부분은 청자의 흥미와 관심을 유발하며, 분위기를 무르익게 하고, 말하기 주제를 제시하며, 공신력의 기반을 다지고, 본론의 내용을 예고하는 기능을 수행한다. 이처럼 도입 부분은 청자와 첫 만남이 이루어지는 곳으로, 청자로 하여금 말을 끝까지 잘 듣도록 유도하는 중요한 단계이다. 따라서 성공적인 말하기를 원한다면 도입 부분을 잘 준비하여야 한다. 특히 도입의 처음 10초가 매우 중요하다. 청자에게 좋은 질문을 던지거나 흥미 있는 영상을 보여 주면서 분위기를 형성하는 것도 좋다. 이때 분위기를 사로잡을 만한 멋진 멘트를 준비하는 것도 효과적인 방법이다. 여기서 도입 부분에 활용할 만한 몇 가지 방법들을 살펴보기로 한다.

1) 청자의 관심 끌기

도입 부분의 가장 중요한 기능은 청자의 관심과 흥미를 불러일으키는 것이다. 관심을 잃은 청자는 더 이상 말하기에 집중하지 않는다. 청자의 무관심과 냉담함이 겉으로 드러나게 되면 화자 자신도 자신감과 흥미를 잃게 된다. 따라서 도입 부분을 준비할 때는 어떻게 하면 청자의 흥미와 관심을 불러일으킬 수 있을까를 생각하는 데 많은 시간을 할애해야 한다. 분위기가 좋아지면 청자는 화자에게 신뢰와 관심을 갖게 되고 화자는 발표 불안증이 사라지게 된다.

청자의 관심을 유발하는 방법은 그 시점에 따라 두 가지로 나누어 볼 수 있다. 첫째 방법은 청자의 흥미를 끌도록 도입을 고안하는 것이다. 이 방법은 청자가 말하기를 듣고자 하는 동기나 욕구가 별로 없을 때 사용하는 것이 좋다. 둘째 방법은 주제를 소개한 후에 이것을 청자와 결부시킴으로써 그들의 관심을 유발하는 것이다. 이 방법은 청자가 그 말을 듣고자 하는 동기가 강해서 처음부터 말하기에 집중할 것으로 기대할 때 사용하는 것이 좋다. 둘째 방법처럼 청자의 관심을 끌고 분위기를 조성하면서도 다음에 도입될 말하기 주제에 대한 힌트를 주는 것이 좋다. 그래야만 주제 전개가 무리 없이 이루어지고, 청자의 관심이 자연스럽게 그 주제로 옮겨가며, 조성되었던 분위기도 지속될 수 있다.

2) 청자에게 신뢰 주기

화자는 청자에게 신뢰를 주어야 말이 잘 전달되고 화자의 말하기 목적을 성공적으로 달성할 수 있다. 화자의 신뢰가 높을수록 설득력이 올라간다. 화자에 대한 신뢰가 있어야 청자는 화자의 말을 믿고 따르게 된다. 화자에 대한 신뢰가 없다면 화자가 아무리 좋은 말을 하더라도 청자는 그 말을 불신하고 그냥 흘려버리게 된다. 청자가 화자를 믿고 신뢰하는 사이라면, 특별히 신뢰를 주려는 노력이 필요하지는 않다. 청자가 화자를 신뢰한다고 하더라도 청자를 매우 편하게 대하거나 결례를 범하지 않도록 주의해야 한다. 청자가 화자를 신뢰하지 않거나 청자와 화자가 잘 모르는 사이라면, 화자는 청자에게 신뢰감을 주도록 화자의 지식이나 정보를 자신감 있는 태도로 조리 있게 잘 전달해야 한다.

청자에게 신뢰를 주려고 자신의 지식을 자신감 있게 전달한다고 해서 "이 분야의 전문가는 나야!"라는 식으로 자화자찬하듯이 말을 하면 안 된다. 청자의 반감을 사지 않고 자신의 공신력을 제고하려면, 화자가 이 주제에 대해 오랫동안 관심을 가지고 꾸준히 연구해 왔으며 항상 고민을 많이 하고 있음을 자신의 경험과 연구 과정을 중심으로 객관적으로 전달하는 것이 좋다.

자신의 전문성을 어느 정도 뒷받침한 후에는 자신이 좋은 의도에서, 즉 청자의 이익을 위해서 이렇게 말하고 있음을 강조하는 것이 좋다. 그러면 청자가 신뢰감을 더 느낄 수 있다. "제가 여러분들을 위하여 이 자리에 섰습니다."라고 노골적으로 표현하기보다는 "우리 모두가 더 편안하고 윤택하게 생활하기 위해서 누군가가 나서서 이 문제를 짚고 넘어가야 한다고 생각합니다. 그래서 제가 외람되게 이 자리에 서게 되었습니다. 여러모로 부족하지만 경청해 주시면 감사하겠습니다."라는 식으로 겸손하고 용기 있게 표현하는 것이 좋다.

3) 주제 소개하기

도입 부분은 주제를 자연스럽게 제시하며 핵심 내용으로 넘어가는 역할을 해야 한다. 핵심 내용으로 들어가기 전에 도입 부분에서 인용을 하거나 관련 상황을 자연스럽게 꺼내면서 공감대를 형성하는 것이 좋다. 도입 부분에서 의미 있는 격언, 유명한 일화나 에피소드, 속담, 고사성어, 문학작품, 유머 등을 인용하면서 주제와 연관시키는 것이 좋다. 청자의 관심을 끌면서도 자연스럽게 주제를 도입할 수 있는 적절한 인용 거리를 잘 찾아야 한다. 주제 도입에서 상투적이거나 분위기를 진부하게 만드는 표현은 차라리 사용하지 않는 것이 좋다.

이 외에도 현 상황 또는 주변 상황에 대한 가벼운 이야기를 꺼내면서 주제와 관련시키는 것도 효과적인 방법이다. 또한 주제를 꺼내기 위해 청자에게 질문을 하는 방법도 효과적이다. 한국 문화에 대해 설명하고자 할 때, "여러분! 한류 열풍이 불고 있습니다. 한국의 드라마가 세계 1위를 차지하고, 한국의 아이돌 그룹이 세계 곳곳에서 공연을 하는 등 한국 문화에 대한 세계의 관심이 뜨겁습니다. 세계는 왜 이렇게 한국 문화에 열광하고 있는 것일까요?"라고 질문을 한다든지, 입시제도나 취업과 관련해서는 "여러분 주위에 대학교를 다니고 있는 사람들이 많을 겁니다. 대학생들을 보면 어떤 생각이 드시나요?" 이렇게 질문을 하면서 주제에 접근할 수 있다. 그리고 청자의 답변을 들어보고 화자 자신이 원하는 답과 비슷한 내용이 있으면 그것을 택하거나 아니면 좀 더 구체적으로 대답해 줄 것을 요구하면서 서서히 주제에 접근해 나간다.

연습 문제

다음 예시처럼 '청자의 관심 끌기' 방법을 이용하여 도입 부분을 구상해 보자.

청자의 관심 끌기

– 긴장감을 조성하며 관심 끌기

지난 일요일, 여러분 대부분이 그 이름을 알고 있는 한 남자가 아무 죄도 없는 사람을 정말 죽도록 두들겨 팬 사건이 발생했습니다. 수많은 사람들이 이 관경을 지켜 보았지만 어느 누구도 이를 말리려 하지 않았습니다. 이 남자의 행위는 정당방위도 아니었고 원한 때문에 그런 것은 더욱 아니었습니다. 그는 단지 돈을 벌기 위해서 이 일을 한 것입니다.
그는 프로 권투 선수지요.

– 깜짝 놀라게 하며 관심 끌기

누군가 초인종을 눌렀습니다. 멍구는 앉았던 자리에서 벌떡 일어나 갑자기 세 바퀴를 빙글빙글 돕니다. 그러고는 문 쪽으로 달려갔다 다시 소파 쪽으로 돌아옵니다. 다음에는 소파 위로 뛰어올랐다가 다시 내려옵니다. 멍구가 미친 걸까요? 도둑이 든 걸까요? 아닙니다. 멍구는 청각 장애자의 귀를 대신해 주는 '보청견'입니다. 그는 방금 소리를 듣지 못하는 주인에게 문밖에 손님이 와 있다는 것을 알려준 것입니다.

임태섭, 2010: 197

| '청자의 관심 끌기' 방법을 이용하여, 도입 부분 작성하기 |

연습 문제

주제어를 정해서 스피치를 하려고 한다. '주제 소개하기' 방법을 이용하여 도입 부분을 구상해 보자.

주제 소개하기

주제어: 운동

오늘 점심시간 엘리베이터 고장으로 계단을 이용해서 식당이 있는 5층까지 올라가면서 숨차지 않으셨습니까? 여러분들 중에는 분명히 엘리베이터 고장 다음부터는 절대로 5층에 있는 식당을 이용하지 않을 것이라고 맹세한 분도 있을 겁니다. 그런데 식당이 이 건물의 꼭대기 층에 있는 것이 문제라고 생각하십니까? 혹시 여러분이 운동을 하지 않는 데 문제가 있다고 생각하지 않으십니까? 그래서 오늘 저는 운동과 관련해서 말씀을 드리려고 합니다.

백미숙, 2007

| '주제 소개하기' 방법을 이용하여, 스피치 도입 부분 작성하기 |

- 주제어:
- 도입 부분:

4.3.2. 핵심 내용

핵심 내용은 본론에 해당하는 부분이다. 내용을 구성할 때는 주로 시간적 구성, 공간적 구성, 인과적 구성, 문제해결적 구성, 화제적 구성 등을 이용한다. 화자가 말 순서를 독점하는 일방적 말하기의 경우에는 핵심 내용을 길게 구성할 수 있겠지만, 화자 1과 화자 2가 말 순서를 나누어 가져야 하는 쌍방적 말하기의 경우에는 핵심 내용을 짧게 구성하는 것이 좋다. 쌍방 중 어느 한쪽이 듣기를 좋아하는 경우를 제외하고는 되도록 균등하게 말 순서를 나누어 가지는 것이 쌍방 모두가 만족할 수 있는 이상적인 대화라고 할 수 있다.

내용을 구체적으로 기술하기 전에 간략히 개요를 작성해 보는 것도 좋은 방법이다. 개요는 말할 내용의 전체 틀을 나타낸다. 집을 짓기 위해서 설계도가 필요한 것처럼 개요 작성은 자신이 말할 내용의 전체 설계도를 미리 준비하는 과정이다.

구성 순서는 청자의 요구에 따라서 다르게 제시할 수도 있다. 즉 청자의 관심에 따라서 전략적으로 변형이 가능한데, 그 방향은 청자가 듣고 싶어 하는 이야기를 먼저 제시하는 방향이 된다. 예를 들어서 시간적 구성에서 청중들이 어떤 주제에 대한 미래에 관심을 보인다면, '미래→과거→현재'나 '미래→현재→과거'의 순서로 구성을 변경할 경우 좀 더 전달의 효용성을 높일 수 있다. 인과적 구성에서 청중들이 결과에 관심을 보인다면, '결과→원인'의 순서로 구성을 변경할 수 있다.

1) 시간적 구성

시간적 구성은 시간적 질서에 따라서 내용을 배치하는 구성으로서 시간의 흐름에 따라서 진행되는 사건이나 행동 등을 중심으로 전개하는 것이다.

(1) ㄱ. 순행 질서

과거 → 현재(예 영화 「범죄와의 전쟁」, 과거가 원인이고 현재가 결과임.)

현재 → 미래(현재가 원인이고 미래가 결과임.)

과거 → 현재 → 미래(과거가 원인이고 현재가 결과이며, 현재가 원인이고 미래가 결과임.)

ㄴ. 역행 질서

현재 → 과거(현재보다 과거가 좋았음.)

미래 → 현재(미래가 좋으려면 현재 이렇게 하여야 함.)

현재 → 과거 → 대과거(예 영화 「메멘토」, 영화 「박하사탕」, 현재의 결과에 대하여 과거와 대과거의 근거를 제시함.)

미래 → 현재 → 과거(미래의 결과에 대하여 현재와 과거의 근거를 제시함.)

ㄷ. 혼합 질서

현재 → 과거 → 미래(예 영화 「백투더퓨처」, 현재에 초점을 맞추어서 과거와 미래를 보여 줌.)

미래 → 과거 → 현재(미래에 초점을 맞추어서 과거와 현재를 보여 줌.)

현재 → 미래 → 과거(현재에 초점을 맞추어서 미래와 과거를 보여 줌.)

ㄹ. 모자이크 질서

현재 → 과거 → 현재 → 과거 → … (예 영화 「시민 케인」, 현재와 과거의 반복적 대조)

현재 → 미래 → 현재 → 미래(예 영화 「인터스텔라」, 현재와 미래의 반복적 대조)

미래 → 과거 → 미래 → 과거 → … (예 영화 「12몽키스」, 미래와 과거의 반복적 대조)

2) 공간적 구성

공간적 구성은 공간적 질서에 따라서 내용을 배치하는 구성으로서 장소의 이동에 따라 내용을 구성하는 것이다.

(2) ㄱ. 위 → 아래(예 사람 묘사)

아래 → 위(예 고층 빌딩 묘사)

ㄴ. 안 → 밖(예 집 밖으로 외출할 때)

밖 → 안(예 건물 소개)

ㄷ. 오른쪽 → 왼쪽(예 이동하는 자동차의 왼쪽 창에서 밖의 풍경을 볼 때)

왼쪽 → 오른쪽(예 문서 텍스트 설명)

ㄹ. 앞 → 뒤(예 자동차 묘사)

뒤 → 앞(예 교실 뒤에 앉은 사람이 교실 뒤부터 풍경을 묘사할 때)

ㅁ. 가까운 곳 → 먼 곳(예 기행문)

먼 곳 → 가까운 곳(예 포위를 당한 입장에서 포위망이 좁혀 올 때)

3) 인과적 구성

인과적 구성은 인과적 질서에 따라서 내용을 배치하는 구성으로서 어떤 주제에 대한 인과 관계를 밝히기 위하여 '원인'과 '결과'를 중심으로 내용을 구성하는 것이다. 어떤 사안에 대한 원인을 밝히는 것에 주안점이 있다. 원인은 연역법, 귀납법, 변증법을 통해 밝히게 되고, 그 원인을 결과의 앞에 배치하느냐, 결과의 뒤에 배치하느냐와 이러한 순서의 반복으로 구성될 수 있다.

(3) 원인 → 결과
결과 → 원인
원인1 → 결과1 → 원인2 → 결과2 → …
결과1 → 원인1 → 결과2 → 원인2 → …

4) 문제해결적 구성

문제해결적 구성은 인과적 질서에 따라서 내용을 배치하는 구성으로서 어떤 문제가 원인이 되고 해결책이 결과가 되는데, 원인보다는 해결책에 더욱 주안점이 있는 구성이다. 인과적 질서를 따른다는 점에서는 인과적 구성과 공통점이 있지만, 원인을 밝히기보다는 결과인 해결책을 밝히는 것을 더욱 중시한다는 점에서 인과적 구성과는 차이가 있다.

(4) 문제 제시 → 해결책
해결책 → 문제 제시
문제 제시1 → 해결책1 → 문제 제시2 → 해결책2 → …
해결책1 → 문제 제시1 → 해결책2 → 문제 제시2 → …

5) 화제적 구성

화제적 구성은 화제에 따라서 내용을 구성하는 방식으로, 일반적으로 열거식으로 전개된다.

(5) 화제 1 → 화제 2 → 화제 3
사건 1 → 사건 2 → 사건 3
첫째 → 둘째 → 셋째

핵심 내용을 말할 때 유념해야 할 사항은 청자의 주의 집중을 계속 유지하는 것이다. 도입에서 청자의 주의 집중을 이끌어 놓고도 핵심 내용을 말할 때 이를 유지하지 못하는 경우가 많으므로 청자의 관심을 끌기 위해 꾸준히 노력해야 한다.

연습 문제

'어제 있었던 나의 하루'를 시간적 구성으로 작성해 보자.

4.3.3. 마무리

마무리는 말할 내용을 전한 후에, 핵심 내용을 재강조하고 화자가 궁극적으로 내세우고자 하는 주장을 제시하며 말을 종결하는 부분이다. 말하기가 끝난 후에도 그 여운은 오랫동안 남기 때문에 마무리를 잘하는 것도 매우 중요하다. 마무리의 가장 중요한 기능은 말하기의 종료를 알리고, 말한 내용의 요점을 강조하고, 청중에게 깊은 여운을 남기는 것이다.

마무리는 크게 말하기가 끝나감을 알려주는 종료 신호, 핵심 내용을 강조하는 요점 강조, 그리고 말하기를 완전히 끝맺는 결언으로 구성해 볼 수 있다.

1) 종료 신호

종료 신호는 마무리의 서두에 해당한다. 많은 화자들이 이 종료 신호를 명료하게 하지 않는 경향이 있다. 그럴 경우 청자들은 지금 이 단계가 마무리 부분이라고 생각하지 않고, 말하기를 다 들은 후에도 마무리 부분이 없이 끝났다고 생각하는 경우들이 있다. 따라서 핵심 내용에 대한 설명이 모두 끝났다면 말의 템포를 약간 늦추거나 한 호흡을 쉰 다음, "이제 본격적인 논의는 끝났습니다.", "중요한 말씀은 모두 다 드렸는데요,", "이제 이 이야기를 마무리할 때가 되었습니다.", "이제 결론을 내릴 단계가 되었습니다." 등과 같이, 이제 마무리로 이어짐을 알려주는 신호를 보내는 것이 좋다. 그래야만 청자들이 화자의 결론을 받아들일 준비를 하게 되고 주의를 집중하게 된다.

2) 요점 강조

마무리 부분에서는, 핵심 내용 단계에서 구체적으로 다룬 내용을 청자가 명확히 알 수 있게 요약 정리를 해 주거나 말하기의 핵심 명제를 재차 강조할 필요가 있다. 요점을 강조하는 방법은 크게 두 가지로 나누어 볼 수 있다. 앞에서 핵심 명제를 언급한 경우에는 이를 보다 단언적인 태도로 재언급하거나 다른 표현 기법을 이용하여 재차 강조해 주는 것이 좋다. 핵심 명제가 따로 없이 이야기를 풀어간 경우에는 주요 내용을 간단히 정리해 주는 것이 좋다.

3) 결언

결언은 마무리 중에서도 종결 부분에 해당하는 것으로, 말하기 전체와 마무리 부분을 동시에 끝맺는 역할을 한다. 여기서 화자가 해야 할 일은 한두 마디의 멋진 표현으로 지금까지 말했던 모든 것들이 의미 있고 중요함을 나타내면서 말하기를 끝맺는 것이다. 결언에서 사용할 수 있는 기법 중의 하나는 도입 부분과 동일하게 유명한 말이나 격언, 고사성어, 문학작품, 유머 등을 인용하는 것이다. 인용을 할 때는 '출처+인용+의미'의 형식을 취하는 것이 좋다. 이를테면, "모 기업 광고에 이런 문구가 있습니다. '역사는 아무도 2등을 기억하지 않는다.' 우리도 역사의 뒷골목으로 사라져 가지 않도록 자신의 분야에 일인자가 되어야 하겠습니다."라는 표현처럼 인용할 수 있다.

화자의 말이 가질 수 있는 미래에 대한 효과를 강조하는 미래 지향적 결언도 있다. 미래 지향적 결언은, 말하기가 갖는 미래 상황에 대한 의미를 언급하면서 말하기를 종결하는 기법이다. 미래 상황을 가시화하거나, 미래에 대한 예언을 하거나, 화자 자신의 미래에 대한 결심을 나타냄으로써, 자신이 주장하는 바가 미래에 어떠한 결과로 나타날 것인지를 밝히는 것이다. 미래 상황을 가시화하는 것은 "우리가 모두 백만장자가 된다고 생각해 보십시오!", 미래에 대한 예언을 하는 것은 "여러분 꿈을 꾸십시오. 그리고 노력하십시오. 그 꿈은 반드시 이루어질 것입니다.", 미래에 대한 결심을 나타낸다는 것은 "저는 반드시 그 목표를 이루겠습니다!" 처럼 표현하는 것이다.

청자들을 끌어들이면서 말하기를 끝맺는 청자 중심 결언도 있다. 청자 중심 결언은 청자에게 질문을 던지는 방법과 청자로 하여금 특정한 행동을 하도록 호소하는 방법이 있다. 이를테면, "여러분은 이제 어떤 제품을 쓰실 겁니까? A입니까, B입니까?", "여러분은 이제 어떻게 움직여야 할지 아실 겁니다. 자신의 존재를 확실히 내세우십시오!" 등이다.

결언에서 멋있고 강렬한 이미지를 남기려면 결언 자체가 짧아야 한다. 백미숙(2007)에서도 서론과 결론을 구성할 때의 주의 사항에서, 서론은 너무 짧게 하지 말라는 지침을 준 반면에 결론은 길게 끌지 말 것을 강조하고 있다. 결언을 길게 끌게 되면 결언이 핵심을 잃어 마무리가 산만해질 수 있다. 결언을 제시하는 단계에서 다른 이야기를 첨가하는 것은 역효과를 낼 수 있다는 점을 명심해야 한다.

연습 문제

다음은 인용을 통한 결언 사례를 제시한 것이다. 자기소개를 마무리하는 단계에서, 인용을 하면서 결언 부분을 작성해 보자.

인용을 통한 결언 사례

도덕적 가치의 중요성! 그것은 아무리 강조해도 지나치지 않을 것입니다. 21세기를 살고 있는 이 순간에도 원칙을 무시하고 특권을 누리려는 비도덕적인 사람들이 사라지지 않고 있습니다. 특권을 쫓을 것이냐? 원칙을 따를 것이냐? 도덕적 가치를 가진 사람이라면 그 해답을 찾는 일이 별로 어렵지 않을 것입니다. 그의 대통령 취임사에서 아이젠하워 대통령은 이렇게 말했습니다. "원칙보다 특권을 더 좋아하는 민족은 머지않아 그 둘을 모두 잃게 될 것"이라고!

임태섭, 2003: 211

| 자기소개를 마무리하는 단계에서, 인용을 하면서 결언 부분 작성하기 |

5

말하기 표현

• • •

말하기는 소재, 구성, 표현, 태도를 잘 갖추어야 좋은 효과를 볼 수 있다고 앞서 다루었다. 이 중에서 본 장에서는 말하기 표현을 구체적으로 살펴보도록 한다. 표현이란, 하나의 내용을 여러 가지 방법으로 나타내는 것을 말한다. 전문 분야에서 하나의 방법만 아는 사람과 여러 가지 방법을 아는 사람의 능력치가 다르듯이, 말을 할 때도 같은 문장과 같은 단어를 반복해서 사용하는 사람과 여러 표현을 구사하는 사람의 능력치가 다르다고 할 수 있다. 즉, 여러 표현을 구사하는 사람이 표현력이 더 좋다고 할 수 있다. 여러 가지 표현을 동원하면 말을 더 효과적으로 흥미 있게 구사할 수 있고 전달성도 높아진다. 이처럼 표현을 다양하게 하는 것은 말하기에서 중요하다고 할 수 있기에 표현력을 늘리려는 방법을 터득하고 발전시키려는 노력이 필요하다.

5.1. 표현에서 고려할 점

표현은 적확하게, 구체적으로, 쉽게 하는 것이 좋다.

5.1.1. 적확한 표현

적확한 표현이라는 것은 적절하고 명확한 표현을 말한다. '촌철살인(寸鐵殺人)'이라는 말은 한 치의 쇠붙이로도 사람을 죽일 수 있다는 뜻으로, 간단한 표현으로 그 상황을 가장 잘 표현하여 상대를 감동시킬 때 사용할 수 있는 말이다. 여러 사람이 힘을 모으는 게 중요하다는 뜻에는 '백짓장도 맞들면 낫다.'를 써야지, '사공이 많으면 배가 산으로 간다.'를 써서는 안 된다. 유머가 있는 사람에게 "넌 참 웃기는 사람이야."라는 말을 쓰면 '웃긴다'라는 말의 어감이 좋지 않기에 칭찬으로 받아들여지지 않을 수 있다. 이 상황에서는 "넌 참 재밌는 사람이야."라는 말을 쓰는 것이 좋다. 이렇듯 발화 목적을 제대로 이루기 위하여서는 그 상황에 맞는 적확한 표현을 써야 한다.

적확한 표현을 위하여서는 유의어, 동음어, 동철어 등의 사용에 주의하여야 한다. 유의어는 의미가 비슷하지만 용법이 다른 단어들인데, 이들이 의미가 비슷하기에 잘못 사용되는 경우가 있다. 예를 들어서 '틀리다'와 '다르다'를 혼용하는 경우가 많은데, '옳지 않다, 바르지 않다'라는 의미로 사용할 때에는 '틀리다'를, '같지 않다, 차이가 있다'라는 의미로 사용할 때에는 '다르다'를 써야 한다. 동음어는 발음은 비슷하지만 의미가 전혀 다른 단어들인데, 이들의 사용에도 주의하여야 한다. '사흘'의 '사'를 한자 '四'로 인식하여서 4일로 잘못 사용하여서는 안 된다. 동철어는 표기가 같지만 용법이 다른 단어들인데, 이들의 사용에도 주의하여야 한다. '일체'와 '일절'은 모두 한자 '一切'를 다른 발음으로 읽고 있으나, 뜻이 반대이다. '일체'로 읽으면 '모든 것, 온갖 것'의 뜻이기에 다 있다는 뜻으로 사용하고, '일절'로 읽으면 '전혀, 도무지'의 뜻이기에 다 없다는 뜻으로 사용한다. 따라서 과거 술집에 많이 있었던 '안주 일절'은 잘못된 표현이다.

특히 한국어에서는 경어와 호칭을 사용할 때 적절한 표현을 사용하여야 한다. 예를 들어서 청자가 속해 있는 집단을 나타낼 때에는 '우리 학교', '우리 집안', '우리 팀'이라고 말하지만, 청자가 속해 있지 않은 집단을 나타낼 때에는 겸양의 표현으로 자신의 집단을 낮추어 '저희 학교', '저희 집안', '저희 팀'이라고 표현하는 것이 옳다. 그런데 '나라'의 경우는 같은 자국민에게 '우리나라'라고 써야 하고, 외국인에게도 국가의 위상이 걸려 있기에 낮추지 않고 '저희 나라' 대신 '우리나라'라고 써야 한다.

5.1.2. 구체적 표현

말을 할 때에는 추상적인 표현보다는 구체적인 표현을 쓰는 것이 좋다. 자신의 뜻을 불분명하게 추상적으로 말하지 않도록 주의해야 한다. 우리는 일상에서 '좋아요.', '재미있었어요.', '맛있었어요.' 등의 주관적 감상만을 추상적으로 말하는 경우가 많은데, '무엇이', '왜', '어떻게' 좋고, 재미있었고, 맛있었는지를 구체적으로 말하는 것이 좋다. 특히 칭찬할 때는 '훌륭해요', '멋있어요'라고만 하는 것보다 왜 훌륭하고 멋있는지 그 이유를 구체적으로 밝혀 말하는 것이 더 효과적이다. 상대에게 축복의 말을 할 때 "행복하세요."라고 하는데, 이러한 경우도 매우 모호하고 명령형 표현으로 바람직하지 않다. "웃을 일이 가득하시기 바랍니다." 따위로 구체적으로 표현하고 명령형을 안 쓰는 것이 좋다.

5.1.3. 쉬운 표현

청자를 위하여 쉬운 표현을 쓰는 것이 좋다. 듣기 어려운 말을 좋아하는 청자는 없다. 듣기 어려운 말을 하는 것은 화자의 현학적 허세일 뿐이다. 말을 잘하는 사람은 매우 전문적이고 어려운 내용을 설명할 때도 청자가 이해하기 쉽게 풀어서 말한다. 신문기자들은 초등학교 6학년 수준이 알아듣도록 기사를 작성하게끔 훈련받는다고 한다. 이렇듯 말을 할 때도 초등학생도 알아들을 수 있도록 청자를 배려하면서 쉽게 말하여야 한다. 쉬운 표현을 쓰기 위해서는 문어적인 표현보다는 구어적인 표현을, 어려운 한자어나 외래어보다는 일상적인 쉬운 말을, 길고 복잡한 문장보다는 짧고 단순한 문장을 사용하여야 한다.

5.2. 언어적 표현

언어 표현이야말로 말할 내용을 주고받는 핵심 매체이다. 언어 표현에 있어 유의해야 하는 것은 위에서 설명한 바와 같이 적확하고 구체적이며 쉽게 표현하는 것이 좋다는 점이다. 이러한 기본적인 표현 방법 외에도 듣는 이에게 정보를 효과적으로 전달하기 위해서는 어떻게 말해야 할까? 이 절에서는 언어적 표현을 축자적 표현, 관용적 표현, 비유적 표현으로 나누어 살펴보고자 한다. 축자적 표현은 문자 그대로의 의미로 나타낸 표현을 뜻한다. 관용적 표현은 단어들의 의미만으로는 전체의 의미를 알 수 없는, 특수한 의미를 나타내는 표현이다. 비유적 표현은 다른 것에 빗대어서 나타낸 표현을 뜻한다.

5.2.1. 축자적 표현

축자적 표현, 즉 문자 그대로 표현할 때는 여러 가지 다른 유사한 표현으로 쓸 수 있다. 예를 들어서 '달아요.'를 '달콤해요.', '달착지근해요.', '새콤달콤해요.', '단짠이에요.', '스위트해요.' 등의 유사한 표현으로 바꾸어서 사용하면 의미도 구체적으로 표현할 수 있고 어감도 달라 다른 효과를 얻을 수 있다.

축자적 표현은 길이를 조절하여서 표현할 수도 있다. 가장 짧은 단어로 표현할 수도 있고, 단어의 연속인 구로 표현할 수도 있고, 주어와 서술어가 있는 하나의 문장으로 표현할 수도 있고, 여러 개의 주어와 서술어가 등장하는 복합문으로 표현할 수도 있다. 길게, 다채롭게 표현할 수 있는 것이다.

(1) ㄱ. 맛있습니다.
ㄴ. 매우 맛있습니다.
ㄷ. 음식이 매우 맛있습니다.
ㄹ. 음식이 감탄이 나올 정도로 매우 맛있습니다.

(2) ㄱ. 갔습니다.
ㄴ. 멀리 갔습니다.
ㄷ. 님은 멀리 갔습니다.
ㄹ. 나를 사랑하던 님은 멀리 갔습니다.

(1)은 '맛있다'라는 형용사를 사용한 축자적 표현으로서 (1ㄱ)은 단어로, (1ㄴ)은 구로, (1ㄷ)은 단문으로, (1ㄹ)은 복합문으로 표현한 것이다. (2)는 '가다'라는 동사를 사용한 축자적 표현으로서, (2ㄱ)은 단어로, (2ㄴ)은 구로, (2ㄷ)은 단문으로,

(2ㄹ)은 복합문으로 표현한 것이다.

5.2.2. 관용적 표현

관용적 표현은 두 개 이상의 단어로 이루어져 있으면서 그 단어들의 의미만으로는 전체의 의미를 알 수 없는, 특수한 의미를 나타내는 표현이다. 문자 그대로의 의미가 아닌 관용적 의미로 쓰이되 일반적으로 뜻을 익히 알고 있는 표현을 말한다. 관용적 표현에는 속담, 격언, 관용구(숙어) 등이 포함된다. 관용적 표현을 이해하기 위해서는 언어의 문화적 배경을 알아야 한다. '수염이 석 자라도 먹어야 산다.'라는 속담은 '자'라고 하는 단위와 '수염'이 환기하는 의미 파악이 우선되어야 한다. '자'는 미터 단위로 환산하면 약 30센티미터, '석 자'면 약 90센티미터로서, 굉장히 긴 수염이다. 조선시대에 이렇게 긴 수염은 양반 사대부들의 전유물로서 점잖고 체면치레를 하는 사람들을 가리킨다. 즉 이 말의 속뜻은 '아무리 점잖은 사람이라도 먹지 않고는 살 수 없다.' 혹은 '맛있는 음식을 앞에 두고서 체면치레는 필요 없다.'로 해석해 볼 수 있다. 긴 수염이 환기하는 양반과 양반이 환기하는 점잖고 체면을 중시하는 사람이 유기적으로 떠올라야만 의미 파악이 가능해진다. 서양에서 흔히 쓰이는 '큐피트의 화살', '이카루스의 날개', '판도라의 상자'와 같은 표현들도 그리스·로마 신화에 그 뿌리를 두고 있다. 제대로 된 의미 전달을 위해서 문화적 맥락과 배경 이해가 필수적이다.

연습 문제

'눈 가리고 아웅한다.', '닭 쫓던 개 지붕 쳐다본다.'와 같이 잘 쓰이지만 뜻을 잘 몰랐거나 사용해 보지 않은 속담을 더 찾아 뜻을 말하고 사용 예시를 제시하여 본다. '뜨거운 감자' 따위의 관용구도 좋다.

5.2.3. 비유적 표현

비유적 표현은 어떤 현상이나 사물을 직접 설명하지 아니하고 다른 비슷한 현상이나 사물에 빗대어서 설명하는 표현 방법이다. 앞서 관용적 표현과 같이 죽은 비유를 쓰는 것이 아니라 살아 있는 비유, 화자에 의하여 창조된 비유를 쓰는 것이다. 비유적 표현은 창의적이기에 상대에게 신선함을 줄 수 있다. 그리고 비유를 적절히 사용하면 상대가 이야기를 더 쉽게 이해할 수도 있다. 그러나 비유를 잘못하면 상대에게 해석의 부담을 주거나 상대가 해석을 못할 수도 있기 때문에 주의할 필요가 있다. 그래서 비유적 표현은 효과적인 면과 비효과적인 면을 모두 가지고 있는 양날의 검이라고 할 수 있다. 비유적 표현은 유사성을 이용한 유사적 표현, 인접성을 이용한 인접적 표현, 반대성을 이용한 반대적 표현으로 나누어 볼 수 있다.

1) 유사적 표현

유사적 표현은 두 개체 간의 유사성을 이용하여 하나의 개체를 유사한 다른 개체에 비유하는 것이다. 표현법 중에서 은유법, 직유법, 의인법, 활유법 따위가 여기에 속한다. 유사적 표현을 사용하면, 우리가 이해하지 못했던 개념을 잘 알고 있는 개념에 빗대어 설명함으로써 그 이해도를 높일 수 있다. 또한 상대가 미처 생각지 못하였던 것에 비유 같은 유사적 표현을 사용하면 상대에게 참신함과 새로움을 줄 수 있다.

(1) ㄱ. 솜사탕 맛이 나요.
꿀맛이에요.
설탕 같아요.
초콜릿 같아요.
ㄴ. 마치 카라멜 마키아토, 마카롱, 크림 도넛을 한꺼번에 먹은 것 같아요.
입에 물엿을 한 통 짜 넣은 것 같아요.

(1)은 '달다'를 유사적 표현으로 나타낸 예이다. (1ㄱ)의 경우는 일반적인 비유라고 할 수 있을 것이다. 앞서 관용적 표현만큼의 화석화된 비유는 아니기에 약간의 신선함을 줄 수 있다. (1ㄴ)은 화자가 창의적으로 표현한 예이다. (1ㄴ)은 화자가

새롭게 만들어낸 표현이므로 (1ㄱ)보다 신선함을 줄 수 있다.

2) 인접적 표현

인접적 표현은 하나의 개체를 그것과 인접한 다른 개체에 빗대어서 표현한 것이다. 우리가 알고 있는 수사법으로 치면, 환유법, 과장법, 점층법, 점강법 등이 여기에 속한다.

(2) ㄱ. 펜은 칼보다 강한 법이지.
ㄴ. 게임에서 내가 백만 대군을 쓸어 버렸지.
ㄷ. 나를 위해, 가족을 위해, 나라를 위해, 인류를 위해 무엇을 할지 고민해 봐야 하지 않겠어?
ㄹ. 한 시간만, 아니 30분만, 아니 10분만 시간을 좀 내 줘.

(2ㄱ)은 환유법의 예로서, 문력과 무력을 각각 펜과 칼로 비유한 것이다. (2ㄴ)은 과장법의 예로서, 게임 참여자를 '백만 대군'으로 과장하여 표현한 것이다. (2ㄷ)은 점층법의 예로서, 점점 외연을 점점 더 넓혀가고 있다. (2ㄹ)은 점강법의 예로서, 시간 크기를 점점 더 줄이고 있다. 이렇듯 인접적 표현으로도 다양하게 표현할 수 있다.

3) 반대적 표현

반대적 표현은 어떤 현상에 대하여 반대로 말하는 것으로서, 반대적 표현에는 수사의문 표현이나 반어법 등이 있다. 수사의문은 강조할 때 많이 쓰이고, 반어법은 의미를 강화할 때에도 많이 쓰이지만 말의 재미를 더해 주기도 한다.

(1) ㄱ. 서쪽에서 해가 뜰 수 있을까?
ㄴ. 이 영화를 보고 암이 나았습니다.
나 이 영화를 보기 전으로 되돌아가고 싶다. 심장이 멎는 듯한 영화.
내 나이 25. 평생 처음으로 영화를 보고 눈물이라는 것을 흘렸다.

(1ㄱ)은 수사의문 표현을 통해 일어날 수 없는 일에 대하여 강하게 표현하고

있다. (1ㄴ)은 어떤 망작의 영화에 대하여 반어적으로 극찬을 한 표현들이다. 실제로는 '나만 당할 수 없다. 너도 이 영화를 보고 당해 보아라.'라는 심리에서 이러한 표현들을 한 것이다.

반대적 표현은 상대의 기분을 상하게 할 수 있으니 조심스럽게 사용하여야 한다.

(2) ㄱ. 너는 그만 식으로 해서 잘할 수 있겠냐?

ㄴ. 참 자~알 했다.

웃기고 앉았네.

(2ㄱ)은 수사의문을 통해 상대를 비난하고 있다. (2ㄴ)은 반어적 표현으로 상대를 무시하거나 비난하고 있다. 이러한 표현들은 상대의 기분을 상하게 할 수 있으므로 꼭 필요한 경우 신중하게 사용해야 한다.

5.2.4. 형식수사적 표현

형식수사적 표현이란, 형식 조정을 통하여 다른 표현을 만들어 내는 것을 말한다. 즉, 내용을 조정하는 것이 아니라 형식을 조정하는 것이다. 형식수사적 표현에는 반복법, 대구법, 도치법 따위가 있다. 반복법은 같거나 비슷한 어구를 되풀이하는 수사법으로서, '산에는 꽃 피네, 꽃이 피네' 따위로 연이어서 반복하는 것도 있고 수미쌍관법처럼 발화의 앞과 뒤에 같은 어구를 배열하여 반복하는 것도 있다. 대구법이란, 어조가 비슷한 어구를 짝지어 발화에 변화를 주는 수사법으로서, '인생은 짧고 예술은 길다.' 따위가 포함된다. 도치법이란, 말의 정상적인 순서를 뒤바꾸어 표현하는 수사법으로서, '나는 아직 기다리고 있을 테요, 찬란한 슬픔의 봄을.' 따위가 포함된다. 형식수사적 표현은 주로 뜻을 강조하거나 발화의 흥취를 돋우기 위하여 사용된다.

5.3. 비언어적 표현

비언어적 표현은 몸짓언어를 가리킨다. 몸짓언어란, 음성 언어나 문자 언어에 의하지 않고 몸짓이나 손짓, 표정 등 신체의 동작으로 의사나 감정을 전달하는 행위를 가리키는 것으로서, 보디랭귀지·몸짓말이라고 하기도 한다. 우리는 말보다 몸짓언어를 더 믿는 경향이 있다. 만약 화가 난 표정을 지으면서 "저는 화가 나지 않았습니다."라고 말하는 화자를 본다면 우리는 그 표정을 믿을까, 그 말을 믿을까? 아마 말보다는 그 표정을 보고 화자가 화가 났다는 것을 눈치챌 수 있을 것이다. 말보다 몸짓언어를 더 신뢰한다는 것은 연구로도 뒷받침된다. 메러비안(1969)의 경우는 의사소통에서 차지하는 비중이 몸짓언어가 55%, 억양·강세 등이 38%, 언어적인 부분이 7% 정도라고 하였다. 버드위스텔(1973)의 경우에도 의사소통에서 차지하는 비중이 몸짓언어가 65~70%, 언어적인 부분이 30~35% 정도라고 하였다. 이렇듯 몸짓언어는 의사소통에서 매우 큰 비중을 차지한다.

몸짓언어는 독립적으로 메시지를 전달하기도 하고 말하는 내용을 보완하는 식으로 메시지를 전달하기도 한다. 독립적으로 메시지를 전달하는 경우는 수화, 수신호 따위가 있고, 말하는 내용을 보완하는 식으로 메시지를 전달하는 경우는 말할 때의 얼굴 표정, 동작, 시선 따위가 있다. 우리 일상생활에서는 독립적으로 메시지를 전달하는 경우는 흔하지 않고 말하는 내용을 보완하는 식으로 메시지를 전달하는 경우가 대부분이다.

몸짓언어는 의도적 몸짓언어와 비의도적 몸짓언어로 나뉘기도 한다. 의도적 몸짓언어란, 화자가 스스로 의식하면서 스스로 계획한 몸짓을 수행하는 것이다. 비의도적 몸짓언어란, 화자가 스스로 의식하지 못한 채 주로 습관적인 몸짓을 하는 것이다. 의도적 몸짓언어를 사용할 때는 방송 매체에서 멋진 동작을 하는 유명인들을 참고할 필요가 있다. 의도적 몸짓언어를 흔히 제스처라고 한다. 제스처를 잘하기 위해서는, 근육의 긴장을 풀어 주는 것이 좋다. 발표, 토론 등을 진행하기 전에는 가볍게 몸을 풀어 준다. 몸이 긴장하고 있으면 동작이 뻣뻣해지고 제스처는 어색해진다. 그러므로 중요한 말하기를 하기 전에는 가볍게 걸음을 걸어 보거나 몸의 근육을 유연하게 풀어 주고 숨을 깊이 들이마시면서 긴장을 조절하면 좋다. 비의도적 몸짓언어를 사용할 때는, 이 몸짓이 좋은 습관일 경우는 크게 신경 쓸 필요가 없으나 대체적으로 좋지 않은 습관이 나타나는 경우가 많아서 고쳐 주는 것이 좋다. 자신이 스스로 모니터링을 하여 안 좋은 몸짓 습관을 바로잡거나, 다른 사람에게 피드백을 받는 것도 좋은 방법이다. 좋지 않은 습관을 하나만 고쳐도 청자의 반응이 크게 달라지는 것을 체험할 수 있다.

발화자가 제스처를 사용할 때에는 타이밍이 매우 중요하다. 강조할 때 하는 제스처는 강조하고자 하는 요점 바로 전이나 그때 하는 것이 좋다. 그런데 먼저 제스처를 취하고 다음에 말하는 경우, 말과 제스처를 동시에 하는 경우, 말을 먼저 한 후 제스처를 한 경우를 비교해 보면, 동시에 하는 것도 나쁘지 않지만 말보다 행동을 먼저 했을 경우에 좀 더 효과적인 것으로 나타난다.

5.3.1. 긍정적 몸짓언어

긍정적 몸짓언어는 크게 세 가지로 정리해 볼 수 있다. 겸손함, 당당함, 세련됨이 바로 그것이다. 겸손한 몸짓언어는 청자의 마음을 열 수 있고, 당당한 몸짓언어는 발화에 힘을 실어 주며, 세련된 몸짓언어는 발화의 격조를 높인다. 겸손함, 당당함, 세련됨 모두 발화에서 긍정적으로 작용한다고 할 수 있다.

1) 겸손함

겸손한 몸짓언어는 청자의 마음을 열 수 있다. 사실 청자가 화자의 말을 들어주는 것은 화자의 입장에서 고마운 일이다. 그런데 화자는 청자의 고마움을 잘 느끼지 못하거나, 오히려 강압적으로 자신의 이야기를 하는 경우가 있다. 화자가 청자 존재의 고마움을 느끼고 그 고마운 마음이 몸짓언어로 나온다면 청자는 마음의 문을 더 열고 화자의 말에 집중할 것이다.

겸손함을 보이는 가장 대표적인 몸짓언어는 미소이다. 미소를 띤다는 것은 상대를 존중하고 호감이 있다는 표현이다. 따라서 말을 할 때는 미소를 띠는 것이 좋다. 발표 등의 공적인 말하기를 시작할 때는 얼굴에 엄정한 빛을 나타내면서도 약간의 미소를 띤 표정을 짓는 것이 좋다. 이러한 모습은 화자가 정신을 바짝 차리고 있으며 어느 정도 여유를 가지고 있다는 것을 잘 보여 준다. 미소는 보는 사람들도 기분 좋게 만들지만 발표자 자신의 기분도 즐겁게 만든다. 여러 사람 앞에서 말하기 전에 불안하고 초조할 때 의도적으로라도 미소를 짓고 나면 마음이 한결 편안해지는 것을 느낄 수 있다.

손바닥을 펴서 상대에게 보여 주는 것도 겸손함을 보이는 행위이다. 손바닥은 비교적 약한 부분이기 때문에 손바닥을 펴서 보여 주는 것은 자신의 약한 부분을 상대에게 감추지 않고 그대로 노출하는 것이다. 그래서 손바닥을 펴는 것은 진실, 정직, 충성과 관련이 있다. 맹세를 하거나 법정에서 증언을 할 때 손바닥을 펴서 들고 하는 것도 같은 맥락이다. 손바닥을 펴서 제스처를 함으로써 다른 사람들에게 더 겸손하고 진실되게 다가가고 있음을 보여 주는 것도 좋다.

외양에도 신경을 써야 한다. 자신의 모습을 단정하게 하고, 잘 어울리는 세련된 옷을 입는 것은 상대에 대한 예의이며, 이것도 겸손함이 배어 있는 모습이라고 할 수 있다. 이러한 모습은 대화 상대를 위한 노력의 결과이기 때문이다. 공적인 말하기를 하는 상황에 집안에서 입을 듯한 추리닝 옷을 입고 슬리퍼를 신고 모자를 쓰고 와서 자신에게 호감을 가져 달라고 하는 것은 기본적인 노력도 하지 않은 채 호감을 바라는 것과 같다. 청중을 위해서 자신의 외양을 가꾸는 것도 겸손한 태도라고 볼 수 있다.

청자의 이해도를 높이기 위하여 설명에 제스처를 덧붙이는 행위도 청자를 배려하는 겸손한 태도라고 할 수 있다. 크기나 형태를 설명하는 경우 손가락으로 그림을 그려 보인다거나, 높이에 대해서 말할 때도 팔을 들어 표시하거나, 숫자를 말할 때 상응하는 손가락을 펴 보이는 행위는 화자가 노력하여 청자에게 도움을 주는 것이기 때문이다. 말을 할 때 제스처를 적절히 사용하면 메시지의 의미를 더 명확하게 하거나 강조해 줄 뿐 아니라 청자의 집중력을 높이는 데에도 도움이 된다.

2) 당당함

청중들 앞에 섰을 때 많이 긴장되거나 떨리더라도 자신감이 있는 것처럼 늠름한 태도를 취하는 것이 좋다. 고개를 들고, 바른 자세로 서고, 어깨를 활짝 펴는 것은 당당함을 보여 주는 자세이다. 당당한 자세와 확신에 찬 표정으로 말을 하면 청중에게 신뢰감을 주지만, 청중을 바로 쳐다보지 못하고 긴장하여 굳은 표정으로 이야기하면 화자가 전달하고자 하는 바를 정확하게 표현하지 못할 뿐만 아니라 자신의 말에 확신이 서 있지 않아 보여 청자에게 신뢰를 주기 어렵다. 남들 앞에서 말할 때는 마치 경험이 많은 전문가처럼 자신 있게 행동하는 것이 중요하다. 사실상 발표의 내용을 가장 잘 알고 있는 사람은 발표자이다. 그러므로 자신감을 가지고 당당하게 말하는 것이 좋다.

발표, 토론 등 공적인 말하기를 할 때는 특히 입장과 퇴장도 당당하게 하여야 한다. 즉, 당당하게 입장하고 당당하게 퇴장한다. 자신의 발표에 자신이 없다고 하더라도 입장할 때 그러한 태도를 드러낼 필요는 없다. 허리를 곧게 펴고 당당하게 걸어 나가 단상에 서야 한다. 그런 후에는 청중을 한번 죽 둘러보고 천천히 발표를 시작하여야 한다. 자신감이 없는 화자는 고개를 숙이고 땅을 보고 걸어 나가서는 탁자 앞에 서자마자 청중을 볼 생각도 하지 않고 발표를 시작하는 경우가 있다. 좋지 않은 입장 자세이다. 또한 발표는 말이 끝나면서 마무리되는 것이 아니라 발표자가 퇴장해야만 모두 끝나는 것이다. 바꾸어 말하면 퇴장 행위도 발표의 일부분이다. 입장할 때와 마찬가지로 당당하게 퇴장하는 것이 좋다. 발표를 잘해 내지 못했다는 것을 스스로 인정하는 듯한 쑥스러운 표정으로 퇴장하거나 고개를 숙이면서 퇴장하는 것은 청중에게 신뢰감을 주지 못한다.

3) 세련됨

몸짓이 자연스럽고 품위 있는 것은 세련됨의 지표이다. 특히 시선 처리가 자연스러워야 하고, 청자와 눈 맞춤을 잘해야 한다. 비대면 교류와 달리 대면 교류의 큰 특징은 대면 교류를 할 때는 눈으로 깊이 있는 메시지를 주고받으며 민감한 반응을 알아낼 수 있다는 점이다. 청자가 내용을 잘 모르는 눈빛을 하고 있으면 화자는 다른 말로 바꾸어서 설명하여야 한다. 청자와 친밀감을 느낄 수 있는 방법은 바로 눈 맞춤이다. 청자의 눈을 자연스럽고 따뜻하게 쳐다보면서 말을 하는 것이 중요하다.

눈 맞춤의 시선은 모든 사람에게 고루 주는 것이 좋다. 말을 들어주는 고마운 사람들을 중심으로 각 곳에 포인트를 두고 눈 맞춤을 자연스럽게 한다. 당신은 비록 각 포인트의 한 사람을 보고 있지만, 그 주위의 다른 사람들은 발표자가 자신을 보고 있다고 믿게 된다. 눈 맞춤이 지나치게 강렬하거나 한 사람만을 뚫어지게 쳐다보는 것은 좋지 않다. 천천히 시선을 옮기면서 한 사람 한 사람을 차례로 응시하는 것이 좋다. 청중과 시선을 맞추려고 할 때는 고정된 틀에 따라서 움직이기보다는 시선의 움직임을 자연스럽게 연결하는 것이 좋다. 왼쪽의 사람과 눈 맞춤을 했으면 중간에 앉아 있는 사람과 눈 맞춤을 하고, 그 후 오른쪽 사람과 눈 맞춤을 하는 형식으로 하는 것이다. 자신의 발화에 호의적인 반응을 보이는 방향이 더 편안하게 느껴진다면 그쪽을 더 자주 바라보는 것도 자신감을 갖는 데 도움이 된다. 그러나 한 쪽 방향만 바라보고 있다는 인상을 주는 것은 좋지 않다.

대화를 할 때 상대방의 눈을 쳐다보는 것이 부담스러우면 그 사람의 콧등을 쳐다보는 등 시선을 약간 낮추는 것도 효과적이다. 발표를 할 때는 청중이 많으므로 청중의 머리 윗부분을 쳐다보는 한 방법이다. 발표를 할 때 발표자의 시선이 청중의 시선보다 높기 때문에 청중이 볼 때에는 발표자가 자신의 정면에서 본다고 느끼기 때문이다.

시선이 머무는 시간적 간격도 너무 짧거나 너무 길면 안 된다. 한 구절을 말하고 다음 구절을 말할 때 시선을 옮기는 것이 좋다. 한 사람에게 눈 맞춤을 하면서 말을 할 때에는 그 말이 끝날 때까지 시선을 유지하는 것이 좋다. 시간은 하나의 완전한 문장을 말할 정도가 좋은데, 때로는 그것보다 더 짧아도 상관없다. 그러고 나서 여유 있게 다른 사람을 쳐다본다. 그리고 시선과 제스처를 일치시키는 것이 좋다. 예를 들어서 손으로 특정 방향을 가리킬 경우에 시선도 그 방향으로 돌려야 한다.

자세는 기본자세가 가장 자연스럽다. 발표를 하는 기본자세는 두 발을 어깨 넓이로 벌리고 체중을 양발에 균등히 준 상태에서 허리와 어깨를 곧게 펴고 머리를 똑바로 든 자세이다. 이 자세가 힘들면 간간이 자세를 바꿀 수 있다. 이러한 응용 자세는 기본자세에서 너무 크게 벗어나지 않아야 한다. 자세를 바꾸자마자 다시 원자세로 돌아오는 것은 불안정하게 흔들려 보일 수 있기 때문에, 불편함이 어느 정도 해소된 후에 다시 자연스럽게 기본자세로 바꾸는 것이 좋다.

두 팔을 모두 가볍게 내려서 뻗거나, 한 팔을 내려서 뻗고 다른 팔은 탁자 위에 가볍게 올려 두어도 좋다. 두 손을 가볍게 모아 아랫배 위에 올려 두거나 가슴 앞에 모아둘 수도 있다. 발표용 메모 카드를 사용하는 경우에는 메모 카드를 한 손에 쥐고 그 손을 가슴 부근으로 끌어올리고 다른 손은 자유롭게 움직이는 것이 좋다.

손동작도 세련되게 하는 것이 좋다. 손도 다양한 메시지를 준다. 양손을 양옆으로 펼쳐 보이면 '함께, 모두, 같이'를 의미한다. 양손을 가슴 아래에서 마주 잡으면 '감사, 소망, 의지, 정성'을 의미한다. 양손을 목 높이에서 마주 잡으면 '결심, 단호함, 투지'를 의미한다. 손을 하단에서 상단으로 올리면 '성장, 향상, 희망'을 의미한다. 오른손을 주먹 쥐고 눈높이까지 올리면 '도전, 결심, 자신감, 의지, 열정'을 의미한다. 한 손을 들어 머리 옆부분에 손끝을 살짝 대면 '고민, 연구, 아이디어, 전략, 구상, 숙고' 등을 의미한다.

TIP

효과적인 눈 맞춤 사용법(김문수, 2011)

1. 가장 중요한 것은 청중 한 사람 한 사람에게 말을 거는 것이다.
2. 왼편과 오른편에 시선을 균등하게 주라.
3. 앞좌석에 앉아 있는 청중에게는 의욕이 꺾이지 않도록 시선을 주라.
4. 핵심 인물에게 주의를 주라.
5. 얼굴의 방향과 눈의 방향을 일치시키라.
6. 눈으로 독촉하고 눈으로 수긍하게 하라.
7. 강한 시선으로 결의를 보내라.
8. 눈의 표정에 기분을 담으라.

피해야 할 눈 맞춤 방식(김문수, 2011)

- '까꿍'식 눈 맞춤: 가끔 청중에게 까꿍 놀이하듯이 눈 맞춤을 하는 경우가 있는데 이는 절대 금물이다.
- '나 바빠'식 눈 맞춤: 발표자는 미리 준비해 둔 원고를 읽을 뿐 청자를 절대 쳐다 보지 않는 경우이다.
- '나 좀 도와 줘'식 눈 맞춤: 주로 천장을 보며 발표를 진행하는 사람들이다.
- '난 지금 시력 검사 중'식 눈 맞춤: 뒷벽만을 계속 쳐다보는 유형이다.
- '당신 앞에만 서면 작아진다'식 눈 맞춤: 시종일관 바닥만 쳐다보며 프레젠테이션을 한다.
- '테니스 경기'식 눈 맞춤: 발표자의 머리가 테니스 경기하듯이 끊임없이 앞뒤로 끄덕인다.

눈 맞춤을 통한 피드백(김문수, 2011)

눈 맞춤은 발표자와 청자 간의 양방향 의사소통 채널을 제공한다. 눈이 마음의 창이라고 했듯이 청중의 눈에서도 프레젠테이션 청취의 결과를 반영한다고 할 수 있다.

청중의 신호	발표자의 반응
몇몇 청중의 눈꺼풀이 반쯤 내려와 있다.	프레젠터의 에너지 수준이 너무 낮기 때문이다. 시각적, 음성적 에너지 수준을 높여라.
프레젠터가 요지를 설명한 뒤에서 청중이 어리둥절해 하는 것 같다.	아마 발표자의 설명이나 시각 자료가 명확하지 못했기 때문일 것이다. 다시 한번 설명하여야 한다.

청중의 신호	발표자의 반응
의사 결정자가 그의 머리를 양옆으로 기우뚱거리고 있다.	프레젠터가 이 사람을 확실히 확신시키는 데 실패하였다. 좀 더 설득력 있게 말하여야 할 때이다.
청중이 우편물을 읽기 시작했다.	아마도 프레젠터가 청중을 지루하게 했을 것이다. 프레젠터는 흥미를 끌 일화와 같은 몇몇의 정보를 투입하여야 할 것이다. 아니면 프레젠터의 이야기가 이미 너무 길게 늘어져 있으므로 속도감 있게 이야기를 끝마쳐야 할 것이다.
듣는 자가 엄청난 집중을 하며 당신을 바라보고 있다.	잘하고 있다. 계속 그렇게 하라.

5.3.2. 부정적 몸짓언어

부정적 몸짓언어는 앞서 긍정적 몸짓언어와 반대로 하면 된다. 긍정적 몸짓언어의 세 유형이 겸손함, 당당함, 세련됨이었다면, 부정적 몸짓언어의 세 유형은 거만함, 수줍음, 미숙함이 될 것이다.

1) 거만함

거만한 몸짓언어는 청자가 매우 싫어하는 행위이다. 대화를 하다가 두 손으로 깍지를 껴서 뒷머리를 감싼 채 다리를 쩍 벌리고 뒤로 기대어 앉으면 상대가 불편해한다는 것을 느낄 수 있을 것이다. 화자가 거만한 몸짓언어를 취하면 청자는 불편해하거나 혐오감마저 느끼기도 한다. 따라서 거만한 몸짓언어는 피하는 것이 좋다. 당당함을 나타내는 몸짓언어와 거만함을 나타내는 몸짓언어는 분명한 차이가 있으니 잘 구별하여서 사용하여야 한다.

손동작에서 거만함이 드러나는 경우가 있다. 청중을 향해 주먹을 휘두르거나 삿대질을 하는 동작은 무례하고 폭력적인 모습을 드러낸다. 손바닥으로 단상을 치거나 쓸데없이 양손을 마주쳐 소리를 내는 동작은 성급하거나 예의가 없는 사람처럼 느껴진다. 주머니에 손을 넣고 말하는 것도 그렇다. 두 손을 호주머니 속에 넣어 두면 보기 좋지 않다. 뒷짐을 지는 행위도 그렇다. 팔꿈치를 올려놓고 턱을 괴거나, 팔짱을 끼고 말하는 것도 좋지 않다.

건들거리며 말하는 동작은 거만하고 불손한 인상을 준다. 몸무게를 한쪽 발에만 싣고 삐딱하게 서는 자세, 이른바 '짝다리 자세'도 겸손하지 않게 보인다. 또한 말을 하거나 들으면서 볼펜으로 소리를 낸다거나 안경을 벗어 손으로 장난을 치는 경우, 발표자가 포인터로 사람을 가리키는 경우 등도 좋은 태도가 아니며, 불손하고 거만한 행동으로 비칠 수 있으므로 주의해야 한다.

2) 수줍음

발표, 토론 등의 공적인 말하기를 할 때 수줍음을 보이는 것도 효과적이지 못하다. 가끔씩 드러나는 수줍음은 인간적으로 보일 수도 있지만 말할 때마다 수줍음이 드러나면 말에 힘이 실리지 못한다. 사실 누구나 청중 앞에 서는 것은 부담스러운 일이어서 청중들 앞에서는 수줍음이 드러나기가 쉽다. 그렇더라도 발표자는 당당하려고 노력해야 한다. 발표자가 수줍어하면서 말하면 청중이 부정적으로 바라보지는 않더라도 말을 잘했다고 판단하지는 않는다. 기왕 힘들게 청중 앞에 섰으면, 잘했다는 말을 들어야 하지 않겠는가?

얼굴 표정은 발표자의 감정 상태와 태도를 드러낸다. 경직된 얼굴 표정은 발표자가 매우 긴장해 있다는 것을, 벌게진 얼굴은 불안에 떨고 있다는 것을, 찡그린 얼굴은 매우 초조하다는 것을 말해 주기도 한다. 긴장, 불안, 초조 등에 휩싸여 있다는 것이 청중에게 그대로 전달되는 것은 바람직하지 않다. 발표를 하다가 실수를 했다고 해서 쑥스러운 표정이나 머쓱한 표정을 짓는 것도 좋지 않다. 실수를 하더라도 예사스러운 표정으로 지나쳐야만 그 실수가 필요 이상으로 확대 해석되지 않는다.

우리는 수줍을 때 무엇을 만지작거릴 때가 많다. 먼저 얼굴을 만지작거리는 경우가 있다. 코를 쓱 문지르거나 귀를 잡거나 손으로 귀 뒷부분을 만지거나 이마를 문지르거나 턱을 만지작거리거나 머리를 긁적이거나 습관적으로 머리카락을 넘기거나 하는 행동이 이와 관련된다. 옷이나 장신구를 만지작거리는 경우도 있다. 팔찌나 시계 등 장신구, 단추나 넥타이를 만지작거리거나 팔소매를 걷어 올리거나 옷자락을 만지작거리거나 하는 것이 이에 해당한다. 손가락으로 탁자를 탁탁 두드리거나 손바닥으로 탁자의 가장자리를 문지르거나 손에 닿는 무언가를 계속 만지거나 호주머니 속의 물건을 만지작거리거나 하는 경우도 이에 속한다. 이런 동작은 자신감 없고 소심한 사람처럼 보이게 하고, 수줍음을 드러내는 행위이므로 바람직하지 않다.

3) 미숙함

몸짓언어에서 미숙함이 드러난다는 것은 세련되지 못하고 어색한 모습을 보인다는 것이다. 화자가 몸짓언어에서 미숙함을 드러내면 청자가 화자의 말에 집중하지 못하고 미숙한 행동에 신경을 쓰게 된다. 따라서 미숙한 모습을 보이지 않고 세련되고 자연스러운 모습을 갖추도록 스스로 노력해야 한다.

무의미한 움직임은 청중의 시선과 그들의 집중력을 흩뜨려 놓는다. 가능한 한 의식적인 노력을 통해서라도 이런 동작들을 하지 않도록 노력해야 한다. 즉, 불필요한 움직임은 자제해야 한다. 특히 별 이유 없이 단상을 이곳저곳 옮겨 다니는 것은 금해야 한다. 이렇게 하면 청중이 발표자를 보기 위하여 계속 몸을 틀거나 고개를 돌려야 하기 때문에 불편함을 느끼게 되고, 발표에 집중할 수 없게 된다.

몸을 좌우로 또는 앞뒤로 자꾸 흔들어 대면 청중에게 혼란을 줄 수 있고 집중력을 떨어뜨린다. 다리의 무게 중심을 이쪽저쪽으로 자꾸 옮기거나, 윗몸을 앞으로 흔들거나 두 손으로 탁자를 짚으면서 앞으로 수그리거나 하는 자세도 세련되지 못하다.

너무 과장된 몸짓 행위도 정치적 인상을 주거나 좋지 않게 보일 수 있으므로 주의해야 한다. 과장된 행위는 화자가 자신감 있음을 드러내려고 할 때 나타나는데, 어색하게 느껴진다면 안 하는 것이 낫다. 만세처럼 양손을 번쩍 들거나 양손을 마주 잡고 머리 위로 흔드는 동작은 주로 유세장에서 정치인들이 흔히 쓰는 제스처로 선동적인 인상을 줄 수 있다.

화난 표정이나 지나치게 흥분된 표정도 좋지 않다. 이러한 표정들은 발표자가 자신의 감정을 적절히 통제할 수 없다는 인상을 주므로 공신력에 영향을 미친다. 머리칼을 뒤로 보내기 위해 고개를 급작스럽게 젖히는 행위 등과 같이 갑작스럽게 나타나는 동작은 청자를 놀라게 하거나 세련되지 않아 보여 주의할 필요가 있다.

연습 문제

조별로 바람직한 몸짓언어, 바람직하지 않은 몸짓언어에 대하여 토의하여 보자. 바람직한 몸짓언어를 3위까지, 바람직하지 않은 몸짓언어를 3위까지 순위를 매기고, 반 전체 앞에서 구현하여 본다. 투표를 통하여 구현을 가장 잘한 조를 평가하여 보자.

6

말하기 태도 및 방법

이 장에서는 바람직한 말하기의 태도와 효과적인 말하기 방법을 다루어 보고자 한다. 말하기 태도와 관련해서는 모범적 태도, 공손한 태도, 윤리적 태도에 대해 다루도록 한다. 말하기 방법과 관련해서는 운율 및 어조를 조절하는 방법과 표준 발음법에 대해 다루도록 한다.

6.1. 말하기 태도

6.1.1. 모범적 태도

말을 할 때는 모범적 태도를 지니는 것이 좋다. 모범적이고 바람직한 태도로 자신감, 유창성, 따뜻함을 들 수 있다.

1) 자신감

말을 할 때는 자신감 있게 하는 것이 좋다. 청자에게 메시지를 효과적으로 잘 전달하기 위해서는 발표자 자신이 확신에 차 있으며 안정된 감정 상태에 있어야 한다. 청자는 자신감에 차 있고 상황을 장악할 줄 아는 화자를 신뢰한다. 분위기에 위축되어서 어찌할 바를 모르는 화자를 보면 측은함은 느낄지언정 신뢰나 감동을 받지는 않는다.

자신감 있게 행동하기 위해서는 적극적이고 긍정적인 사고를 갖도록 해야 한다. 또한 화자의 스타일에 맞게 말을 해야 한다. 자신의 몸에 맞는 옷을 입어야 자신감이 생기듯이 자신의 스타일에 맞는 말을 하여야 자신감 있게 말을 할 수 있다.

자신감을 보이기 위해서는 목소리에 확신이 차 있어야 한다. 확신에 찬 목소리는 말 한마디 한마디에 힘을 실어 주는 것이다. 화자가 확신에 차 있지 않으면 청자는 좀처럼 화자의 말에 빠져들지 않는다. 설사 자신의 말에 스스로가 확신하지 못하는 경우가 있더라도, 말을 시작했으면 확신에 찬 목소리로 전달해야 한다. 자신이 상황을 잘 파악하고 있다는 태도를 갖고 굳건한 목소리로 말해야 한다. 굳건한 목소리를 내기 위해서는 말하기에 최선을 다해 열심히 임해야 한다. 열심히 최선을 다하면 두려움도 없어지고 목소리는 절로 굳건해질 것이다.

말을 할 때 자신감을 잃는 것은 공포감 때문인 경우가 많은데, 공포감은 경험이나 준비, 연습의 부족에서 오기 마련이다. 우선 경험이 쌓이면 자신감이 생긴다. 경험은 보약이 되기도 하고 상처가 되기도 하는데, 어떤 경험이건 보약으로 삼도록 긍정적으로 해석할 필요가 있다. 경험을 통해 나의 부족한 점을 발견하고 이를 채워가려고 노력하면 경험이 보약으로서 작용할 것이다. 피드백은 화자에게 되돌아오는 청자의 반응이라고 할 수 있는데, 이것이 있기 때문에 하나의 연속적이고 순환적인 과정이 되며, 그 결과로 화자와 청중 간의 상호작용이 가능하다. 피드백 중 좋은 피드백을 주로 생각하고 나쁜 피드백은 수정의 발판 정도로 생각하는 긍정적인 마인드가 필요하다.

철저한 준비는 발표자에게 보다 당당한 자신감을 줄 뿐만 아니라 오히려 연단에 서는 것이 기다려지게 만들기도 한다. 준비를 할 때 원고를 암기하려고 할 필요는 없다. 원고를 무조건 다 암기하려고 하면, 암기한 내용이 기억나지 않을 때 당황하게 된다. 따라서 말하고자 하는 내용을 메모 카드에 요약해 가면 안심도 되고 진행을 하는 데 더 편안해진다. 준비를 잘하면 대부분 결과가 좋고 설사 결과가 안 좋더라도 뿌듯함은 남는다.

연습을 많이 하면 자신감이 생긴다. 아무리 바빠도 연습을 게을리하지 않는 것이 좋다. 발표할 때는 몇 번의 실행과 총연습(리허설)까지 마친 상태에서 하여야 자신감이 생겨 발표도 잘하게 된다. 총연습은 발표가 있기 전에 수정할 시간을 충분히 가지고 여유 있게 하는 것이 좋다. 총연습할 때 발표할 시간까지 맞추어 보고, 발음이 어려운 것은 반복하여 익숙하게 만든다. 유머를 준비하였다면 반복하여 연습하여서 자연스럽게 구사하도록 하여야 한다. 발음이 안 좋다면 볼펜을 물고 발음을 연습해 보거나 입을 크게 벌려서 말을 하려는 노력을 하면 발음이 개선될 수 있다.

2) 유창함

유창하게 말을 하는 것도 말하기에 바람직한 태도이다. 유창하게 말을 한다는 것은 문장과 문장을 잘 이어서 일목요연하게 말을 한다는 것이다. 유창하게 말하기 위해서는 먼저 문장이나 텍스트의 전개가 체계적이고 논리적인지 살펴볼 필요가 있다. 그렇지 않을 경우 원고를 수정해야 한다. 그리고 이러한 내용을 자연스럽게, 즉 물 흐르듯이 거침이 없이 말하기 위하여 열정을 갖고 연습을 많이 해야 한다. 연습을 많이 하지 않으면 불필요한 군더더기 말이 생기고 이는 말의 유창성을 떨어뜨린다. 유창하게 말하기 위해서는 군더더기 없이 말해야 한다. 예를 들어 '-요'의 남용은 가벼운 느낌을 주어 말하는 이와 내용에 대한 신뢰감을 떨어뜨릴 수 있다. 특히 어미 '-데' 뒤에 상승 어조의 '요'가 붙어 상습적으로 반복되지 않도록 유의해야 한다. 또한 '어~, 그~, 인제, 근데' 등의 군말을 사용하지 않도록 주의한다.

유창성을 높이기 위해서는 거울 앞에 서서 연습하는 것이 효과적일 수 있다. 거울 앞에서 스스로 말을 하여 보면 처음에는 버벅거리고 어색하지만 계속하다 보면 말이 이어지는 것을 느낄 수 있다. 게다가 거울 앞에서의 연습은 특히 청자의 눈빛을 무서워하는 경우를 극복하는 데 도움을 준다. 거울에 비추어지는 청자는 자기 자신이기에 자신의 눈빛을 보면서 말을 하면 눈빛 공포증을 없앨 수 있다. 요즘은 큰 모니터를 통하여 자신의 모습을 보면서 촬영할 정도로 기기가 발달하였다. 촬영을 하면 거울을 보고 말하는 효과를 그대로 누릴 수 있을 뿐 아니라 기록도 남기 때문에 자신의 모습을 다시 보고 개선할 수도 있다.

유창하게 말하기 위해서는 말에 열정을 가지고 열심히 말하여야 한다. 열심히 하지 않고 느슨하게 말하여서는 문장이 잘 이어지지 않는다. 발표자가 열정적인 모습을 보일 때 청자도 열정적으로 경청하게 된다. 열정적인 발표는 발표자 스스로뿐만 아니라 청자들까지도 발표에 몰입하도록 만들 수 있을 것이다. 청자를 몰입하게 함으로써 청자를 발표자의 편으로 만듦으로써 보다 효과적인 설득을 달성할 수 있다.

3) 따뜻함

따뜻하게 말하는 것도 청자의 호감을 사는 데 큰 도움이 된다. 어떤 사람은 말하는 데 차가움이 느껴지고, 어떤 사람은 말하는 데 따뜻함이 느껴진다. 일반적으로는 차갑게 말하는 사람보다 따뜻하게 말하는 사람에게 호의를 느끼기 마련이다. '바늘로 찔러도 피 한 방울 안 나올 사람'을 부정적으로 인식하고 '어머니의 품과 같이 포근한 사람'을 긍정적으로 인식하는 것을 볼 때 말에서 따뜻함을 느끼게 하는 것이 모범적 태도라고 할 수 있을 것이다.

한국에서 내로라하는 발표자들을 보면, 웃음과 울음을 동시에 주면서 결국 감동으로 마무리한다. 이렇게 청중들에게 '감동'을 주었을 때 우리는 최고의 발표를 들었다고 생각하고, 그 발표자에게 비싼 강의료까지 지불한다. 이렇듯 말하기에서 이성보다도 감정을 움직이는 것이 훨씬 높은 평가를 받고 효과적이라는 것을 알 수 있다. 물론 법정이나 토론 현장과 같이 논리적 사실을 칼같이 따져야 하는 경우라면 냉정하게 말하는 것이 기본이 되겠지만, 이런 경우에도 판사나 배심원이나 청중의 마음을 움직이는 쪽이 우세한 경우를 볼 수 있다. 이렇듯 사람의 마음을 움직이는 것은 효과적인 말하기에서 매우 필요한 것이라고 할 수 있고 감정을 긍정적으로 움직이기 위하여서는 따뜻하게 말하는 것이 중요하다.

따뜻하게 말하기 위해서는 우선 자신의 마음을 편안하게 풀어 놓아야 한다. 너무 쫓기거나 긴장하거나 분노하는 마음을 누그러뜨리고 평안한 마음을 가질 필요가 있다. 그리고 미소를 띤 표정으로 조금 천천히, 부드럽게, 그리고 약간의 억양을 주면서 따뜻한 시선으로 친근하고 친절하게 말을 하는 것이 좋다. 따뜻하게 말하면 결국 자신에게도 그 따뜻함이 돌아온다. 그리고 따뜻한 말 한마디는 냉랭했던 분위기도 따뜻하게 만들어 준다. 그러나 따뜻함을 유지하기 위하여 너무 감정적으로 흐를 필요는 없다. 지나친 감정 유도는 청자에게 거부감을 일으킬 수 있다.

6.1.2. 공손한 태도

정중하게 말한다는 것은 화자가 청자에 대하여 가지고 있는 태도와 관련된다. 호칭이나 높임법처럼 일정한 언어 형식으로 나타날 수도 있지만, 그것에 공손한 태도를 담아야지 정중한 태도가 발현된다고 할 수 있다. 태도가 공손하지 못하면 메시지가 효과적으로 전달되지 못할 때가 많으므로 공손한 태도는 말할 때 필수적인 요소라고 할 수 있다. 공손한 태도를 체계적으로 정립한 이론이 리치(1983)의 공손 원리이다.

(1) 리치의 공손 원리

I. 요령의 격률(tact maxim)

i. 다른 사람에게 주는 부담은 최소화하라.

ii. 다른 사람의 이익은 최대화하라.

II. 관용의 격률(generosity maxim)

i. 자신의 이익은 최소화하라.

ii. 자신의 손해는 최대화하라.

III. 칭찬의 격률(approbation maxim)

i. 다른 사람에 대한 비난은 최소화하라.

ii. 다른 사람에 대한 칭찬은 최대화하라.

IV. 겸양의 격률(modest maxim)

i. 자신에 대한 비난은 최대화하라.

ii. 자신에 대한 칭찬은 최소화하라.

V. 동의의 격률(agreement maxim)

i. 자신과 다른 사람 사이의 의견 차이는 최소화하라.

ii. 자신과 다른 사람과의 동의는 최대화하라.

VI. 동정의 격률(sympathy maxim)

i. 자신과 다른 사람 사이의 반감은 최소화하라.

ii. 자신과 다른 사람 사이의 동정은 최대화하라.

리치는 위와 같이, 공손에 대하여서 보편적인 격률을 만들어서 정리하였다. 이들을 차례로 하나씩 살펴보도록 한다.

1) 요령의 격률

요령의 격률이란, 다른 사람에게 주는 부담은 최소화하고, 다른 사람의 이익은 최대화하라는 것이다. 말을 할 때에는 청자의 입장에서 부담은 최소화하고, 혜택은 최대화해야 한다. 말을 할 때에는 청자의 부담을 줄일 수 있는 간접 표현을 구사함으로써 정중하게 표현하는 것이 좋다. 예를 들어서 자신이 상대방의 말을 잘 듣지 못했을 경우에 "말을 분명히 해 주세요."라고 말하는 것은 요령의 격률을 위반한 것이다. 아래에 요령의 격률을 준수한 예를 보도록 한다.

(2) 오늘 시간 좀 내 주실 수 있으세요? 아주 잠깐이면 됩니다.

(3) 갑: 선생님 컴퓨터 좀 사용해도 될까요?

을: 응, 실컷 써도 돼.

(2)는 '좀', '아주 잠깐'이라는 표현과 질문형 간접화행을 통해서 다른 사람에게 주는 부담을 최소화하는 것을 볼 수 있다. (3)은 '실컷'이라는 표현을 통해서 다른 사람의 이익은 최대화하는 것을 볼 수 있다.

요령의 격률을 위반한 경우를 살펴보도록 한다.

(4) 내가 이렇게 아픈데 가긴 어딜 가?

(5) 당신은 직급이 낮으니까 조금만 가져가세요.

(4)는 딸이 엄마에게 오늘 약속을 취소하라는 말을 하여 엄마로 하여금 매우 부담을 느끼게 하고 있다. (5)는 공급처 직원이 보급받으러 온 일반 직원에게 한 말로서, 일반 직원의 이익을 줄이고 있다. (4), (5)는 상대에게 부담을 주고, 이익을 줄이는 등 요령의 격률을 여기고 있으므로 상대에 대한 공손한 태도를 보이지 않았다고 할 수 있다.

2) 관용의 격률

관용의 격률이란, 자신의 이익은 최소화하고, 자신의 손해는 최대화하라는 것이다. 원만한 소통을 위해서는 말하는 이의 혜택은 최소화하고, 부담은 최대화하는 것이 좋다. 예를 들어, 상대방의 목소리가 잘 들리지 않았을 경우에 "목소리가 안 들려요!"라고 하지 않고 "제가 부주의해서 못 들었는데 다시 한번 말씀해 주시겠습니까?"라고 말하는 것이 관용의 격률을 준수한 것이다.

(6) (사장이 직원들에게) 모두들 수고했으니까, 수익금을 공평하게 분배하겠습니다. 저도 똑같이 받겠습니다.

(7) ㄱ. 오늘 저녁 꼭 우리 집에서 드셔야 해요.
ㄴ. 언제 우리 가게 들러. 웨딩드레스는 내가 꼭 만들어 줄 테니까.

(6)은 자신의 이익은 최소화하라는 격률을 지키려고 하고 있다. (7)은 자신의 노력으로 상대에게 혜택을 주고 자신에게는 부담이 되는 상황이므로 관용의 격률을 지킨 것이다.

아래는 관용의 격률을 어긴 경우이다.

(8) 내가 누나니까 내가 더 많이 가져야 해.

(9) 저는 일이 있어서 먼저 가겠습니다.

(8)의 화자는 자신의 이익을 줄이지 않고 있고, (9)의 화자는 손해를 보려고 하지 않는다. (8), (9)는 모두 관용의 격률을 어긴 것으로, 공손하지 못하다고 할 수 있다.

3) 칭찬의 격률

칭찬의 격률이란, 다른 사람에 대한 비난은 최소화하고, 다른 사람에 대한 칭찬은 최대화하라는 것이다. 말을 할 때에는 상대방의 체면을 손상시킬 수 있는 표현을 가급적 하지 않는 것이 좋으며, 상대방이 말을 할 때 맞장구를 치며 호응을 하거나 칭찬하는 표현을 하는 것이 좋다. 예를 들어 "예, 옳은 말씀입니다.", "표현이 너무 좋으십니다.", "비유가 정말 적절합니다.", "탁월한 선택입니다."처럼 상대방의 말과 행동에 칭찬을 아끼지 않고 긍정적인 태도를 보인다면 원만한 소통을 해 나갈 수 있다.

(10) (노래 심사위원이 음치에게) 노래의 음정, 박자, 성량, 음색이 조금 부족했지만, 앞으

로 열심히 하시면 발전하실 것이라 생각합니다.

(11) ㄱ. 어쩌면 이렇게 음식 솜씨가 좋으세요? 박 선생님은 참 좋으시겠어요. 이렇게 좋은 사모님과 함께 사셔서.

ㄴ. 그 치마 너무 예쁘다. 옷을 보는 안목이 정말 좋구나.

(10)은 다른 사람에 대한 비난은 최소화하라는 격률을 지킨 예이고, (11)은 다른 사람에 대한 칭찬은 최대화하라는 격률을 지킨 예이다.

칭찬의 격률을 어긴 경우를 살펴보도록 한다.

(12) 그 치마 어디서 샀니? 디자인도 별로이고, 색깔도 칙칙하다.

(13) (남의 집 집들이에 가서) 오늘 반찬은 뭐 누구나 해 먹는 것들이네요. 요즘은 텔레비전에서도 매일 요리를 가르치니, 어디 요리 못하는 사람 있나요?

(12)는 상대에게 비난을 직접적으로 하고 있고, (13)은 칭찬을 하지 않고 있다. (12), (13)은 모두 칭찬의 격률을 어기고 있으므로 공손한 태도라고 볼 수 없다.

4) 겸양의 격률

겸양의 격률이란, 자신에 대한 칭찬은 최소화하고, 자신에 대한 비난은 최대화하라는 것이다. 말을 할 때에는 말하는 이를 칭찬하는 말을 최소화하는 것이 좋다. 말하는 이를 낮추는 것은 문화마다 차이가 크게 나타나는데, 서양에서는 칭찬에 대하여 감사하면서 받아들이는 것이 보통이지만, 동양에서는 자신을 칭찬하는 말을 들으면 그것을 부정하거나 부끄러워하면서 겸양적 태도를 나타낸다. 예를 들어서 상대방이 자신을 칭찬하면, "아니에요, 정말로 과분한 말씀이십니다.", "별말씀을 다하십니다.", "여러모로 부족하지만, 잘 부탁드리겠습니다."라고 자신을 낮추어 말하면서 상대의 칭찬에 대한 자신의 겸양을 드러낸다.

(14) ㄱ. 갑: 선물 고마워.

을: 별말씀을. / 비싼 것도 아닌데 뭘.

ㄴ. 갑: 정말 아름답고 고귀한 인품을 지니고 계시군요.

을: 아니에요. 정말로 과분한 말씀이십니다.

(15) 갑: 무엇 하나 못하는 게 없으시네요.

을: 저는 피아노도 못 치고요, 말도 잘 못하고, 그림도 잘 못 그립니다.

(14)의 을은 자신에 대한 칭찬은 최소화하라는 격률을 지키고 있고, (15)의 을은 자신에 대한 비난은 최대화하라는 격률을 지키고 있다.

겸양의 격률을 어긴 경우를 살펴보도록 한다. 이 경우를 보면, 겸양의 격률이 왜 필요한지를 알게 될 것이다.

(16) 엄마: 얘, 가수 비보다 네가 더 잘 생겼어.

아들: 당연하죠. 비는 나보다 눈도 작은데.

(17) (꼴찌 팀 감독이 기자회견에서) 우리 팀이 꼴찌인 것은 제 능력이 부족해서라기보다는 선수들의 정신력이 나약해서입니다.

(16)의 아들은 자신에 대한 칭찬을 하고 있고, (17)의 감독은 자신에 대한 비난을 다른 사람에게 떠넘기고 있다. (16), (17)은 모두 겸양의 격률을 어기고 있어 공손한 태도라고 볼 수 없다.

5) 동의의 격률

동의의 격률이란, 자신과 다른 사람 사이의 의견 차이는 최소화하고, 자신과 다른 사람과의 동의는 최대화하라는 것이다. 서로 간의 의견이 대립되더라도 먼저 상대의 의견에 동의를 한 다음 자신의 의견을 피력하여 의견을 조정하거나 자신의 의사를 나타내는 것도 원만한 소통을 위한 하나의 방법이다. 예를 들어서, "그것도 좋겠지만, 그 제도는 그대로 유지하여도 좋을 것 같습니다."라든가, "그렇군요, 그 생각은 미처 못했어요. 그런데 그렇게 되면 모두가 참여하기 어렵지 않을까요?"라고 말하는 것처럼, 먼저 장점을 찾아 칭찬하고 이에 덧붙여 이런 점을 고려하면 더욱 좋을 것이라고 의견을 제시하는 것이 효과적인 방법이다.

(18) 갑: 이 바지, 3만 9천 원이라고요? 3만 5천 원에 주세요.

을: 알았어요. 3만 5천 원 주세요.

(19) 갑: 이 책장을 왼쪽으로 붙입시다.

을: 그것도 좋겠지만, 그대로 두어도 좋을 것 같은데요.

갑: 그래요. 그렇지만 낮에 해가 너무 직접적으로 들어서요.

을: 그렇군요. 그 생각을 미처 못했어요. 그럼 그럽시다.

(18)의 을은 자신과 다른 사람 사이의 의견 차이는 최소화하라는 격률을 지킨 것이고, (19)의 을은 자신과 다른 사람과의 동의는 최대화하라는 격률을 지키며, 자기의 의견을 피력하고 있다.

동의의 격률을 어긴 경우를 살펴보도록 한다. 이 경우를 보면, 동의의 격률이 왜 필요한지를 알게 될 것이다.

(20) 갑: 나 가방 샀다! 진짜 예쁘지?

을: 이게 뭐가 예쁘냐?

(21) 갑: 내 생각에는 이것을 모두 수정하면 좋을 것 같은데요…….

을: 부분적으로만 고쳐 오겠습니다.

(20)의 을은 갑에 대한 의견 차이를 드러내고 있고, (21)의 갑의 의견에 부분적으로만 동의하여 동의를 최대화하지 않고 있다. (20), (21)은 모두 동의의 격률을 어기고 있으므로 공손한 태도라고 볼 수 없다.

6) 동정의 격률

동정의 격률이란, 자신과 다른 사람 사이의 반감은 최소화하고, 자신과 다른 사람 사이의 동정은 최대화하라는 것이다.

(22) 이런 말을 하기가 너무 미안하지만, 자네는 이번 프로젝트에서 제외되었네.

(23) ㄱ. 가슴 아프게도 자네 부친께서 세상을 떠나셨다는군.

ㄴ. 퍽 힘들지? 더 잘하려면 그래도 되풀이 연습을 해야 해.

(22)는 자신과 다른 사람 사이의 반감은 최소화하라는 격률을 지킨 것이고, (23)은 자신과 다른 사람 사이의 동정은 최대화하라는 격률을 지킨 것이다.

동정의 격률을 어긴 경우를 살펴보도록 한다.

(24) (여러 사람 앞에서 큰소리로) 야, 너 애인과 헤어졌다면서?

(25) 여보세요? 철수니? 야, 동기한테 들었는데 너희 아버지 돌아가셨다면서? 부의금 부치려고 하는데, 계좌번호 불러 봐.

(24)의 화자는 상대와의 반감을 높이고 있고, (25)의 화자는 동정의 모습을 보이지 않고 있다. (24), (25)는 모두 동정의 격률을 어기고 있으므로 공손한 태도로 볼 수 없다.

6.1.3. 윤리적 태도

말하기를 할 때 기본적으로 요구되는 윤리적 태도와 관련된 원칙들을 소개하면 다음과 같다.

1) 왜곡하지 말라

진실하고 객관적으로 말하여야 한다. 근거와 자료 제시, 그리고 인용은 정직하게 해야 하며 상대의 증거 요청에는 솔직하게 대답하여야 한다. 사례, 통계 자료, 인용, 전문가 의견 등을 논거로 제시할 때는 정확하고 구체적으로 제시하여야 한다.

2) 비방하지 말라

험담과 인신공격을 하지 말아야 한다. 남에 대하여 험담하거나 인신공격을 하는 것은 말하는 이 자신의 공신력에 치명적이다. 특정 계층이나 집단에 편견을 갖고 폄하하거나 상대의 감정을 자극하는 것을 목적으로 하는 비속어 사용은 자제하여야 한다. 요즘은 특히 타인 감수성이 요구되는 시대이기에 타인에 대한 이해의 폭을 넓히고 공적인 자리에서 비방을 하지 않도록 하여야 한다.

3) 표절하지 말라

출처를 밝혀서 말하여야 한다. 남의 생각이나 말을 인용하지 않고 자기 것인 양 쓰는 것은 비윤리적 행위이다. 이것은 남의 작품이나 학설 따위의 일부를 허락 없이 몰래 따다 쓰는 표절과 다를 바가 없다. 표절은 때에 따라서 윤리적인 차원을 넘어서 법적인 문제로 발전할 수 있기 때문에 그 문제가 심각하다. 인쇄물로 나온

책이나 기사의 경우, 그 저자와 출판물을 인용하듯이 인터넷상으로 얻은 자료 역시 그 저자와 웹사이트를 인용하여 말하는 것이 좋다.

6.2. 말하기 방법

말하기 방법에서는 운율을 조절하는 방법, 어조를 선택하는 방법, 표준 발음법에 대하여 다루도록 한다.

6.2.1. 운율 조절

운율에는 크기, 길이, 높이, 속도, 세기, 휴지 따위가 포함된다. 이들을 조절하여서 효과적으로 말하는 방법을 살펴보도록 한다.

1) 크기

크기란, 목소리의 크고 작음을 말하는 것으로서, 크기의 조절을 통하여 말하기를 효과적으로 할 수 있다. 크기는 에너지와 관련이 있다. 화자가 말하는 중에 에너지 수준은 높아지고 낮아질 수 있다. 장소의 크기, 청자의 수, 소음의 정도 등을 고려하여 목소리의 크기를 정하여야 한다. 상황에 따라 목소리의 크기를 바꾸어 가며 메시지를 전달할 수도 있다. 발표를 할 때에는 도입에는 강한 목소리로, 핵심 내용에는 중간 정도의 목소리로, 마무리에는 열정적이고 큰 목소리로 마무리하는 것이 좋다. 크기는 청자가 기억해야 할 요점을 강조하는 데 효과적이다. 특히 핵심 내용을 반복하여 강조하거나 전달 내용을 행동으로 옮기게 할 때에는 높은 수준의 에너지로 말하도록 한다.

많은 청중 앞에서 하는 발표는 무조건 큰소리로 웅변을 하듯이 말하여야 한다고 생각하는 사람들이 있다. 그러나 그것은 마이크가 없었던 옛날이야기일 뿐이다. 요즘은 마이크, 스피커 성능이 좋으므로 자연스럽게 이야기해도 무방하다. 타고난 목소리의 크기가 원래 작은 사람도 있는데, 그럴 경우 목소리를 크게 만들려면 큰 소리로 노래를 부르거나 큰 소리로 책을 읽는 연습을 하는 것이 효과적이다.

2) 길이

길이란, 발음의 길고 짧음을 말하는 것으로서, 길이의 조절을 통하여 말하기를 효과적으로 할 수 있다. 여기서의 길이는 발음의 길이로서, 문장의 길이나 말 내용의 길이와는 다른 개념이다. 같은 단어를 말하더라도 길이 조절을 통하여 청자에게 흥미를 줄 수 있다. 길게 발음하면 강조 효과를 줄 수 있다. 청자도 다 알고 있는 내용이라면 짧게 발음하면서 지루함을 덜 수 있다.

3) 높이

높이란, 발음의 높고 낮음을 뜻하는 것으로서, 높이의 조절을 통하여서 말하기를 효과적으로 할 수 있다. 높이에는 모음 하나의 높낮이를 조절하여 단어의 의미를 구분하는 성조가 있고, 한 음절 이상의 높낮이를 조절하여 문장의 의미를 구분하는 억양이 있다. 특히 억양을 통하여 평서, 의문, 명령, 청유, 약속의 문장 유형뿐 아니라 기쁨, 슬픔, 놀람, 분노, 불쾌, 불안 등의 감정도 나타낼 수도 있다. 문장 유형이나 감정에 따라서 적절한 억양을 구사하는 것도 효과적인 전달을 위하여 필요하다.

높은 억양은 열정, 젊음을 표현할 수 있는 것이 강점이라면, 흥분되어 보이는 것이 약점이라고 할 수 있다. 낮은 억양은 이성적이고 안정적으로 들리는 것이 강점이라면, 지루할 수 있다는 것이 약점이라고 할 수 있다. 좋은 억양은 높이가 극단적이지 않고 고저에 적당한 변화가 있는 것이라고 할 수 있다.

4) 속도

속도란 말이 진행되는 빠르기를 조절하는 것으로서, 속도의 조절을 통하여 말하기의 효과를 높일 수 있다. 일반적으로 사람들은 1분에 100단어 정도를 말한다고 한다. 원고로는 200자 원고지 2장 정도의 분량이 된다. 다르게 보자면 A4용지 1장당 4분 정도 걸린다고 보면 된다. 이 정도로 예상하고 주어진 시간에 맞추어서 원고를 준비하는 것이 좋을 것이다. 속도가 빨라야 하는 곳은 쉽게 이해가 가능한 것, 다 알고 있는 이야기를 말할 때이다. 속도가 느려야 하는 곳은 강조하고 싶은 것, 엄숙한 사실, 억제되는 감정, 의혹을 일으킬 만한 것, 숫자·인명·지명 같은 것을 말할 때이다. 따라서 말할 내용에 따라 속도를 효과적으로 조절할 필요가 있다.

5) 세기

말의 세기에 변화를 주면, 말하기에 생기를 불어넣는다. 단조롭고 변화 없이 말을 하면 청자를 지루하게 하는데, 세기에 변화를 주면 청자의 반응을 불러일으키고 흥미를 더해 줄 수 있다. 만일에 화자가 힘을 주면서 중요한 대목을 말한다면, 청중은 졸려 하다가도 지금 중요한 메시지를 전달한다고 생각하고 집중하게 된다. 그러므로 강조를 할 부분에서는 세기를 강하게 하고 은밀한 이야기를 할 때는 약하게 하면서 세기를 조절해야 말의 효과를 높일 수 있다.

6) 휴지

휴지란, 목소리를 내지 않고 잠깐 멈추는 것을 말한다. 말과 말 사이의 휴지를 적절히 사용함으로써 말의 변화를 줄 수 있다. 말을 하다가 잠시 끊는 것도 화자의 발화 효과를 높이는 데 도움이 될 수 있다. 강조하는 효과를 얻기도 하고, 다른 화제를 시작하기 위해 갖는 휴지는 청자의 집중도를 높일 수 있다. 극적인 휴지는 강조할 때 잘 사용할 수 있다. 그러나 경험이 부족한 화자는 이 휴지에 주의가 쏠리는 것이 두려워서 쉼 없이 말하는 경우가 많다. 경험이 부족한 화자는 짧게 쉬기 때문에 목소리가 더 급해지는데, 가능한 한 여유를 가지고 쉬어야 할 때는 충분히 쉬어 주는 것이 좋다. 그러나 또 휴지가 길어지면 발화가 지루해질 수 있으므로 휴지를 잘 조절하여야 한다.

휴지가 자연스럽게 사용되는 경우는 청중이 자리에 앉기를 기다릴 때, 즉 발표가 시작될 때, 발표자가 새로운 페이지로 넘어가기 위해 마우스 클릭을 한다든지 하며 발표 보조도구를 변경할 때, 발표하는 주제와 관련하여 한 가지 측면에서 이야기가 끝나고 다음으로 넘어갈 때, 특정 상황에서 강조하려고 할 때, 발표자가 여러 명일 경우 한 사람이 발표를 끝내고 다음 사람을 기다릴 때, 발표자가 발표를 끝내고 질문을 기다릴 때 등이다.

일반적으로 한 단어는 붙여서 읽는 것이 정상이지만, 단어와 단어 사이, 구와 구 사이, 절과 절 사이, 문장과 문장 사이, 단락과 단락, 도입과 핵심 내용과 마무리 사이에서는 적절하게 쉬어 주는 것이 말의 효과를 높일 수 있다. 단어와 단어 사이를 가장 짧게 쉬고, 구성 단위가 커질수록 쉬는 시간이 길어지는 것이 좋다. 즉, 도입, 핵심 내용, 마무리가 가장 큰 단위이므로 이 사이에서 휴지가 가장 길어야 한다. 청자에게 앞서 말한 것을 이해하고 숙지하는 시간을 주어야 하기 때문이다.

6.2.2. 어조

어조란, 말을 할 때의 분위기를 말한다. 어조는 일반적으로 일상적 어조, 중립적 어조, 관료적 어조로 나눌 수 있다. 일상적 어조는 우리가 일상적으로 대화할 때 쓰는 어조로서, 주관적이고 고음인 경우가 많다. 일상적 어조는 대화할 때는 친근함을 느끼게 하면서 좋지만 공식적 말하기에서는 격조에 맞지 않는다.

중립적 어조는 신문의 보도 기사나 방송 뉴스에서와 같이 차분하고 냉정하며 객관적인 어조를 말한다. 중립적 어조는 객관적인 내용이나 자료를 설명할 때 가장 효과적인 어조이고, 대화할 때는 거리가 느껴지게 하여 바람직하지 않다.

관료적 어조는 권위에 의존한 어조로서, 정치, 교육, 종교 등에서 신뢰감을 주고 권위 있는 말을 해야 할 때 주로 사용되는 어조를 말한다. 관료적 어조로 말을 할 때는 '에~', '저~' 따위의 간투사를 사용하지 않도록 한다. 간투사가 많아지면 고루해지고 청중의 주의를 산만하게 할 수 있다. 또한 신뢰감도 낮아진다. '에~', '저~' 대신 몇 초간 침묵하면서 정리하다가 다른 사람에게 눈맞춤을 옮기면서 다시 시작하는 것도 좋은 방법이다.

6.2.3. 표준 발음법

정확한 발음은 발표의 전달력을 높여 준다. 표준 발음법을 연습하는 것은 정확한 발음 연습을 위하여 효과적이다. 표준 발음법이란 한국어의 표준어를 발음하는 법칙을 말한다. 이는 국가에서 정해 놓은 국어 어문 규정(한글 맞춤법, 표준어 규정, 외래어 표기법, 로마자 표기법) 중 표준어 규정의 한 부분을 이룬다. 다른 국어 어문 규정들은 주로 표기, 즉 글에 대하여 다루지만 표준 발음법은 발음, 즉 말에 대하여 다루는 특별한 규정이다. 표준 발음법은 아나운서를 지망하는 사람이라면 필수적으로 정확히 익혀 방송을 해야 하고, 일반인들도 표준 발음법을 잘 알아 두면 발음을 정확히 하는 데 큰 도움을 받을 수 있다. 우리도 표준 발음법을 익혀서 국가가 권장하는 표준 발음대로 정확히 발음할 필요가 있다.

1) 장단

표준 발음법의 첫 부분에는 장단에 대한 설명이 나온다. 즉, '말[言]'과 '말[馬]', '밤[栗]'과 '밤[夜]', '눈[雪]'과 '눈[眼]' 중 어느 것이 길까? 동음어 중에 앞의 단어, 즉 '말[言], 밤[栗], 눈[雪]'이 길다. '말은 천천히 하고, 밤은 천천히 까 먹고,

눈은 천천히 내린다.' 이렇게 알아 두면 효과적이다. 이러한 동음어는 문맥에 의하여 구분이 되기 때문에 암기를 할 필요는 없으나, 알아 두면 발음하는 데 도움이 된다. 비록 사라져 가는 장단이지만 엄연히 표준 발음법에서 다루어지고 있는 것이기에 몇 가지 내용만 알아 두도록 한다.

첫째, 어두, 즉 단어의 첫음절에만 장음이 나타난다. 따라서 어두인 '눈보라[눈: 보라], 말씨[말: 씨], 밤나무[밤: 나무]' 따위에서만 장음이 나타나고, 어두가 아닌 '첫눈[천눈], 참말[참말], 쌍동밤[쌍동밤]' 따위에서는 장음이 나타나지 않는다. 둘째, 장음으로 발음되는 용언의 어간에 모음으로 시작된 어미나 피·사동 접미사가 결합하는 경우는 장음을 단음으로 발음한다. 장음으로 발음하는 용언 '감다[감: 따]'는 '감으니'처럼 모음으로 시작된 어미 '-으니'가 결합할 때 [가므니]라는 단음으로 발음한다. 또한 용언 '감다[감: 따]'는 '감기다'처럼 피·사동 접미사 '-기-'가 결합할 때 [감기다]라는 단음으로 발음하여야 한다. 이 외에도 표준 발음법에서 장단에 대한 규정을 살펴보면 규정과 예외적인 사항이 더 있으니 표준 발음법을 한번 읽어 보는 것도 정확한 발음을 아는 데 도움이 될 것이다.

2) 연음

연음이란, 앞 음절의 말음이 뒤 음절이 모음으로 시작될 때 뒤 음절의 초성으로 발음되는 현상을 말한다. 한국어의 발음에서 앞 음절의 말음을 잘 몰라서 틀리게 연음을 하는 경우를 자주 접하게 된다. 예를 들어서 '꽃이'의 경우 [꼬치]로 발음하여야 하지만 [꼬시]로 발음하거나, '앞을'의 경우 [아플]로 발음하여야 하지만 [아블]로 발음하는 경우를 볼 수 있다. 이는 앞 음절의 말음을 알아야 제대로 된 발음을 할 수 있는 것이므로 철자법 지식과도 연계되는 문제라고 할 수 있다. 그런데 요즘은 철자는 알고 있지만 주변에서 발음하는 대로 무의식적으로 따라서 잘못 발음하는 경우가 많다.

특히 앞 음절의 말음이 겹받침일 경우는 뒤 음절이 모음으로 시작될 때 뒤의 자음만 연음이 된다. 즉, '앎을' 따위는 [알믈]로 발음하여야 한다. 그런데 '앎을'을 [아믈]로 잘못 발음하는 경우가 있는데 주의할 필요가 있다. 참고로 '여덟이'는 겹받침의 연음 원칙에 따라서 [여덜비]로 발음하는 것이 맞다. 비록 [여덜비]로 발음하는 한국 사람이 주변에 아무도 없지만, 원칙상 [여덜비]가 맞고 [여덜이]는 틀리다.

예외적으로 한글 자모의 이름은 연음이 되지 않는 경우가 있다. 한글 자모의 이름이란, '기역', '니은', '디귿' 따위를 가리킨다. '디귿이'는 연음이 된다면 [디그디]로 발음해야겠으나 예외적으로 [디그시]가 맞다. 이런 예외적인 것을 나열하면 다음과 같다. '지읒이[지으시]', '치읓이[치으시]', '키읔이[키으기]', '티읕이[티으시]', '피읖이[피으비]', '히읗이[히으시]' 따위가 있고, 제시한 발음 기호대로 발음해야 맞다. 조사 '이'가 결합하는 경우만 예를 들었으나 조사 '을', '에' 따위가 결합하여도 마찬가지이다.

3) 구개음화

구개음화란, 구개음이 아닌 'ㄷ, ㅌ' 등이 종속적 관계를 가진 'ㅣ' 계열의 모음 앞에서 구개음인 'ㅈ, ㅊ'으로 바뀌어 발음되는 현상을 말한다. 한국어에는 구개음화 현상이 있기에 구개음화가 되는 환경에서는 구개음화를 적용하여 발음하는 것이 맞다. 예를 들면, '끝이'의 경우는 구개음화가 적용된 [끄치]로 발음하여야 맞다. 구개음화를 적용하지 않은 [끄티]는 잘못된 발음이며, 근본이 없는 [끄시]도 잘못된 발음이다. 그런데 구개음화를 과대 적용하여 잘못 발음하는 경우도 있다. 예를 들면, '끝을'의 경우는 '을'의 'ㅡ'가 'ㅣ' 계열의 모음이 아니기에 구개음화의 적용을 받지 않는다. 그래서 [끄틀]로 발음하는 것이 맞다. 그럼에도 불구하고 구개음화를 과대 적용하여 [끄츨]로 발음하는 경우가 많은데 이는 틀린 발음이다. [끄슬] 역시 잘못된 발음이다.

4) 대표음화

대표음화란, 겹받침이 음절 말에 오거나 그 뒤 음절이 자음일 경우에 겹받침 중 하나의 자음으로만 발음되는 현상을 말한다. 영어는 'strike'처럼 자음이 한 자리에서 세 개([str])로 발음되는 것이 가능하지만, 한국어에서는 자음이 한 자리에서 하나만 발음될 수 있다. 따라서 겹받침도 두 개 중 하나의 자음으로만 소리 나게 되는데, 앞엣것으로 나는 경우와 뒤엣것으로 나는 경우가 있다. 앞엣것으로 나는 경우는 ''ㄳ', 'ㄵ', 'ㄽ, ㄾ', 'ㅄ' 따위(몫[목], 앉다[안따], 외곬[외골], 핥고[할꼬], 값[갑])이고, 뒤엣것으로 나는 경우는 'ㄻ, ㄿ' 따위(삶[삼], 읊다[읍따])이다.

'ㄼ'과 'ㄺ'은 앞엣것으로도 발음이 나고 뒤엣것으로 발음이 날 수 있는 경우이다. 먼저 'ㄼ'의 경우는 앞엣것(ㄹ)으로 소리 나는 경우가 기본이어서 '넓다[널따],

얇고[얄꼬]'로 발음한다. 그런데 예외적으로 동사 '밟다'는 뒤엣것(ㅂ)으로 발음이 된다. 따라서 '밟다[밥따]', '밟고[밥꼬]' 따위로 발음해야 한다. 또한 형용사 '넓둥글다, 넓죽하다, 넓적하다'도 뒤엣것(ㅂ)으로 발음이 되어서 '[넙뚱글다], [넙쭈카다], [넙쩌카다]'로 발음하여야 한다.

'ㄺ'의 경우는 뒤엣것으로 소리 나는 경우가 기본이어서 '닭'의 경우 [닥]으로 발음한다. 'ㄺ'을 모두 발음하여 '닭'을 [dark]으로 발음하는 것은 틀리다. '흙[흑]', '맑다[막따]' 따위도 뒤엣것(ㄱ) 하나로만 발음하여야 한다. 그런데 예외적으로 'ㄱ'으로 시작하는 어미가 결합하는 경우만 앞엣것(ㄹ)으로 소리가 난다. 그래서 '맑고[말꼬]', '읽기[일끼]' 따위로 발음하여야 한다. 그런데 '닭과'는 [달꽈]가 아니라 [닥꽈]로 소리 내야 하는데, 'ㄱ'으로 시작하는 '과'가 결합하는데도 뒤엣것(ㄱ)으로 소리 내는 이유는 '과'가 '어미'가 아니라 '조사'이기 때문이다. 'ㄱ'으로 시작하는 '어미'가 결합할 때만 앞엣것(ㄹ)으로 소리 낼 수 있음에 유념하여야 한다.

5) 자음동화

한국어에는 자음동화 현상이 있는데, 자음동화 현상은 비음이 아닌 것이 비음(ㄴ, ㅁ, ㅇ)이 되는 비음화와 유음이 아닌 것이 유음(ㄹ)이 되는 유음화로 나누어진다. 따라서 '닫는[단는]', '잡는[잠는]', '먹는[멍는]', '할는지[할른지]' 따위로 발음하여야 한다. '석류'의 경우는 [성뉴]로 발음하여야 한다. 가끔 [성류]로 발음하는 경우가 있는데 틀리다. 자음동화 현상이 과대 적용되어서 영어 이름 'Henry'를 비음화된 [헨니]나 유음화된 [헬리]로 발음하는 경우가 있다. 그러나 비음화, 유음화는 한국어에 적용되는 것이지 영어에 적용되는 것은 아니다. 따라서 비음화, 유음화를 적용하지 않은 [헨리]라고 발음해 주어야 영어 발음에 맞다.

6) '의'의 발음

'의'는 환경에 따라서 다양하게 발음된다. 첫째, 자음 뒤에서는 [ㅣ]로 발음된다. 그래서 '무늬'의 경우는 [무니]로 발음하여야 한다. 둘째, 관형격 조사 '의'의 경우는 [ㅢ]로 발음하는 것을 원칙으로 하되 [ㅔ]로 발음하는 것도 허용한다. 그래서 '형의 책'의 경우는 [형의 책]과 [형에 책]의 둘로 발음할 수 있다. 셋째, 단어의 첫머리에 오는 '의'의 경우는 [ㅢ]로만 발음한다. 그래서 '의미'의 경우는 [의미]로 발음하여야 한다. [이미] 따위로 발음하면 안 된다. 넷째, 단어의 첫머리에 오지 않는

'의'의 경우는 [ㅢ]로 발음하는 것을 원칙으로 하되 [ㅣ]로 발음하는 것도 허용한다. 그래서 '회의'의 경우는 [회의]와 [회이]의 둘로 발음할 수 있다.

7) 'ㄴ' 첨가

합성어에서 뒤에 오는 단어의 첫머리가 'ㅣ' 계열인 경우에는 'ㄴ'이 첨가된다. 그래서 '솜이불'은 [솜니불]로 발음하여야 한다. [소미불]로 발음하면 틀리다. 'ㅣ'뿐 아니라 'ㅑ, ㅕ, ㅛ, ㅠ' 따위에도 해당하여 '내복약[내봉냑]', '한여름[한녀름]', '담요[담뇨]', '영업용[영엄뇽]'으로 발음하여야 한다. [내보갹], [하녀름], [다묘], [영어뵹]으로 발음하면 틀리다. 그런데 이는 합성어에만 적용되는 것이기에 '김석열'의 경우는 [김서결]로 발음하는 것이 맞다. [김성녈]로 발음하면 틀리다. 이름 '석열'은 합성어가 아니기 때문이다.

참고 문헌

구현정, 『대화의 기법』, 경진문화사, 2000.

구현정·전영옥, 『의사소통의 기법』, 박이정, 2005.

국립국어원·MBC, 『구어적 의사소통 능력 향상을 위한 교육 프로그램 연구』, 국립국어원·MBC, 2007.

김문수, 『대학생을 위한 프레젠테이션 스킬』, 비즈프레스, 2011.

김복순, 『발표와 토의』, 국학자료원, 2007.

김복순, 『토론의 방법』, 국학자료원, 2007.

김종택 외, 『생활 속의 화법』, 정림사, 2005.

김현기, 『파워스피치 특강』, 고요아침, 2006.

노명완, 『말하기 및 듣기의 본질과 평가의 방향』, 제3회 국어교육 연구발표대회 자료집, 한국어교육학회, 1992.

리의도, 『우리말글의 현실과 이상』, 어문각, 1999.

박광수, 『광수 생각 1』, 소담출판사, 1998.

백미숙, 『스피치 특강』, 커뮤니케이션북스, 2007.

숙명여자대학교 의사소통능력개발센터, 『발표와 토론』, 숙명여자대학교 출판국, 2006.

앨런 피즈·바바라 피즈, 서현정 옮김, 『보디 랭귀지』, 2005.

이상철 외, 『스피치와 토론』, 성균관대학교 출판부, 2007.

이주행 외, 『화법 교육의 이해』, 박이정, 2004.

이창덕, 『삶과 화법』, 박이정, 2000.

이창호, 『성공한 사람들의 스피치 전략』, 경향미디어, 2002.

이현국, 『화법의 이론과 실제』, 학문사, 2007.

임영환 외, 『화법의 이론과 실제』, 집문당, 2000.

임태섭, 『스피치커뮤니케이션』, 커뮤니케이션북스, 2010.

전영우, 『언어예절과 인간관계』, 역락, 2004.

전영우, 『토의·토론과 회의』, 집문당, 1999.

정승혜·문금현, 『대학생을 위한 화법 강의』, 태학사, 2000.

파울 크리거·한스-위르겐 한첼, 백미숙 옮김, 『스피치 핸드북』, 일빛, 2001.

하치근·구현옥, 『성공적인 말하기, 듣기』, 동아대학교 출판부, 2004.

한국화법학회, 『성인화자의 말하기 평가 방법』, 한국화법학회, 2007.

Atkin, C. K., "How imbalanced campaign coverage affects audience exposuer patterns," *Journalism Quarterly*, 48, pp. 235-244, 1971.

Deutschmann, P. J., "Viewing, conversation, and voting intentions," in S. Kraus (ed), *The great debates: Kennedy vs. Nixon* (Bloomington, IN: Indiana University Press, 236), 1960.

Grice, H. P., "Logic and Conversation," *Syntax and Semantics*. 3: Speech Acts, Peter Cole and Jerry L. Morgan, eds. New York: Academic Press, 1975.

Flecter, L., *How to Design & Deliver Speeches*, PERSON, 2004.

Lucas, S. E., *The art of public speaking*, New York: Random House, 1989.

McCroskey, J. C., Richmond, V. P., & Stewart, R. A.,,*One on one: The foundations of interpersonal communication*. Englewood Cliffs, N. J.: Prentice-Hall, 1986.

Paletz, D. L. et al., "Selective exposure: The potential boomerang effect," *Jounal of Communication*, 22, pp. 48-53, 1972.

Sebald, H., "Limitations of communication," *Journal of Communication*, 12, pp. 142-149, 1962.

제3부

대화

1
대화의 개념

1.1. 대화의 정의와 중요성

대화란 일상생활 속에서 두 명 이상이 모여 생각과 감정을 표현하고 교류하는 언어활동을 뜻한다. 사람이 언어를 매개로 다른 사람과 대화할 때, 대화를 나누는 사람 사이에는 단순한 정보 교류를 넘어 수없이 다양하고 다채로운 상호작용이 일어난다. 우리들은 거의 매일같이 다양한 사람들과 다양한 방식으로 대화하며 일상을 지속한다. 결국 대화란, 우리들의 생활을 구성하는 데 있어서 가장 광범위하면서도 핵심적인 행위라 할 수 있다. 독일 철학자 칼 야스퍼스는 "대화하는 능력이야말로 인간이 이룩한 최고의 업적이다."라고 표현하였다.

'대화'의 개념은 매우 광범위해서 다양한 형태의 소통활동을 전부 포함한다. 예를 들면 개인적인 수다에서부터 발표나 토론, 토의 같이 여러 명이 모여 의사소통을 하는 경우도 전부 대화로서의 특징을 지닌다. 우리는 일상에서도 암묵적으로 어떠한 목적이나 방향성을 가지고 대화하기 마련이다. 대화 상대와 의견이 대립되는 상황에 처할 때도 있고, 영업 활동처럼 설득하는 상황이나 상대방에게 무엇을 부탁하는 경우도 있다. 그리고 문제 해결을 위한 상담, 불만을 표현하는 건의, 궁금한 사항을 해결하기 위한 질의응답 등도 모두 대화의 한 종류이다. 다양한 상황이나 필요에 따라 진행되는 인터뷰나 면접은 말할 것도 없다. 최근 들어서는 온라인 공간을 활용한 비대면 대화나 SNS 대화의 양도 부쩍 늘어나는 추세이다. 그러나 발표나 토론·토의는 공식적인 목적을 가지며 좀 더 엄격한 절차나 규칙을 지닌다는 점에서 우리가 일반적으로 이야기하는 대화와는 구별된다. 이 장에서는 그렇게 사적이고 개별적인 상황에서 이루어지는 '일상에서와 대화'와 대화 당사자가 합의하여 특정한 목적을 가지고 진행되는 '목적을 위한 대화'로 나누어 살펴보고자 한다.

어떤 목적과 성과를 위해 시도하는 대화는 부담스러울 수밖에 없지만, 특별한 목적이 없이 이루어지는 일상적이고 사적인 대화도 제대로 하지 못하는 사람들이 많다. 현대사회의 아이러니 중 하나는 대화의 방식과 수단이 다양해지고 다채롭게 발달했음에도 불구하고 여전히 대화에 어려움을 겪는 사람이 많다는 것이다. 대화 방식과 대화 횟수의 양적 증가가 자신의 생각과 정서를 전달하는 질적 증가로까지는 곧바로 이어지지 않는다고 볼 수 있다. 오히려 자신이 편하게 사용하는 대화방식이나 수단에 익숙해져서 다양한 상황에 맞닥트렸을 때 현명하게 대화에 참여하지 못하는 경우가 더 늘고 있다.

누구나 한 번쯤은 일상생활에서 대화의 어려움을 경험해 본 적이 있을 것이다. 일상생활 속에서 가장 많이 하는 것이 대화이기 때문에 우리는 자신의 대화 방식에 대해 진지하게 생각해 본 경험이 별로 없다. 또한 대부분의 대화가 사적이고 편안한 상태에서 이루어지기 때문에 엄격한 형식이나 규칙이 존재하지 않는다는 점도 우리가 대화에 어려움을 느끼도록 하는 요소가 된다. 이런 특징 때문에 사람들은 대부분 자신의 대화 스타일에 대해 진지하게 관심을 기울이지 않으며, 사소한 대화라 할지라도 자신이나 타인에게 큰 영향을 미칠 수 있다는 점을 간과하기도 한다. 따라서 대화를 잘하기 위해서는 먼저 자신의 대화 방식에 어떤 특성이 있는지를 살펴보는 것이 필요하다.

이번 장에서는 실전 대화상황에 적절하게 대비하고 올바르게 판단하여 대화에 참여하기 위해서 가장 기본적인 대화의 요소 세 가지를 살펴볼 것이다.

1.2. 대화의 요소

대화가 이루어지기 위해서는 대화 '상대'와 그에 따른 '화제', 대화 '환경' 등의 요소가 필수적이다. 우리가 일상생활 중에 접하게 되는 대화 상대는 주로 가까운 가족이나 친구, 동료인 경우가 많지만, 특별한 목적을 위해 만나는 대화 상대도 있을 수 있다. 일상적으로 대화를 나누는 상대는 서로에 대한 정보를 어느 정도 가지고 있기 때문에 이야기를 나눌 때 큰 부담을 느끼지 않는다. 그에 비해 낯선 사람이나 그다지 친하지 않은 상대와 대화할 경우에는 어색함을 느끼기도 쉽고 이야기를 매끄럽게 이끌어나가기 어려운 경우도 있다. 따라서 이런 상황에서는 상대에게 세심하게 주의를 기울이며 적절한 화제를 선택하기 위해 특별한 노력을 해야 한다. 또한 시간과 장소, 상황에 어울리는 대화를 하는 것도 중요하다.

물론 우리는 일상적으로 대화를 하면서 '상대', '화제', '환경'이라는 세 가지 요소를 일부러 고려한다기보다는 무의식중에 파악하여 자연스럽게 형성하는 경우가 많다. 문제는 그렇지 못한 경우가 발생하기도 한다는 것이다. 대화하는 상대가 누구인가, 어떤 화제를 선택하는 것이 적절한가, 환경을 고려하여 대화한다는 것은 무엇인가 살펴보면서 현명하면서도 호감을 이끌어낼 수 있는 대화란 어떤 것인지 생각해 보자.

1.2.1. 대화 상대

대화에서 무엇보다 중요한 요소는 대화 상대이다. 대화를 주고받을 상대방이 있어야 대화가 성립되기 때문이다. 물론 평상시에 자주 대화를 나누던 가족이나 친구 같은 경우에는 특별히 상대방에 주의를 기울이지 않기도 하지만 대화 상대를 정확하게 인지하고 배려하는 것은 중요하다. 가까운 사이일수록 지속적으로 관계를 유지하며 서로의 상황과 감정에 영향을 많이 받기 때문에, 더욱 주의를 기울이고 배려하는 자세가 필요하다.

예시 1

아빠 : (현관문을 닫고 들어오면서) 이놈의 직장 때려치우든가 해야지, 더러워서 참나! 아들. 왜 나와서 인사도 안 해?

아들 : (방 안에서 한참 대답 없다.)

아빠 : (아들 방의 문을 벌컥 열고 들어가며) 아빠가 들어오셨는데, 나와서 인사도 안 해? 치사한 거 참고 뼈 빠지게 돈 벌어봤자 아들이라고 하나 있는 녀석이 아빠한테 인사도 안하고. 아주 집안 꼴 잘 돌아간다!

아들 : (통화 중이던 전화를 급하게 끊고) 아 참, 통화 중이잖아요? 왜 남의 방문을 맘대로 벌컥벌컥 열고 그래요? 아, 짜증 나!

아빠 : 짜증 나? 짜증 난다고? 이 녀석이 아빠한테 말하는 꼬락서니가 그게 뭐야?

아들 : 왜 맨날 나한테 화풀이에요? 내가 뭘 잘못했다고?

위의 예문에서 볼 수 있듯이 가족 같은 가까운 사이일수록 자신의 감정을 그대로 표출하기 때문에 오히려 갈등이 발생하는 경우가 종종 있다. 회사에서 힘든 일이 있었던 아버지가 귀가하면서 자신에게 인사하지 않는 아들에게 화를 내는 상황이다. 아들 역시 아버지의 고단함을 생각하기 이전에 자신의 통화를 방해했다며 같이 화를 내고 있다. 매일같이 함께 생활하는 가족일수록 서로의 상황과 감정에 더 많은 영향을 받지만, 그만큼 주의를 기울이지 못하는 경우가 많다. 이런 상황은 친구나 연인 사이에서도 종종 발생하는데, 익숙한 사이일수록 사소한 대화 상황에서도 상대를 배려하는 태도를 지닌다면 이러한 갈등과 분란은 충분히 피할 수 있다. 내가 이해받고 배려받고 싶은 만큼 대화 상대에게 세심한 주의를 기울인다면 대화뿐만 아니라 나의 일상까지 건강하고 발전적으로 변할 것이다.

연습 문제 1

부모님과의 대화에서 어려움을 겪었던 경험을 생각해 보면서 어떤 점이 가장 힘들고 어려웠는지 한번 떠올려보자. 그리고 그 이유가 무엇인지도 정리해보자.

1.2.2. 대화 화제

상대와 상황을 고려해서 적절한 화제를 선택하는 것도 원만한 대화를 위해서 필수적인 요소이다. 원만하게 대화를 풀어나가고 지속적으로 관계를 유지하기 위해서는 지나치게 개인적이거나 예민한 화제는 피하는 것이 좋다. 또한 대화 상대방의 연령이나 성별, 직업이나 현재 상황, 특히 자신과의 관계 등을 모두 고려하여 적절한 화제를 선택하는 것이 중요하다.

예시 2

수진 : 어머, 오랜만이다. 잘 지냈어?

현서 : 진짜 오랜만이다. 고등학교 졸업하고 처음이지 우리?

수진 : 그러니까. 이렇게 우연히 만나니까 더 반갑다. 그런데 여긴 자주와? 나는 이 뒤쪽이 학교잖아. ○○대학교. 너는 어느 대학 갔다고 했지? 대학생활은 재미있어?

현서 : …… 나는 재수하잖아.

수진 : 아, 맞다. 재수한다고 했지? 깜박했네. 미안.

현서 : 괜찮아. 너는 잘 지내지?

수진 : 나 요즘 너무 바쁘잖아. 우리 과에서 엠티를 가는데, 내가 운영진을 맡아서 장소도 정하고 프로그램도 짜야 돼. 그리고 학교 홍보동아리도 들어갔는데, 틈틈이 홍보원고 쓴다고 장난 아니야. 아 맞다, 다음 달에 우리 학교 축제하는데 보러올래? 유명한 아이돌도 온다는데, 재미있겠지? 너도 올 거지?

현서 : 재미있겠네. 그런데 나는 좀…….

수진 : 왜에 재미있을 텐데. 내가 지난주에 ◇◇대학 학생들이랑 미팅도 했잖아. 걔네들이 자기네 학교 축제도 놀러오라고 하던데 여기서 가까우니까 거기도 같이 가자. 그럼 나는 동아리모임 있어서 먼저 가볼게. 연락해!

현서 : …….

위의 예문은 오랜만에 길에서 우연히 만난 친구 사이의 대화이다. 처음에는 서로 반갑게 인사가 오가지만 수진이가 일방적으로 화제를 선택하는 과정에서 친구인 현서를 전혀 배려하지 않는 모습이다. 친구 사이에 다니고 있는 대학을 물어볼 수는 있지만, 재수생활 중이라는 말을 들은 후에도 전혀 개의치 않고 대학생활에 대해 일방적으로 늘어놓는 모습은 상대를 배려했다고 보기 힘들다. 또한 단순히 자신의 근황이나 생활을 전달하는데서 그치는 것이 아니라 상대방의 생활과 여유를 고려하지 않고 계속 권유하는 모습도 보인다. 이런 대화는 상대의 심리와 감정을 고려하지 못했을 뿐 아니라 이기적으로 보이기까지 한다. 상대의 상황과 감정, 그리고 관심사에 대한 고려와 배려를 통해 적절한 화제를 선택해야 한다. 그래야 상대방에게 부담을 주지 않으면서도 관심과 염려를 표현하는 것으로 이해될 수 있으며 관계를 지속할 수 있기 때문이다.

이렇게 볼 때 대상에 상관없이 일반적으로 가장 무난하게 사용할 수 있는 것은 일상적인 화제, 예를 들면 날씨, 뉴스, 생활 같은 친숙한 것들이다. 이런 내용은 가까운 사람들만이 아니라 정보를 잘 모르는, 처음 만난 상대와 대화할 경우에도 유용하게 사용할 수 있다.

그에 비해 피해야 하는 화제도 있다. 자기만 아는 정보라든가 남의 험담, 지나치게 상반된 입장을 보일 수 있는 종교나 정치 문제 등도 가능하면 다루지 않는 것이 좋다. 자기만 아는 지식이나 정보를 화제로 선택할 경우 일방적으로 대화를 독점해 버릴 수 있기 때문에 상대가 말할 기회를 빼앗는 것이 될 수 있으며 자칫 잘난 척하는 것처럼 보여 안 좋은 인상을 남길 수 있다. 또한 남에 대한 험담은 스스로에 대해 안 좋은 평가를 초래할 수 있으며 상대가 대응하기 곤란해진다는 점에서 문제가 된다. 그런가 하면 종교나 정치 문제는 개인의 신념이나 사고와 관련된 부분이기 때문에 감정의 골을 깊게 만들기 쉬운 화제이다. 따라서 상대와 동조하는 입장이 아니라면 굳이 꺼내지 않는 것이 현명한 태도라 하겠다.

연습 문제 2

자신이 가장 좋아하는 대화 화제와 싫어하는 대화 화제가 무엇인지 하나씩 생각해보고, 그 이유도 같이 정리해보자. 그리고 다음의 상황에서 가장 적절한 화제가 무엇인지 간단히 적어보자.

대화 상황	적절한 화제
① 친척 어른들과 함께 보내는 명절	
② 졸업 후에 처음 만나는 초등학교 친구	
③ 한국에 유학 온 외국인 학우	
④ 패키지여행에서 처음 만난 일행	

1.2.3. 대화 환경

다음으로 대화를 위해 고려해야 할 요소는 대화 환경이다. 대화가 이루어질 수 있는 공간은 크게 사적인 장소와 공공장소로 구분될 수 있다. 사적인 장소는 주변에 있는 사람들이나 상황에 비교적 제약을 덜 받기 때문에 화제를 선택하거나 대화를 나누는데 별다른 어려움을 느끼지 않는다. 이런 공간에서는 서로가 나누고 싶은 이야기를 부담 없이 편하게 할 수 있으므로 대화의 분위기가 무르익고 활발해질 수 있다. 집에서 가족끼리 나누는 대화나, 카페에서 친구들과 나누는 잡담, 학교 식당에서 식사를 하며 나누는 이야기 등이 여기에 해당한다.

하지만 타인과의 공간적 거리가 지나치게 가깝거나 많은 사람들이 밀집해 있는 공간에서는 의도하지 않아도 자신의 이야기가 타인에게 전달되기 때문에 화제를 선택하는 과정이나 말소리 등에 제약을 받을 수밖에 없다. 사람이 많은 지하철 안에서 온갖 비속어를 사용하며 떠드는 청소년들, 휴대폰으로 통화를 하면서 지나치게 큰 소리로 말하는 사람들, 강의가 진행되는 수업시간에 옆 사람과 잡담을 하는 학생 등은 같은 공간에 있는 다른 사람들에게 알게 모르게 피해를 준다는 점에서 무례한 행동을 하는 것이다.

예시 3

(전철 안에서)

사람 1: (휴대전화에 대고) 글쎄, 우리 아들이…… 호호호호호. 그랬다니까. 그래도 아들 키운 보람 있어. 아니 그건 아니구. 그냥 조그만 거야. …… 하긴 요즘 금값이 얼마나 비싸? 그래도 나 준다고 무리해서 금가락지를…… 오호호호호, 좋기는 뭘, 새삼스럽게 참. 호호호호호.

사람 2: (옆자리에서) 거 좀 조용히 합시다. 전철에서!

사람 1: (여전히 전화에 대고) 아휴~, 내가 내 입 가지고 내 친구랑 통화하겠다는 누가 글쎄 이래라 저래라야. 그러니까. 그래그래. 그랬다니까. 오호호호호. 아냐 신경 쓰지 마. …… 그래그래, 말해.

사람 2: (좀 더 큰 소리로) 어휴 참, 시끄럽대도 그러네!

아무에게도 말하고 싶지 않은 비밀이라든가 고민을 버스나 지하철 같이 사람이 많은 곳에서 하고 싶은 사람은 없을 것이다. 또한 그런 곳에서 남의 험담을 마음껏 해대는 사람을 이해하며 공감하는 사람도 없을 것이다. 따라서 공공장소에서 대화를 해야 할 경우에는 화제를 선택하는데 더욱 조심해야 하며 목소리를 작게 함으로써 타인이 눈살을 찌푸리지 않도록 주의를 기울여야 한다. 위의 사례에서도 공공장소인 전철 안에서 지나치게 큰 소리로 웃으며 통화하는 사람과 그 소리가 거슬려 호통을 치는 사람으로 인해 전철 안에 있던 많은 사람들이 소음을 감당해야 했을 것이다. 이런 경우는 우리 주변에서 빈번하게 찾아 볼 수 있으며 대부분 안 좋은 경험으로 남아있을 것이다.

대화를 할 때는 어떤 환경인가에 대한 인식과 고려가 무엇보다 중요한데, 환경을 고려하지 않는다면 오히려 대화 자체가 역효과를 가져오거나 대화 참여자에 대한 부정적인 인상을 줄 수 있다.

연습 문제 3

다음에 제시된 환경에 어울리는 대화와 반대로 어울리지 않는 대화에 대해 생각해 보고, 만약 눈살을 찌푸렸던 경험이 있다면 그 원인에 대해 이야기해 보자.

회의실에서

장례식장에서

예시 4 | 장례식장에서의 대화

상주: 바쁜 와중에 이렇게 와주셔서 감사합니다.

문상객: 얼마나 상심이 크시겠습니까. 삼가 고인의 명복을 빕니다.

상주: 감사합니다. 어머님 살아생전 좋은 인연이셨다고 전해 들었습니다.

문상객: 네. 좋은 분이셨습니다. 늘 따뜻하면서도 중심을 잃지 않는…….

상주: 그렇게 말씀해 주시다니, 정말 고맙습니다. 어머님도 선생님께서 이렇게 와주신데 감사드릴 겁니다.

문상객: 어머님의 마지막이 평안하셨는지요?

상주: 네. 제가 곁에 있었는데 주무시듯 편안하게…….

문상객: 정말 다행입니다. 곁에서 마지막까지 지켜드렸다니 그 역시 정말 다행입니다.

상주: 네. 저도 그렇게 생각합니다.

문상객: 하루 종일 이리 서 계셨을 텐데 식사는 좀 하셨는지요. 이럴 때일수록 신경 써서 건강을 챙기셔야 합니다.

상주: 걱정해 주셔서 감사합니다. 안 그래도 조금 전에 간단히 식사하면서 조금 쉬었습니다. 여기까지 오셨는데 천천히 계시면서 뭣 좀 드시고 가십시오.

문상객: 네 감사합니다. 그럼…….

상주: 네, 감사합니다.

2

대화의 유형

2.1. 일상생활에서의 대화

2.1.1. 친교를 위한 대화

아마도 양적인 측면에서 보았을 때 우리가 가장 많이 하는 대화의 종류는 친교를 위한 대화일 것이다. 다른 사람과 더불어 살아가는 존재인 인간에게 타인과의 돈독한 관계 유지는 필수적인 것이며 이를 위해 평상시에 주변 사람들과의 대화는 일상적이지만 중요한 의미를 갖는다. 따라서 특별한 목적이나 주제가 없는 가벼운 대화라 할지라도 상대의 말을 귀 담아 들으며 자신도 적극적으로 참여하는 자세가 필요하다.

특히 가까운 관계일수록 감정을 자제하지 못하고 말하는 태도를 피해야 한다. 가까운 사이일수록 상대가 한 말에 의해 더 직접적이고 큰 상처를 받을 수 있기 때문이다. 상대방의 약점이나 자존심이 다칠 수 있는 말은 절대로 입에 담지 않는다는 마음가짐으로 대화에 임할 때 불편한 관계도 해소할 수 있고 더욱 돈독한 유대 관계를 유지할 수 있을 것이다.

또한 평소에 자주 보지만 대화할 기회가 별로 없었던 친구나 동료가 있다면 공통점을 가지고 가까이 다가가 보는 것도 좋다. 대부분의 사람들은 직접 다가가

기보다는 상대가 먼저 다가와 이야기를 걸어주길 바라는 경향이 있는데 때로는 내가 먼저 나서는 적극성을 보이는 것도 좋은 인간관계를 형성하기 위한 필수 조건임을 잊지 말아야 한다.

연습 문제 4

평소에 대화를 자주 나누어 보지 못한 학우가 있는지 생각해 보고 이번 기회에 먼저 다가가 말을 걸어 보도록 하자. 서로가 부담 없이 이야기를 나눌 만한 수업이나 학교생활 등을 화제로 다루어 보자.

2.1.2. 대립 상황에서의 대화

모든 사람들은 다 자신만의 생각과 개성을 지니고 있다. 그렇기 때문에 어떤 문제에 대해 다양한 생각과 관점이 드러나는 것은 지극히 당연하다. 오늘날 많은 나라들이 사회적 기반으로 선택한 민주주의 시스템도 이러한 다양성을 토대로 만들어진 정치제도라는 점을 감안한다면, 타인과의 의견 대립은 우리가 슬기롭고 발전적으로 극복해야 할 과제이다. 사소하고 작은 의견 마찰은 우리 생활 속 곳곳에서 흔히 찾아볼 수 있다. 다만 그런 마찰이 생겼을 때 대처하는 올바른 자세를 찾는 것이 중요하다.

예시 5

여자: 근데 <나 혼자 산다> 별로 재미없어지는 거 같아.

남자: 원래 그래, 처음에만 재밌지.

여자: 정말 재밌었는데.

남자: 뭐가?

여자: 멤버들 다 같이 모여서 여행가는 거.

남자: 그게 뭐가 재밌냐?

여자: 재미있던데. 다 같이 모여서 좌충우돌하고 막 시끌벅적하고 그러는 거 너무 웃기지 않아?

남자: 그게 뭐가 재밌어? 그게?

여자: 아니야. 재미있어.

남자: 재미없어.

여자: 알았어. 무조건 자기 맘에 안 들면 우겨.

위의 예문은 웃음에 대한 취향이 다른 두 사람의 대화로 각자 자신의 느낌을 일방적으로 표현하고 있다. 여자는 프로그램이 재미있는 구체적인 근거를 전달하지 못하고 있고 남자의 경우에도 상대의 의견을 거의 묵살하는 태도를 보인다. 이런 식의 대화는 결국 서로가 가진 다양한 생각과 느낌을 끌어내거나 공유하지 못한 채 감정만 상하게 될 뿐이다.

의견이 대립되는 상황에서 위와 같은 문제가 발생하는 이유는 "나만 옳고 너는 틀렸다."는 독선적인 태도를 가졌기 때문이다. 때로는 정답이 있는 문제에 대해 의견이 나뉠 수도 있지만, 대부분 대화에서는 그런 정답이 없는 경우가 더 많다. 오히려 다양한 입장 차이가 존재하는 화제가 더 자주 사용되는데 이럴 때는 기본적으로 "우리는 서로 다르다."는 전제를 가지고 이야기를 전개할 필요가 있다. 그래야만 상대의 의견을 열린 마음으로 수용할 수 있고, 나아가 나의 의견도 그렇게 전달될 수 있다.

그리고 상대의 의견과는 다른 입장을 표명할 때도 가능하면 서로 다른 부분이 아니라 의견이 일치하는 부분을 먼저 언급하는 것이 좋다. 이것은 어느 정도 상대의 의견에도 동의한다는 표현이기 때문에 의견 차이를 존중하면서 자신의 주장을 견지할 수 있다는 장점이 있다. 아울러 표현에 있어서도 지나치게 확신에 찬 어조로 말하지 않는 것이 좋다. 단정적인 말투는 토론의 경우에는 자신감의 표현으로 여겨질 수 있지만, 대화 상황에서는 독단적이거나 독선적이라는 인상을 줄 수 있기 때문이다. 따라서 의견 대립을 굳이 말싸움으로 이어가고 싶지 않다면 완곡한 말투로도 자신의 의견을 충분히 잘 표현할 수 있음을 잊지 말아야 한다.

연습 문제 5

다음의 대화가 의견 대립을 슬기롭게 극복해 나갈 수 있었던 이유가 무엇인지 생각해 보자.

수미 : 반지의 제왕 봤는데 정말 재밌더라.

영준 : 그래? 음, 나는 별로던데.

수미 : 왜? 잘 만들었던데. 판타지를 실제로 영상으로 옮기는 게 쉽지 않을 텐데, 감독이 원작에 충실하게 잘 만들었잖아.

영준 : 그렇긴 한데, 결말이 산뜻하지 못하고 후반부로 갈수록 서서나 연출이 좀 늘어지는 느낌이 있었어. 그래픽도 생각보다 별로고.

수미 : 맞아. 결론은 영화 길이에 비해 길다고 느껴지긴 하더라. 그래도 그래픽 처리는 수준급이잖아. 특히 전투 장면이 정말 환상적이잖아.

영준 : 전투 장면은 멋있긴 하더라. 그런 장면 만들기가 쉽지는 않지. 나는 별로지만 판타지 좋아하는 애들이 재미있게 볼만은 하더라.

우리의 언어생활에서 대화가 중요한 이유는 자신과 타인의 정보를 교환함으로써 서로에 대한 이해를 넓혀가고 나아가 유대감을 형성하는 가장 기초적인 행위이기 때문에다. 이런 특징 때문에 대부분의 대화는 화해 지향적인 성격을 갖는다. 따라서 적어도 말 때문에 상대방을 불쾌하게 하거나 상처를 주는 일이 없도록 평상시 대화상황에서 유념해야 한다. 나아가 다양한 사람들과의 대화가 경험의 폭을 넓혀가는 과정임을 깨닫고 적극적으로 임하는 자세를 갖추는 것도 필요하다.

연습 문제 6

3~4명의 친구끼리 둘러앉아 자유롭게 대화한 후, 대화 상대방이 지닌 말하기 특성에 대해 자세히 분석해 보자. 또한 나의 말하기 특성에 대한 평가도 들어 보자.

2.1.3. 부탁 · 권유를 위한 대화

다른 사람에게 자신의 생각을 부탁하거나 권유해야 할 상황이 생겼을 때 먼저 갖추어야 할 것은 겸손한 태도이다. 아울러 상대보다 나의 생각이 더 옳다거나 무조건 내 뜻대로 해야 한다는 독선적인 생각은 피해야 한다. 남보다 설득을 잘하는 사람들은 대부분 평소에 타인으로부터 호감과 신뢰를 받는 경우가 많은데 이는 그가 지닌 인간적인 성품이 결국 그의 말에 대한 신뢰로까지 이어진다는 것을 뜻한다. 따라서 평상시에 신뢰를 받는 언행을 꾸준히 실천하는 것도 설득력을 지니기 위한 중요한 요소라 하겠다.

또한 부탁이나 권유를 할 때에는 자신의 입장보다 상대의 입장에서 이야기를 전개하는 자세가 필요하다. 이를 위해서는 상대에 대한 관심과 진심 어린 태도가 중요한데, 말을 듣는 입장에서는 상대의 진심과 정성이 말을 통해 어느 정도 느껴져야 마음이 움직이기 때문이다.

예시 6

선배: 우리 조별발표가 언제였지?

후배: 이번 달 마지막 주 수요일이에요. 저는 아직 하나도 준비 못했는데 너무 막막해요.

선배: 나도 아직 다 끝내지는 못했어. 니가 맡은 부분이 어디였지?

후배: 제가 서론부분이랑 PPT 제작이요. 딱 한 페이지 읽었는데 너무 어려워서 던

져버렸어요. 아, 언제 다 읽고 또 PPT는 언제 다 만들지 모르겠어요. 때려치우고 싶어요.

선배: 나도 처음에 읽었을 땐 어려웠어. 사실 그 책이 서론이 제일 어렵지. 니가 어려운 부분을 맡아서 힘들겠구나. 그래도 조원들이 너라면 할 수 있을 것 같아서 그 부분을 맡긴 거겠지. 다른 수업할 때 보니까 니가 PPT도 정말 잘 만들더라.

후배: 아, <세상의 모든 철학들> 수업이요? 선배도 그거 들으셨어요?

선배: 응. 지난 학기에 같이 들었잖아. 그때 너 발표하는 거 보고 인상적이었어. 핵심적이고 체계적으로 PPT도 잘 만들고 발표하는데 전달력도 좋더라구. 그래서 이번에 너랑 같은 조라고 했을 때 은근히 행운이라고 생각했다니까.

후배: 에이, 그 정도는 아니에요. 저야말로 선배랑 같은 조라서 든든한데요.

선배: 이번에도 잘 할 수 있을 거야. 발표도 니가 해보는 게 어때? PPT 만들면서 전체적인 흐름을 파악하기도 좋을 거구, 말도 잘하고 당당한 니가 발표를 맡는다면 조원들도 안심일 것 같은데.

후배: 그럴까요? 아직 책도 다 못 읽었는데, 괜찮을지……

선배: 나도 아직 다 못 읽었는데, 언제 시간 맞춰서 같이 공부하면서 정리해볼까? 서로 모르는 것도 물어보면서.

후배: 저야 너무 좋죠. 막막하기만 했는데, 갑자기 막 의욕이 생기는데요? 발표까지 맡아서 한다고 생각하니까 책임감도 더 생기구요.

누군가에게 부탁이나 권유를 할 때에는 이렇게 상대의 마음을 헤아린다는 모습을 보여주는 것이 효과적이며 또한 상대의 장점을 칭찬해 주고 상대의 우려를 배려해 주는 어법이 중요하다. 상대에 대한 관심과 애정은 위와 같이 특수한 목표를 수행해야 하는 상황 말고도 일상적인 대화에서도 매우 유용하다. 자신의 입장을 헤아려 주며 관심을 가져 주는 태도를 싫어하는 사람은 없을 것이다. 내가 듣는 사람의 입장일 때 어떤 말을 어떻게 듣고 싶을지 고민해 본다면 이러한 태도가 얼마나 중요한지 알 수 있다.

또한 남에게 부탁을 해야 할 경우 상대가 느낄 부담이나 불쾌감을 줄이기 위해 세심한 주의를 기울여야 한다. 그리고 아무리 가까운 사이라 하더라도 일단은 정중한 자세로 말을 꺼내는 것이 필요하다. 흔히 절친한 사이에서는 조심성 없이 말을 하기 쉬운데 이런 태도 때문에 상대에게 상처를 남기는 경우가 종종 있다. 특히 부탁은 나의 문제를 해결하기 위해 상대의 도움을 받는 것이므로 당연히 내가 더 많이 상대를 배려해야 한다.

부탁이나 권유를 할 때 가장 중요한 것은 표현 방법이다. 물론 부탁이나 권유의 내용이 상대에게 부담을 줄 수도 있지만 많은 경우에는 그것이 전달되는 방식 때문에 문제가 된다.

추운데 문 닫아라. (명령)
추운데 문 닫자. (청유)
추운데 문 좀 닫을래? (명령)
추운데 문 좀 닫아 줄래? (부탁)

위의 예에서 보듯이 똑같은 행위를 요구하는 내용이지만 각 표현이 주는 느낌에는 분명한 차이가 있다. 단도직입적으로 '∼해라' '∼하십시오' 라고 표현하는 것은 간단명료하게 의사를 전달한다는 장점은 있지만 너무 고압적이고 사무적이라는 느낌을 주기 때문에 사용할 때 주의해야 한다. 하지만 의문문의 형태로 표현할 경우 그런 문제점을 완화할 수 있다. 따라서 좀 더 부드러운 느낌으로 부탁하거나 명령을 하고자 할 때에는 의문문을 사용하는 것이 바람직하다. 그래야만 명령을 받고 수동적으로 움직인다는 느낌 대신에 누군가를 돕는다는 기분을 느낄 수 있기 때문이다. 또한 '좀'이나 '∼ 주다' 등의 표현을 사용하면 좀 더 간곡하게 의미를 전달할 수 있기 때문에 부탁을 할 경우에는 이러한 어휘를 사용하는 것도 적절하다.

예시 7

은지 : 우리 이번 조 발표 준비할 때 영화에 대한 자료는 내가 모을 테니까 소설 자료는 니가 좀 모아 줄래?

경란 : 어? 영화 자료가 훨씬 많잖아. 인터넷만 찾아도 나오고. 소설은 도서관도 가야하고 자료찾기 힘든데 왜 내가 꼭 소설이야?

은지 : 그런가? 나는 소설이 어려울 거라고 생각 안 했는데. 그럴 수도 있겠구나. 그럼 니가 소설 자를 찾아 주면 내가 다 정리해서 그래프나 표 그리는 거 담당할게. 자료만 모아 주면 돼.

경란 : 그거 정리해서 그래프 그리는 거 힘들 텐데. 하나하나 자료 전부 읽어야 하고. 그거 다 하려고?

은지 : 너도 힘들게 자료 찾아 주는데 뭐. 괜찮아.

경란 : 그럼 내가 나중에 파워포인트 예쁘게 만들게. 니가 표 다 그리면 나한테 넘겨. 마무리 작업 해 볼게.

은지 : 정말 그래 줄래? 정말 고마워. 우리 열심히 해 보자.

경란 : 그래! 나도 열심히 할게.

위의 예시는 함께 조별 과제를 하기로 한 두 친구가 서로 할 일을 나누는 장면이다. 은지가 자신이 할 일과 경란이 할 일을 나누려 하자 경란이 자신이 더 많은 일을 하는 건 아닌가 해서 불만을 토로한다. 그러자 은지는 자신이 어떤 일을 더 하겠다고 제시하며 먼저 솔선수범하는 모습을 보인다. 경란은 그런 은지의 태도에 미안함과 고마움을 동시에 느끼는 듯 스스로 자신이 맡을 일을 언급하며 화기애애하게 대화가 마무리되고 있다.

이처럼 누군가에게 부탁이나 명령을 할 때는 완곡하게 물어보는 형식을 취하는 것이 좋으며 무엇보다 상대가 부담을 느끼거나 부당하다고 여기지 않도록 자신이 먼저 앞장서는 태도를 보이거나 부담을 나누려는 자세가 중요하다. 이러한 자세는 친구 사이같이 위계가 존재하는 않는 관계는 물론이고 가족이나 회사에서도 마찬가지이다. 윗사람이 아랫사람에게 부탁을 할 때도 자신이 먼저 나서서 솔선수범하는 모습을 보여야 한다. 그랬을 때 상대방 역시 단순히 부탁과 명령을 수행하는 것에서 그치지 않고 적극적이고 능동적으로 자신의 일을 찾아 하게 되며 일의 효율성에도 훨씬 효과적이다.

연습 문제 7

다음은 상대방에게 명령을 하거나 부탁을 하는 대화의 예이다. 각 대화에 나온 표현들 가운데 비교적 상대방에게 부담을 덜 주는 표현을 꼽아보고, 그 이유를 설명해 보자.

1) 과장 : 이 대리, 보고서 빨리 쳐서 가져오지.
   대리 : 알겠습니다. 과장님.
2) 영훈 : 저 혹시 내 보고서도 좀 쳐 줄 수 있니?
   유종 : 그래, 이거부터 하고 나서 해 줄게.
3) 김 선생님 : 오늘 바쁘세요?
   조 선생님 : 아니, 왜?
   김 선생님 : 논문 쓰세요?
   조 선생님 : 응.
   김 선생님 : 저 이거 좀 해 주실 수 있어요? 표 만드는 건데요. 저는 잘 안 되네요.

2.1.4. 건의 · 문제제기 상황의 대화

타인으로부터 긍정적인 평가를 받고자 하는 것은 누구나 가지고 있는 공통적인 욕망이다. 그러나 우리는 완벽하지 않기 때문에, 언제나 칭찬과 좋은 평가만 받을 수는 없다. 다른 사람들과 더불어 살다 보면 나의 단점이나 잘못을 지적받기도 하고, 내가 타인의 문제점을 지적하는 경우도 있다. 이러한 지적이나 비판은 듣는 당시에는 좀 불쾌하고 상대방에 대해 서운한 감정을 느낄 수도 있지만 궁극적으로는 나의 발전을 위해 도움이 되기 때문에 긍정적 가치를 지닌다. 그럼에도 어떤 경우에는 지적을 받고 나서 나의 실수를 반성하기보다는 상대방에 대한 반감이 커지는가 하면, 어떤 경우에는 상대에게 고마움을 느끼기도 한다. 이러한 차이가 생기는 이유는 바로 상대방의 단점을 지적·비판하는 방법이 다르기 때문이다. 그렇다면 상대방의 마음을 다치게 하지 않고 효과적으로 비판할 수 있는 요령은 무엇일까?

가장 중요한 점은 누군가의 문제점을 지적할 경우 남이 없는 데서 조용히 해야 한다는 것이다. 제삼자가 있는 상황에서 자신의 잘못을 지적당하거나 비난받으면 수치심이 배가될 뿐 아니라 상대방의 지적에 감정적인 반응이 앞선다. 하지만 아무도 없는 곳에서의 비판은 일단 나에 대한 배려심이 느껴져 훨씬 열린 마음으로 상대의 말을 경청할 수 있다.

또한 상대방에 대한 비판이 결코 감정적인 것이 아니라 그를 위한 마음에서 비롯된 것임을 효과적으로 표현해야 한다. 자신의 지적이 상대방을 위한 관심에서 나온 것임을 밝히고 냉철하게 표현하는 것이 바람직하다. 물론 그렇다고 해서 딱딱한 표정과 긴장된 자세로 말을 해서 상대를 위축시켜서는 안 된다. 그보다는 따뜻한 표정과 부드러운 미소 등으로 분위기를 이완시키는 것이 목적을 달성하는 데 효과적이다.

단점만을 지닌 인간은 없다. 그렇기 때문에 설령 문제점이 있다고 할지라도 먼저 그가 가진 장점을 칭찬해 주고 그 후 단점을 지적하는 것이 바람직하다. 무조건 상대가 잘못한 것을 나열하면서 지적하기보다는 그가 가진 장점을 진심으로 인정해 줄 때 상대방도 비판의 내용에 대해 신뢰를 가지고 수용할 수 있다.

예시 8

오부장 : 김 대리, 지금 바쁜가? 시간 괜찮으면 잠깐 나 좀 봐. 나가서 차나 한잔 하지.

김 대리 : 네.

(밖으로 자리를 옮긴다.)

오부장 : 요즘 많이 바쁘지? 일 때문에 많이 힘들어하는 것 같던데…….

김 대리 : 아닙니다. 다들 힘들 텐데요, 뭐.

오 부장 : 김 대리는 항상 긍정적이어서 좋아. 다른 사람들 배려할 줄도 알고…….

김 대리 : 별말씀을요…….

오부장 : 지난번 야유회 때 궂은일은 모두 도맡아 하던데 그런 거 보면 굉장히 부지런하고 성실한 거 같더군. 그래서 사람들에게 인기가 많나 봐.

김 대리 : 좋게 봐 주셔서 고맙습니다. 별거

아닌데…….

오부장 : 고맙긴……. 내가 더 고맙지. 다만 내가 김 대리한테 하나 더 바라는 건, 일을 하는데 있어서 좀 더 적극적이고 공격적이었으면 좋겠어. 알다시피 요즘 같은 불황일 때일수록 우리가 하는 영업은 더 힘들지 않나. 하지만 전략을 잘 세우고 밀어붙이다 보면 오히려 큰 기회가 되기도 하지. 그런데 김 대리는 그런 추진력이 약간 부족한 거 같아. 거의 성사 될 뻔하다가 놓친 일도 몇 번 있었지? 얼마나 아까워. 그동안 김 대리 노력한 게 표도 안 나잖아. 나는 그게 안타깝네.

김 대리 : 죄송합니다.

오 부장: 아니, 죄송할 게 뭐 있나. 가장 속상한 건 자네였을 텐데. 내 말은 자네가 충분한 능력을 가졌는데도 그걸 발휘하지 못하는 거 같아서 하는 말이지. 깨질 때 깨지더라도 좀 더 적극적으로 해 봐. 김 대리라면 충분히 가능할 테니까. 내 말 알겠지?

김 대리 : 네, 알겠습니다. 부장님 말씀 명심하겠습니다.

(오 부장, 김 대리의 어깨를 툭툭 두드려준다.)

나아가 문제점을 지적하는 데서 그칠 것이 아니라 대안을 제시해 주면 상대에게 훨씬 유익한 비판이 될 수 있다. 그리고 비판 후 격려의 말과 함께 등을 두드려준다든가 손을 잡아 주는 등 친밀감을 표시한다면 지금까지 한 이야기가 감정적인 것이 아니라 상대의 발전을 위해 진심에서 우러나온 것임을 전달할 수 있을 것이다.

마지막으로 지적이나 비판을 할 때 상대방의 감정을 상하게 할 만한 표현은 절대 사용하지 말아야 한다. "너는 이런 것도 모르니?", "네가 상식이 있는 사람이라면 이 정도는 알겠지.", "너는 허구한 날 TV만 보냐?", "애초에 너에게 기대를 한 내가 한심하지.", "그것밖에 못해?" 같은 말은 비판의 내용을 떠나서 상대의 자존심을 상하게 하는 자극적인 표현들이다. 따라서 상대방을 배려한다면 적어도 지나치게 감정적이거나 직접적으로 힐난하는 표현으로 상처를 남기는 말은 피해야 한다.

연습 문제 8

지금까지 지적을 받거나 비판을 받았던 경험 중에서 기분이 나빴던 경우가 있었는지 생각해 보고 어떤 점 때문에 그러했는지 분석해 보자. 또한 문제점을 지적해 준 상대에게 오히려 고마움을 느꼈던 경험에 대해서도 이야기해 보자.

2.1.5. 온라인상의 대화

최근 들어 소통과 대화의 방식이 더욱 다양해지고 있는 추세이다. 특히, 기존에 대화란 개념이 반드시 같은 공간에서 얼굴을 마주보며 소통하는 것을 의미했다면 최근 들어서는 시간과 공간의 제약 없이 컴퓨터나 휴대전화를 통해서도 다양한 방식으로 대화하는 것도 포함한다. 카카오톡이나 라인과 같은 대화 어플은 기본이고 인스타그램이나 페이스북, 트위터 같은 소셜네트워크 플랫폼도 대중적으로 사용되고 있는 SNS의 종류이다. 물론 이러한 온라인상의 대화는 문자로 작성된다는 점에서 '말하기'와 '글쓰기'가 혼재되어 있는 방식이라고 생각할 수 있다. 중요한 것은 말이냐 글이냐를 떠나 이미 우리 일상에서 가장 비중이 높은 소통의 방식으로 자리 잡고 있다는 것이다. 또한 그 순간 자신의 생각과 관점을 표현하고 상대방과 함께 일정한 방향성을 가진 대화를 구성한다는 점에서 광범위한 대화의 한 종류로 볼 수 있다.

바로 이 부분에서 온라인상의 대화에 대해 주의할 필요가 있다. 글쓰기와 달리 온라인 플랫폼을 활용한 대화들은 서로 말을 주고받는 상대방이 있다는 점에서 아무리 같은 공간에 함께 하는 것이 아니라고 하더라도 기본적인 예의와 배려가 필요하다. 상대방과 얼굴을 마주보지 않는다고 해서 때로는 무례하거나 성의 없는 대화태도를 보이기도 한다. 더 심할 경우에는 인신공격적인 표현이나 비속어를 사용하기도 한다. 상대가 바로 앞에 없다는 것과 익명을 사용한다는 특징 때문에 대면상황이라면 하지 않았을 법한

언행까지 하게 되는 것이다.

그러나 분명한 것은, 아무리 바로 앞에 있지 않더라도 이 역시 대화이며 자신과 같은 하나의 인격체인 상대방이 존재한다는 것이다. 또한 이러한 대화를 통해 자신이 누구이며 어떤 생각을 어떤 방식으로 하는 사람인지가 여실하게 드러난다는 점 역시 간과해서는 안 된다. 일상생활에서 오프라인과 온라인대화가 혼재되어 있는 요즘의 환경에서는 칼로 자르듯 오프라인에서의 자기 자신과 온라인에서의 자기 자신을 구분하거나 나눌 수 없다. 결국 온라인상의 대화 양상 역시 자기 자신이며 어떤 태도로 대화하는지를 통해 자신의 사회적 인상과 관계가 규정된다. 자신이 하는 말과 사용하는 언어를 통해 사회적 인격과 의식적 체계가 규정된다는 사실을 인지한다면 온라인대화 역시 대화가 가진 기본적인 규칙과 규범을 지켜야 한다.

예시 9 | 카톡 대화

기범 : 수업 언제 끝남? 바로 밥먹으러 ㄱㄱ?

재희 : ㅋㅋㅋㅋㅋㅋㅋㅋ ㅇㅇ 기달?

기범 : ㄱㅊ

재희 : 수업 ㅈㄴ지루함 ㅠㅠ

기범 : 그냥 니가 하나도 못알아먹는건 아니고? ㄲㅌ ㅋㅋㅋㅋㅋㅋㅋㅋ

재희 : 뭐래 ㅋㅋㅋㅋㅋㅋㅋ 뭐 먹을건데?

기범 : (무응답)

재희 : 나 이제 끝!ㅋㅋㅋㅋㅋㅋ 어디야

기범 : (무응답)

재희 : 밥 먹자며!!!!!!!!

기범 : (무응답)

재희 : 지가 말 걸어 놓고 톡하면 안보더라 ㅉㅉ

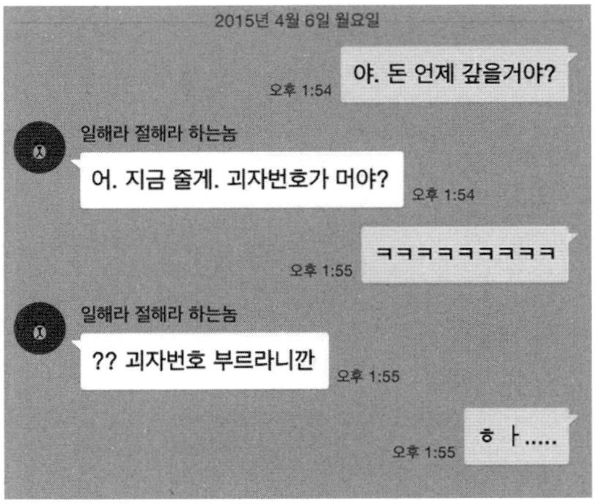

위의 대화는 카톡과 같은 대화 어플을 통해 두 친구가 나누는 대화이다. 특별하거나 특이한 점이 없을 만큼 일상적이고 일반적인 대화양상을 보이고 있다. 어플을 통해 대화를 할 때는 위의 예시처럼 타자를 치는 수고를 덜기 위해 모음만 사용해서 보내거나 비속어를 더욱 빈번하게 사용한다. 직접 발화하는 것보다 심적인 부담이 적다는 이유로 비하적인 표현이나 비속어를 편하게 사용하는 것이다. 또한 표정을 직접 확인할 수 없는 비대면 상황이기 때문에 한글의 모음이나 자음을 활용하거나 이모티콘 등을 통해 웃거나 우는 표시를 하기도 한다. 감정 표현 자체가 문제가 되는 것은 아니지만, 관습화된 표현으로 인해 대화의 맥락이나 상황과는 맞지 않게 무의미한 글자를 보내기도 하고 때로는 강박적으로 그러한 표현을 사용하기도 한다. 대화 상황이나 당사자의 의지와 무관하게 관습적으로 사용하는 감정 표현은 오히려 진정성 있고 솔직한 대화를 방해하는 요소가 되기도 한다. 또한 반복적으로 맞춤법 표기를 무시하게 된다면 언어 체계와 규칙이 불분명해지는 것을 떠나 정작 정확한 표현과 올바른 표기가 필요한 상황에서도 본인이 인지하지 못한 채 틀린 맞춤법을 사용할 수 있다. 효율적이고 빠른 대화를 위해 의도적으로 맞춤법과 문장 법칙을 탄력적으로 사용하는 자체를 다 문제시 할 수는 없지만, 적어도 자신이 반복해서 사용하는 온라인 대화 표현과 그 표현의 올바른 표기가 무엇인지 정도는 인식하고 있어야 한다.

위의 대화에서 무엇보다 문제가 되는 것은 일방적으로 대화를 끝내거나 무시하는 태도이다. 자신의 필요에 의해 대화 상대방을 호출했다면 대화가 마무리될 때까지 책임감 있는 태도로 대화에 임해야 하는 것이 상식이다. 그런데 대면 상황과는 다르게 온라인 대화는 대화의 시작과 전개, 그리고 마무리 과정에 대한 흐름에 일정한 규칙과 체계가 없이 진행되는 경우가 있다. 이런 상황이 반복되거나 당연시되면 온라인 대화 자체를 신뢰하지 못할 뿐만 아니라 그런 양상을 보이는 당사자에 대해서도 긍정적인 인상을 가질 수 없다. 온라인 대화 역시 명백한 사회적 대화이며 하나의 주제와 목적, 그리고 관계성을 가지고 있다. 따라서 대면 상황의 대화와 마찬가지로 책임감을 가지고 대화에 임하는 것은 필수적이다.

연습 문제 9

1) 친구와 온라인대화를 하다가 나온 표현 중에서 이해할 수 없거나, 불편했던 것이 있었다면 무엇이었는지 떠올려보자.
2) 온라인으로 말하기에 더 편한 대화 주제와 대면상황에서 말하기 더 편한 대화주제가 무엇인지 각각 한 가지씩 생각해보자.
3) 앞으로 온라인대화를 할 때, 개선되었으면 좋겠다거나 변화해야 한다고 생각하는 부분이 있다면 무엇인지 이야기해보자.

2.2. 목적을 위한 대화

2.2.1. 인터뷰

1) 인터뷰의 개념

일상적으로 우리가 하는 대화는 사적인 경우가 대부분이고 특별한 목적이나 의도를 가지지 않는 경우가 더 많다. 그러나 때로는 대화와 잡담의 형식을 띠지만 대화 참여자들의 목적과 의도를 가지는 대화도 있다. 오히려 이런 경우에는 자연스럽고 일상적인 대화라는 형식에 목적을 숨기고 있기 때문에 그 목적이 더 교묘하고 치밀하게 구성되기도 한다. 대화 참여자들 간의 치밀한 두뇌 싸움, 그것이 바로 '인터뷰'이다.

상대에게 정보를 취하할 때나 상대가 숨기는 비밀을 알아내기 위해 진행되는 경우도 있다. 상대의 진심과 진면모를 알기 위해서도 인터뷰는 효과적이다. 쉽게 알아낼 수 없거나 일상적인 대화에서 언급되지 않는 정보일수록 고급하다고 할 수 있으며 그만큼 가치 있다. 특히나 인터뷰는 정보의 원천에 직접 접근한다는 점에서 다른 수단들과 차별되며 효과 또한 강렬하다. 이런 특징 때문에 인터뷰를 잘한다는 건 그만큼 성공적인 삶을 꾸리는 데 유리하다는 것을 의미하기도 한다. 한마디로 인터뷰는 처세술이다.

인터뷰는 어찌 보면 바둑과 같다. 상대를 놓고 하는 두뇌 게임이라는 점에서 그렇다. 「양들의 침묵」이라는 영화가 흥미 있는 이유도 FBI요원과 연쇄살인마의 숨 막히는 심리게임 때문이다. 납치당한 여인들을 구하기 위해 한시라도 빨리 범죄자의 위치를 파악해야 하는 요원과 조금이라도 더 시간을 끌며 요원과의 대화 시간을 즐기려는 연쇄살인마의 대화는 총이나 칼 같은 무기 없이도 충분히 긴장감 넘치는 싸움처럼 연출된다. 서로에게 가장 취약한 점을 유도해서 제압하려 하다가도 순간적으로 자신의 약점을 간파당하는 두 사람의 대화는 일종의 인터뷰 형식으로 진행되는데, 날선 긴장감을 바탕으로 영화를 몰입도 있게 만든다.

이 같이 질문을 통해 해답을 찾는 대화방식을 인터뷰라고 한다. 인터뷰는 문자 그대로 상호적인 관점(inter-view), 즉 공통으로 관심이 있는 주제에 관해 대화하며 관점을 서로 교환하는 것이다. 인터뷰의 사전적 의미는 '어떤 사실이나 사정을 확인하기 위해 특정인을 만나 이야기를 나누는 행위'를 뜻한다. 좁은 의미로는 특히 보도를 목적으로 기자가 특정인과 대화를 하는 행위로 굳이 우리말로 한다면 담화라고 표현할 수 있다. 여기서 중요한 것은 '인터뷰 = 만나다'란 점이다. 인터뷰는 상대가 분명히 존재하는 일종의 '대화 게임'이다. 아무리 필요한 정보를 얻기 위한 만남이라 하더라도 어차피 인간은 감정적 동물이기 때문에 그때그때 상황에 따라 반응이 달라진다. 때로는 얻고자 하는 바를 절반도 못 건질 수도 있는가 하면 때로는 미처 생각하지 못했던 정보까지 얻는 경우도 있다. 누구나 성공적인 인터뷰를 원하지만 매번 인터뷰를 할 때마다 떨리는 것은 이 때문이다. 이렇듯 일상생활에서 수시로 행해지고, 또 특정한 목적을 위해 요구되기도 하는 것이 바로 인터뷰이다.

인터뷰의 개념을 조금 확장해서 본다면 엄마가 나에게 공부를 했는지 안했는지, 지금 하는 말이 거짓인지 아닌지를 추궁하는 것이나, 연인 사이에서 상대의 진심과 상대가 하는 말의 진위여부를 파악하기 위해 서로 주고받는 질문과 대화도 인터뷰라 할 수 있다. 그만큼 인터뷰는 우리 생활과 별개로 존재한다거나 특별한 자격이 있는 사람들만 하는 것이 아니라 일상적이면서도 다양하게 활용되는 대화 방식이다.

예시 10

여자: 어제 저녁에 어디 갔었어?

남자: 어제 공부하다가 잠들었다니까. 정말이야.

여자: 어제 마지막 시험 끝났다고 했으면서 무슨 공부야? 거짓말 할래?

남자: 아, 아니……. 나 이번 달 말에 보는 HSK 공부…… 그거 했어.

여자: 지난번에 그거 신청기한 놓쳤다고 신청 못했다고 하지 않았어?

남자: 아……, 추가 신청기간이 있더라고. 그래서 그때…….

여자: 그게 추가 신청기간이 어디 있어? 자꾸 거짓말 할래?

남자: 사실은, 게임하다가 잠들었어.

여자: 게임? 너 언제까지 거짓말 할래? 내 친구가 어제 H클럽에서 너 봤다고 다 얘기해 줬거든! 됐어! 자꾸 거짓말하는 너랑 계속 만나기 싫어.

남자: 미안해, 그게 아니고 그게…….

물론 위의 상황은 우리가 일상적으로 생각하는 전형적인 인터뷰의 형식은 아니다. 그러나 남자의 입을 통해 진실을 알아내기 위해 여자가 여러 가지 각도에서 자신이 가진 정보를 활용하여 남자를 추궁하고 언쟁하는 과정은 충분히 인터뷰 같은 느낌을 준다. 인터뷰라는 것이 자신이 가진 정보를 패로 삼아 더 많은 진실을 알고자 상대와 벌이는 심리 게임이라고 한다면 우리는 이미 일상생활에서 빈번히 사용하고 있다. 그리고 이러한 인터뷰를 통해 어떤 사실과 어떤 정보를 주고받았는가가 대화에 참여한 두 사람의 관계와 입장을 결정한다. 그렇게 본다면 일상적인 우리들의 모든 대화들이 일종의 심리 게임, 즉 인터뷰라고 해도 무방하지 않을까?

2) 인터뷰의 요소

인터뷰 상황에서 가장 중요한 요소는 질문을 하는 사람, 즉 '인터뷰어'와 대답을 하는 사람, 즉 '인터뷰이'이다. 이 둘이 인터뷰에서는 거의 유일하게 핵심적인 요소이며, 이 둘의 관계와 상황이 인터뷰의 목적과 의미, 가치를 결정한다. 상대방의 목적을 알면 인터뷰 상황에 나타날 수 있는 문제를 미연에 방지할 수 있다. 대표적이고 일반적인 인터뷰어는 기자이며, 반대로 가장 흔한 인터뷰이는 정보제공자가 된다. 기자와 정보제공자는 둘 다 대중에게 무엇을 알리고자 한다. 공통점은 그것뿐이라고 해도 과언이 아니다. 기자는 대중에게 포괄적이면서 시사적 정보를 전달하려고 한다. 한편 정보제공자는 특정한 정보를 대중에게 전달하고 자신이나 소속기관에 대해서 긍정적인 기사가 실리기를 바란다. 정보제공자는 자신의 입장을 대중에게 관철시키고 자신의 주제에 대한 대중들의 흥미를 일깨우고 싶어 한다. 그래서 많은 정보제공자들은 기자와 좋은 유대관계를 유지함으로써 필요할 때 본인의 의사에 응해줄 것을 기대한다.

기자의 목적은 다양하기 때문에 서로 상반될 수도 있다. 정보제공자로 하여금 독자나 대중이 그 내용과 논증을 이해할 수 있도록 되도록 명확하고 이해가 쉽게 서술하도록 유도하는 것이 목적이다. 그러기 위해서 기자는 정보제공자가 말하기 좋은 분위기를 조성해야 한다. 정보제공자의 전문성을 인정하는 말로 "당신은 이 분야의 전문가이시니……"라는 표현과 동시에 사실적 근거자료를 통해서 주제에 대한 자신의 사전지식을 검토해야 하며 정보제공자의 유능함과 신뢰성을 평가할 줄 알아야 한다.

질문하는 사람이 인터뷰를 이끌어 가는 것은 당연한 일이다. 질문하는 것은 기자들이기 때문에 그들이 인터뷰를 주도하며 동시에 강자의 위치에 있다고 볼 수 있다. 상황은 이와 같이 명백한데도 흔히 언론관계 전문서적들은 다음과 같이 설명하곤 한다. "인터뷰란 동등한 위치에 놓인 쌍방 간의 개방적인 대화여야 한다." "인터뷰란 역할이 분명

히 구분된 동등한 대화상대자 간의 조정된 대화이다." "인터뷰는 A에서 Z까지 자율적인 의사에 의해서 이루어진다."

그러나 정보제공자와 동등한 권리를 가지려는, 다시 말해서 정보제공자의 지위를 강화시켜 주려고 노력하는 기자들은 거의 없다. 그렇기 때문에 정보제공자가 자유의사로 인터뷰에 임한다 하더라도 기자와 동등한 위치에서 인터뷰를 하는 경우는 드물다. 의식적이건 무의식적이건 간에 기자들 또한 실리를 추구하는 입장이다. 적나라하게 공격당하지 않고 무능하다는 평판을 듣지 않으며 사람들의 웃음거리가 안 된 것만으로도 다행이라고 생각하는 사람들이 많다. 그러나 정보제공자가 할 말 다하고 대우 잘 받았다는 주관적인 느낌이 든다고 해서 동등한 파트너로써 인터뷰했다는 착각을 해서는 안 된다.

정보제공자와 기자가 어떤 기분으로 만나느냐에 따라 상이한 긴장 상태나 문제가 발생할 수 있다. 당신이 누구를 만나서 그 사람의 목적이 무엇인지를 사전에 알고 싶듯이 기자들도 마찬가지이다. 이점에 관해 서로가 출발점은 같은 셈이다. 모든 상황에 대비할 수 없기 때문에 사전에 하나만은 분명히 해두는 것이 좋다. 즉 당신이 인터뷰하는 가장 중요한 목적이 무엇인지 확실히 해두도록 하라.

인터뷰 기자와 정보 제공자의 목적

	정보 제공자의 목적	기자의 목적
외면적 차원	– 특정한 정보 제공 – 긍정적인 기사 보도	– 관련사실의 조사 – 사실 근거 자료 수집 – 인용 가능한 진술의 수집 – 배경 설명의 보충
내면적 차원	– 흥미 유발, 대중을 납득시킴 – 좋은 유대관계 설정	– 수용, 솔직함, 자유로운 대화 – 사실적 논증, 오해의 방지 – 신뢰감 속에 완화된 분위기
숨겨둔 차원	– 자화상 확인 및 충족	– 자화상 확인 및 충족

앞서 언급했듯이 우리는 인터뷰 과정을 통해 다양한 정보와 진실을 얻거나 상대와의 관계를 재정립할 수 있다. 인터뷰는 그 목적에 따라 얻을 수 있는 효과도 다양하다. 상대가 숨기고 있던 진심을 알 수도 있고, 공유하려 하지 않았던 새로운

정보를 캐낼 수도 있다. 또한 상대의 드러나지 않았던 면모나 특징도 파악할 수 있다. 그만큼 인터뷰는 보다 목적이 분명한 대화의 한 양상이기 때문에 참여자의 목적에 따라 효과 역시 분명하게 드러난다.

그중에서도 우리 책에서는 보다 학술적인 목적을 중심으로 글 한편을 소개하고자 한다. 일상적이거나 시사적인 인터뷰도 있지만 글을 쓰기 위해서나 학문적인 목적을 위한 대화도 인터뷰의 일종이라 볼 수 있기 때문이다. 인터뷰는 기본적으로 글쓰기의 재료를 마련하는 일이다. 물론 단순히 어떤 정보를 얻기 위해 인터뷰를 하는 경우도 있을 것이다. 하지만 여기에서는 책이나 신문, 잡지, 학술적인 리포트 등에 글을 쓰기 위한 인터뷰 과정을 짚고 넘어가 보자.

인물 탐구의 대가, 월트 해링턴

《워싱턴 포스트 매거진》의 기자로 〈아메리칸 프로파일〉을 저술한 월트 해링턴은 오늘날 세계 적으로 탁월한 기자의 한 사람으로 손꼽힌다. 그는 《워싱턴 포스트 매거진》에 재직하는 동안 인물탐구로 명성을 얻었는데, 그의 기사는 단호하고도 도전적이어서 그에게 일단 대상으로 찍히면 기존의 명성에 흠이 생기거나 반대로 별 볼일 없던 사람이 일약 스타가 되기도 했다. 그가 인터뷰 한 인물로는 조지 부시 대통령을 비롯해 제시 잭슨 목사, 칼 번스타인, 잭 앤더슨 등 유명 인사들뿐 아니라 사교 집단의 교주, 자식이 납치된 부모, 10대 천재 등 보통사람에 이르기까지 광범위하다. 그는 심지어 자신의 아버지까지 인터뷰에 등장시켰을 정도이다.

그는 인터뷰 대상을 고를 때 유·무명을 기준으로 삼은 것이 아니라 그저 사람을 골랐을 뿐이 고 이들로부터 의미 있는 이야기를 이끌어 냈다. 인터뷰를 할 때 그가 가장 흥미를 가지는 것은 사람이 어떻게 살고, 무엇에 가치를 두는지였다. 그는 늘 불가능한 일인 줄 안다고 전제를 달면서도 나의 목적은 사람을 그의 내면으로부터 들여다보는 것이라고 말한다.

그는 대상에 대한 기존의 평가를 깡그리 무시한 채 가혹하리만치 철저하게 자신의 잣대를 들이댔으며 그에 따른 결과로 그 자신의 그림을 그려내곤 했다. 하지만 그는 가능한 한 편견 없이 상대를 바라보고 비판하기보다는 이해하려고 노력했다. 그는 수많은 사람을 인터뷰하면서도 얻은 결론으로 사람은 누구나 선한 구석과 악한 구석이 있게 마련이라며 하지만 모든 사람은 보다 나아지려고 몸부림치느라 삶의 대부분을 보낸다고 말했다.

해링턴의 결론은 그의 인간적인 면모를 드러내는 것이리라. 하지만 기자로서 그가 명성을 얻은 것은 뭐니뭐니해도 진정한 프로였기 때문이다. 그는 일을 대충 처리하는 법이 없다. 일단 대상이 정해지면 철저히 파고든다. 이것은 인간이 인간을 평가하면서 절대 소홀할 수 없다는 직업윤리 때문이라기보다는 생태적 인간애를 바탕으로 한 자존심 때문이었다. 그는 어떤 사람에 대한 글을 쓰면서 한두 번의 취재로 끝낸 적이 단 번도 없다. 조지 부시와 칼 번스타인의 프로파일을 쓰기 위해서는 무려 80여 차례나 인터뷰를 했다. 그는 부시는 물론이고 그의 가족, 친구, 적들까지도 두루두루 만났다.

이 같은 철저함 때문에 그는 한번 글을 쓰려면 최소 한 달에서 석 달을 취재에 몰두한다. 그는 이렇게 많은 시간을 투자해서 인터뷰하려는 사람의 과거는 물론 특히, 평소 생활을 꼼꼼히 챙긴다. 왜냐하면 현재의 그가 인터뷰 대상으로 삼은 어떤 사람의 오늘이 있기까지에는 일견 사소한 것처럼 보이는 많은 과거들이 그에게 영향을 미쳤다고 생각하기 때문이다.

철저한 취재 스타일은 가끔 해링턴에게 불필요한 오해를 불러일으키기도 하지만 불편함보다 는 장점으로 작용하고 평가된다. 조지 부시의 경우 선거운동 기간 중에 해링턴의 기사가 나가는 바람에 다른 언론으로부터 공격적인 질문 공세에 시달려야 했다. 하지만 부시는 대통령에 당선 된 뒤 부인 등 가족들의 반대에도 불구하고 해링턴을 자신의 집으로 초대했다. 그러고는 "당신의 기사가 얼마나 영향력이 있는지 당신도 아마 모를 것"이라고 충고 겸 존경을 표했다. 또 잭 앤더슨은 그 자신이 유명한 선배 언론인이면서도 해링턴에게 편지를 보내 "기사를 읽는 데 고통스러웠지만 내용이 깊이가 있다"며 감사해 했을 정도이다.

— 이만훈, 『인터뷰의 모든 것』, 랜덤하우스, 2007.

3) 인터뷰의 유형

① 대담하기

대담은 두 사람 이상이 마주 대하며 자기들의 견해를 이야기하는 형식으로 진행되는 형태의 말하기이다. 최근 이러한 말하기의 형태가 학술적 영역을 비롯한 사회 전반에서 다양한 주제를 다루며 일상의 말하기로 자리 잡아 가는 추세이다.

특히 특정 분야의 전문가나 명사에게 그의 전문분야와 관련된 사항에 대해 질문하고 대답하며 진솔하게 의견을 나누는 형식의 대담이 가장 일반적이다. 대담 참가자의 최근 행보나 그 이유, 그리고 추후의 계획에 대해 이야기하며 사회나 문화 전반에 걸친 폭넓은 이야기를 중심으로 편안하고 우호적인 분위기에서 진행되는 것이 특징이다.

부커상 수상작가 한강과 문학평론가 신형철의 대담

신형철 네, 여러분들 다 보셔서 아시다시피 뉴스시간대에 TV화면에 노출을 많이 하셔가지고 전과는 달리 알아보시는 분도 많이 늘었을 것 같은데요 어떠신지요?

한강 네, 다행히 알아보셨다 해도 모른 척 해 주시는 고마운 분들이 많이 계셔가지고 앞으로도 일상의 삶을 잘 영위할 수 있기를 바라고 있어요.

신형철 작가가 사실은 사람들을 관찰하는 직업이라고 해도 과언이 아닌데 작가가 오히려 관찰을 당하는 입장에 처하면 여러모로 어색하고 불편하실 것 같다는 생각이 한편으론 드는데요.

한강 (웃음) 곧 지나가겠지요.

신형철 독자의 규모가 예전에 비해 한 10배 이상 늘었다고 봐야겠죠? 글 쓰는 사람 입장에서는 내 글을 많은 사람이 읽어주는 게 고마우면서도 이 숫자가 스스로 좀 감당하기 힘들다라는 생각이 들면 불안해지는 효과도 있을 것 같은데, 독자가 많이 늘어난 것에 대해서는 어떤 느낌이신지요?

한강 여러 가지 복잡한 생각이 들기는 하는데 한 가지 감사한 것은 『소년이 온다』라는 책을 냈을 때에 제가 여러분들께 이 책은 많은 분들이 읽어주셔야 완성이 되는 소설이어서 많이 읽어주셨으면 좋겠다, 라는 말씀을 드렸고 저도 그것에 따르는 노력으로 제가 많이 돌아다니지 않는 편인데 여러분들과의 만남을 20번 했어요. 대중 강연을. 그렇게 했던 것보다 이번 일로 훨씬 많은 분들이 읽어주시게 된 셈이라서 그 부분에 감사하게 생각이 되기도 해요.

신형철 이 방송을 보시는 분들은 아시겠지만 『소년이 온다』라는 작품은 80년 6월 광주를 소재로 한 소설이어서 한강 선생님한테 '나의 소설'이라는 의미도 있지만 많은 사람들이 읽어줬으면 하는 우리의 작품이었으면 좋겠다, 라는 이런 마음도 있으셔서 이번 수상의 여파로 『소년이 온다』 가 더 많이 읽히게 된 것이 기쁘다는 말씀이신데요. 여하튼 수상은 『채식주의자』여서 『채식주의자』가 지금 각종 베스트셀러 순의 1위에 올라 있고, 그런 상황이죠. 그런데 이 소설이 10년도 더 전에 쓰여진 소설이라 혹시 수상 이후에 전체적으로 다시 읽어보신 경험을 가지셨나요?

한강 아니요. 그 전에 다른 이유로 읽어보긴 했는데요. 최근에 읽어보지는 않았어요.

신형철 얼핏 짐작해보기로는 10년 전의 한강과 지금의 한강이 다를 것 같아서, 지금 다시 보면 역시 내가 쓴 소설이구나 하는 부분도 있겠습니다만 다른 부분으로는 지금이라면 다르게 썼을 텐데 이런 생각을 하시는 부분도 있지 않을까 싶은데 어떠세요. 『채식주의 자』라는 소설이. 지금 다시 생각해보시면?

한강 당시로서는 참 이상한 게, 그 소설을 쓸 때에는 제가 앞으로 계속 소설을 쓸 수 있을 것 인가, 에 대한 확신조차 없던, 조금 캄캄하던 시기에 썼거든요. 그래서 아주 최소한의 독자조차도 상상하지 않고 썼던 소설이에요. 그러다보니까 이제 좀 더 뭐랄까 그 '영혜' 라는 인물에 대해서 곰곰이 생각하면서 이 사람이 결코 말하지 않으면서 이 사람을 바 라보는 다른 세 사람의 시선으로부터 계속 도망치는 그런 이야기를 상상하게 되었고 어떻게 끝나리라는 것조차 모르면서, 더듬으면서 썼던 소설이에요. 그래서 아마 지금 쓰게 된다면 결코 그런 방식으로는 쓰여지기 어려웠을 거라고 생각이 돼요. 그런데 한편으로는 그게 꼭 그 소설뿐 아니라 예를 들면 『소년이 온다』같은 경우에도 그 당시에 이걸 과연 완성할 수 있을까, 라는 스스로에 대한 의심과 많은 어려움 속에서 그렇지만 이렇게 하나씩 한 장씩 완성해가면서 그 동호라는 15살 소년이 호명되는 방식. 그런 것을 상상하면서, 완성된 소설을 끊임없이 상상하면서 더듬어서 썼던 거거든요. 그래서 항상 모든 소설은 그렇게 가까스로 완성이 되는 거라서 지금 썼으면 물론 다르게 썼을 것 같지만, 당시로써는 그 외에 다른 방법이 없었던 그런 결과라고 생각이 돼요.

신형철 네, 뭔가 비유적으로 생각해보면은 어두운 터널 같은 데를 더듬더듬해서 작품이 완성되는 순간은 저 끝에 이는 빛을 향해 나아가는 그런 느낌 같은 거군요. 그러니까 뭔가 이렇게 완벽하게 그 빛을 딱 쥐고 쓰는 타입의 작가도 있는 것 같은데 같이 인물과 함께 고민하면서 하나하나 써나가시는 타입이셔서 이렇게 돌아보면 또 그 소설을 똑같이 그렇게 쓰기는 힘든 그런 타입이시라고 이해를 할 수도 있겠네요.

한강 네 전체적으로 장을 배열하고 어떤 느낌으로 진행될 거다, 그리고 나는 이런 질문을 던질 거다. 라는 그런 생각을 가지고 있지만 막상 소설이 시작되고 나면 언어를 가지고 쓰는 거기 때문에 항상 그때그때 싸움이 되는 것 같아요.

—『문학동네』와『네이버』가 함께하는 대담 생중계(2016년 7월 20일) 중 일부

연습 문제 10

주변의 친구들과 교양필수 과목에 대한 자신의 견해를 대담 형식으로 진행해 보자.

② 좌담하기

좌담은 여러 사람이 한자리에 모여 앉아서 어떤 문제에 대하여 의견이나 질문을 나누는 일, 또는 그러한 이야기로서의 말하기이다. 대부분 정해진 주제에 대한 전문적인 안목과 지식을 갖춘 이들로 구성되는 경우가 많아 문제 해결 방안의 좌표를 제시하면서 마무리를 하게 된다.

한글춤에 대한 인식 증대와 M 극장의 새 기능과 과제

이숙재 먼저 한글춤 공연과 연관해 얘기해 보도록 하겠습니다. 공연 횟수로서는 16회째이지만 이 행사를 꾸려나간 것도 벌써 17년이 되어 가고 있습니다. 여기서 얻었던 것은 크게 두 가지라고 하겠습니다. 하나는 그 공연을 매해 치루면서 특히 처음 시작했던 밀물의 무용수들이 당시 신진에서 이제는 중진이 반열에 오를 정도로 즉 우리 전문 무용수로서의 기량과 존재감이 한층 높아진 것이고, 둘째는 이 공연에 대해 관심을 기울인 이들이 한글학자라든지 기타 여러 넓은 문화계의 인사들이어서 우리 춤계에서는 전혀 만날 수 없었던 이들을 우리의 고정 관객층이자 지원자로 끌어들일 수 있었던 것입니다. 반면 행

사를 치르면서 한두 가지 서운한 것은 이 공연이 매해 거의 같은 시기에 되풀이되다 보니 특히 평단이나 언론에서 그때쯤이면 으레 하는 행사 정도로 간주해버리면서 사실 1년 간 여러 방식으로 쏟는 우리들의 노력에 대한 평가가 점점 줄어드는 것, 더불어 이 공연이 무슨 문화정책 사업이 되어 상당한 지원을 매번 국가로부터 받는 것처럼 오해되어 으레 우리 공연을 "어디에서나 지원받는 공연"으로 쉽게 간주해버리는 것입니다. 물론 지원받을 때도 있지만 지원받지 못할 때도 그간 많았는데, 그러나 계속 그 공연을 할 수 있었던 것은 유독 이 공연만 하면 적지 않은 관객들이 예매를 해주었고 또 공연을 계기로 그간 알지 못했던 여러 문화계 인사를 만날 수 있어서였습니다. 사실 그러한 점 때문에 우리가 지원받아야 하는 한두 군데 지원심사에 서류를 내면 마치 특혜를 받는 부자 무용단체 같이 취급되어 여러 번 거부를 당하기도 했습니다. 말하자면 한 가지 행사 때문에 여러 가지 지원을 못 받게 된 것이죠. 그러나 최근 보람을 느끼는 것은 한글의 독창성에 대한 국내외의 관심이 고조되어 가면서 이 공연이 단순히 춤예술의 이슈가 되는 것이 아니라 일종의 사회적 이슈로 받아들여져서 "춤과 한글 의 만남"이라는 특별한 이색적인 관심, 그 이상을 보여주고 있는 것입니다. 그러한 의미 에 있어서 우리의 춤작업은 의미 있었고 선구적이었다고 봅니다. 물론 이 공연으로 서 울무용제에서 대상(1993년 〈신용비어천가〉)을 타기도 했지만 최근 우리의 관심을 이제 독립적인 작품으로서 어떤 완성도를 더 꾀해 봐야겠다고 느끼고 있습니다.

김태원 이때까지의 공연은 나름대로 예술적 시도와 함께 한글의 존재를 알리기 위한 이벤트 적 성격이 강했는데 이번 공연에서는 그간의 모든 노력과 시도가 응축되어 매우 현대 적인 느낌을 주고 있었습니다. 춤테크닉의 측면에서 반복을 줄이면서 한층 간결해졌고 전체적인 장면의 구축도 훨씬 견고해진 것 같아 보였습니다. 그간의 한글춤 공연을 거치면서 어떤 이슈상, 미학상 변화가 시기마다 달랐을 것 같은데……. 나는 몇 번 평문에 서 썼지만 전체적으로 봐서 한글춤 공연은 '우리의 현대춤사에서 특이하게 이벤트성을 곁들인 추상적 춤미학의 구축, 혹은 그 스펙터클화'라고 보고 있습니다.

이해준 저는 지난 1990년대 초반부터 주역으로 이 공연에 참여했습니다. 그래서 우리의 공연을 쭉 나름대로 관찰했는데 초반에는 주로 현대무용 동작 혹은 훈련된 몸을 통해 '한 글의 형상화' 작업에 주력했습니다. 말하자면 춤으로, 혹은 몸으로 그릴 수 있는 한 글의 모습을 보여 주었던 것이죠. 이어 90년대 중반 이후부터는 그러한 것을 나름대로 무대언어로 기호화 시키는 작업을 해보았고, 그 결과 2000년을 전후해서는 컴퓨터를 이용한 애니메이션 이미지 등을 이용해 일종의 멀티미디어화에 도전했습니다. 더불어 댄스시어터라든지 버라이어티쇼와 같은 형식을 빌어 이 춤 공연과 대중과의 교감을 높이려 했습니다. 이번에도 '태극기'라는 포괄적인 문화적 공감대를 이용해 보았는데 실제 보는 이들은 공연의 형식적 세련성을 많이 언급하고 있는 것 같습니다. 이것은 최근 세대교체가 이뤄지면서 그간의 인적, 기술적 축적이 뒷받침되었기 때문이 아닌가 합니다. 따라서 이제는 미학적, 상품적 브랜드로서의 한글춤도 생각해 봐야 하지 않는가 합니다.

—『공연과 리뷰』, 2006. 겨울.

연습 문제 11

중고등학교 과정에서 진행되고 있는 예술교육의 현실적 상황과 그에 대한 문제점과 개선점을 좌담 형식으로 진행해 보자.

지극히 일상적인 인터뷰, 참으로 특별한 인터뷰 – 인터뷰의 실제와 평가

■ 인터뷰 평가표

인터뷰 날짜 :	인터뷰 주제 :
인터뷰어 :	인터뷰이 :

평가 항목	인터뷰어 평가 의견	인터뷰이 평가 의견	평가 점수
1 인터뷰를 시작하면서 인터뷰 주제와 의미를 잘 전달했는가?			1 2 3 4 5
2 인터뷰 자료는 근거가 정확한가?			1 2 3 4 5
3 인터뷰의 목적과 중요성을 알고 적극적으로 참여하였는가?			1 2 3 4 5
4 특정 의견에 개입하지 않고 전체적으로 활기차게 인터뷰를 진행하였는가?			1 2 3 4 5
5 인터뷰 주제에 관해서 다양한 지식과 경험을 대화에서 활용하였는가?			1 2 3 4 5
6 말을 할 때 발음이나 억양에 문제는 없었으며 태도는 자연스러운가?			1 2 3 4 5
7 결론을 요약하고 논점을 정리해서 인터뷰를 잘 끝냈는가?			1 2 3 4 5
그 외 논평 평가자 :			총점 점

■ **인터뷰 자가 점검표**

인터뷰 날짜 :	인터뷰 주제 :
인터뷰 목적 :	이름 :

점검 항목		답변
1	인터뷰 자료를 모을 때 아쉬웠던 점은 무엇인가	
2	상대방과의 인터뷰 내용은 예상했던 것인가	
3	언론매체에서 인터뷰 기사를 보았을 때 인터뷰 의도와 실제 인터뷰 내용이 어떠했는가	
4	나의 전공 분야에서 가능하다고 생각되는 인터뷰가 있으면 어떻게 하는 것이 효과적인가	
5	지금 인터뷰를 한다면 나는 얼마나 자신이 있는가	
6	나는 어떤 인터뷰를 원하고 있고, 그 이유는 무엇인가	

2.2.2. 면접

1) 면접의 개념

대학생들에게 가장 현실적으로 필요하면서도 필수적으로 당면할 수밖에 없는 인터뷰 형식이 있다면 다름 아닌 '면접'일 것이다. 아르바이트를 위한 것이든 동아리에 가입하기 위해서든 대학원 진학을 위해서든 취업을 위해서든 우리는 '면접'이라는 관문을 통과해야만 한다. 그만큼 우리들에게 중요한 인터뷰의 한 종류가 바로 '면접'이다. 특히 대학 졸업을 목전에 두고 취업을 준비하는 학생들의 경우에는 자소서 만큼이나 면접과정이 중요할 수밖에 없다. 서류나 자소서 단계에서 합격을 했더라도 면접에서 좋은 인상을 주지 못한다면, 최종적으로 합격할 수 없다. 무엇보다 여러 번 반복해서 수정하고 보완할 수 있는 서류 전형과 달리 면접은 예측하지 못한 상황이 발생하거나 시간이 되돌려 다시 시도할 수 없다는 점 때문에 더욱 철저한 연습과 준비가 필요하다.

면접이란 기업과 입사지원자 간에 이루어지는 첫 대면이다. 기업의 입장에서는 회사의 발전에 도움이 될 수 있는 인재를 고르는 것이 되고, 지원자 입장에서는 말과 행동을 통해 자신의 인품과 능력을 회사 측에 최대한 전달하여 채용되기를 기대하는 장이 된다. 따라서 면접이라는 제한된 시간의 특정한 장소에서 지원자의 창의력, 업무 추진력, 사고력, 성격 등을 파악하는 인물 시험이 되는 것이다. 면접의 유형은 여러 가지이지만 여기서는 프레젠테이션 면접, 즉 발표 면접에 주목하고자 한다.

프레젠테이션 면접은 요즘 많이 채택되고 있는 면접 형식으로 실무를 담당하는 부장, 과장 등으로 면접관이 구성되는 것이 보통이며 지원자의 의견을 말하게 하는 방식이다. 동일한 주제에 대한 찬반 토론 형태의 집단 토론을 대체하는 새로운 방식이다. 여러 주제 중 지원자가 가장 자신 있는 것을 골라서 약 5분에 걸쳐 설득력 있는 주장을 펼치도록 한다. 이때 지원자의 지식과 경험이 동원되므로 지원자의 문제 해결 능력, 창의성, 전문성 등이 평가된다. 따라서 지원자는 설득해야 할 대상이 누구이며 그 대상이 무엇을 생각하고 원하는지를 파악해야 한다. 또한 자신의 의견에 대한 의문이 들지 않도록 짜임새 있고 충실하게 해야 한다.

면접상황에서 주로 다루는 내용을 정리하면 다음과 같다.

① 가정환경은 어떠한가

사람이 성장한 가정환경은 그 사람의 삶에 막대한 영향을 미친다. 가정환경을 알아보기 위해서 면접관들은 부모님의 교육방침은 무엇인가, 귀하가 부모님에게서 영향을 받은 것은 무엇이라고 생각하는가와 같은 질문을 던진다.

② 학창시절은 어떠했는가

학창시절에 대한 질문은 지원자가 학창시절에 무엇에 관심을 가졌는지, 대인관계나 사회성은 어떠한지를 알아보고자 하는 것이다. 이를 위해 면접관들은 학창시절에 기억에 남는 것이 있다면, 지난여름 방학 동안에 무엇을 했는가와 같은 질문들을 던진다.

③ 성격은 어떠한가

개인의 성격은 회사에 입사하여 업무를 수행하는 데 중요한 바탕이 된다. 협력적이고 적극적인 성격이 자신의 업무를 성공적으로 수행하는 데 필수적이기 때문이다.

④ 인간관계에 있어서 가장 중요한 것은 무엇인가

사람들과 협조해 나가려면 무엇이 가장 중요하다고 생각하는지 묻는 질문이다.

⑤ 조직에 잘 적응할 수 있는 능력을 가졌는가

이러한 평가는 상사나 동료와의 관계에 관련된 문제, 또는 힘들고 어려운 과제를 부여받았을 때 어떻게 하겠는가 등의 문제를 통해 제시된다. 대표적인 예는 상사와 의견이 다를 때 어떻게 극복하겠는가나 회사 내에서 부조리한 상황을 목격했을 때 어떻게 대처하겠는가와 같은 것이 있다.

⑥ 가치관과 목표가 무엇인가

이러한 평가를 위한 질문의 예로는 우리 회사를 지망하게 된 동기는 무엇인가, 우리 회사 외의 다른 회사에 취직시험을 본 적이 있는가 등이다.

⑦ 신속하고 정확한 판단력의 소유자인가

우리 회사에 불합격된다면 어떻게 하겠는가와 같은 질문을 던져서 위기상황을 통해 지원자의 신속하고 정확한 판단력을 측정하려고 한다.

⑧ 기본자세와 용모는 어떠한가

면접관은 전반적인 인상뿐 아니라 걷는 모습, 앉은 자세, 대답하는 행동 등을 통해 예의, 용모, 발전성, 안전성 등을 파악한다. 특히 면접상황은 상대에게 드러나는 첫 인상인 만큼 신뢰할 수 있고 예의바른 모습이 중요하다.

2) 면접의 유형

면접은 상황과 필요에 따라 다양한 형태로 진행된다. 일상적으로는 아르바이트나 동아리처럼 비교적 작은 규모로 진행되는 면접도 있고 인턴쉽이나 취업 같은 체계적이고 규격화된 면접도 있다. 최근 들어서는 원격으로 진행되는 비대면면접도 많이 늘고 있는 추세이다. 우리 책에서는 다양한 면접의 유형 중에서도 대표적으로 많이 사용되고 있는 몇 가지를 정리해보고자 한다.

① 개인 면접

개인 면접에도 여러 방식이 있지만 대표적인 방식은 일대일 면접 방식과 다 대 일 면접 방식이다. 면접관과 지원자가 마주 앉아 질문과 응답을 주고받는 가장 보편적인 면접방식으로 지원자의 특성을 조목조목 관찰할 수 있는 방식이다. 시간이 많이 소요되고 면접관의 주관이 개입될 수 있으며 심층면접을 진행할 수도 있으므로 자기함정에 빠지거나 거짓말을 할 위험이 있다. 따라서 적극적인 태도와 편안한 태도를 유지하면 자연스러운 대답을 하는 것이 실수를 예방하는 방법이다.

② 집단 면접

일 대 다수로 진행하는 면접방식으로 면접관과 여러 명의 지원자가 함께 면접을 보는 방식이다. 같은 질문을 여러 명의 지원자에게 함으로써 시간을 절약할 수 있으며, 똑같은 질문으로 다른 대답을 하여 면접관은 평가의 객관성을 유지할 수 있고 지원자는 다른 지원자와 차별화된 대답을 함으로써 좋은 영향을 미칠 수 있다. 집단 면접에서 유의해야 할 점은 다른 면접자가 질문에 대한 대답을 하고 있을 때 자신이 할 대답에만 집중하는 것이 아니라, 대답하고 있는 지원자의 말에 경청하는 태도를 보여줘야 하며, 면접관과 계속하여 눈을 맞추는 노력을 해야 한다는 것이다.

③ 토론 면접

집단토론 면접은 면접관들이 다수의 지원자들에게 특정 주제를 주어 지원자들끼리 일정 시간 동안 토론을 하게하고 면접관들은 토론 과정에서 지원자들의 토론을 벌이는 태도를 평가하는 형식의 면접이다. 토론 과정 속에서 지원자의 리더십, 논리력, 사고력, 협동성, 설득력, 다른 지원자의 말에 경청하는 태도와 등을 평가하여 점수를 부여한다. 집단토론 면접의 주제는 사회에서 이슈가 되는 일이나 전반적으로 일어나는 일들이 주어지기 때문에 지원자는 평소에 사회 전반에 일어나는 일에 대하여 유의 깊게 관심을 가져야 한다. 집단토론은 주로 찬반토론으로 이루어지며 자신의 찬반여부와는 관계없이 팀이 정해진다. 따라서 자신의 견해와 맞지 않아도 팀과 융화되어 명확한 결과를 이끌어낼 수 있는 조직력과 리더십을 보여주는 것이 좋다.

④ 프레젠테이션 면접

대기시간에 지원자에게 여러 개의 주제 중에서 직접 고르도록 하여 일정 시간 후 해당 주제에 대한 지원자의 견해를 서론, 본론, 결론으로 나누어 면접관에게 발표하는 면접이다. 짧은 시간 내에 문제를 정확히 파악하여 발표를 할 수 있는 순발력과 문제 해결능력이 필요하며 자신의 논리를 통하여 면접관들을 설득할 수 있어야 한다. 또한 발표가 끝난 후, 면접관들의 반론에 대하여 무조건 자신의 주장을 내세우기보다는 반론을 수용하며 자신의 주장을 관철해야 한다. 이를 통하여 면접관은 지원자의 문제 해결능력과 전문 지식, 창의력을 평가한다.

⑤ 압박 면접

압박 면접은 지원자의 약점을 잡아 직설적이고 공격적으로 질문함으로써 심리적 압박을 가하여 지원자를 난처하게 만들거나 긴장 상태로 만들어 지원자가 어떠한 반응과 답변을 하는지 평가하는 면접 방식이다. "영어 점수가 왜 이리 낮은가?", "학점은 왜 이리 낮은가, 성실하지 않은 것 아닌가?" 등의 지원자의 약점을 드러내거나 대답하기 난감한 질문을 함으로써 지원자의 정직한 답변과 스트레스에 대한 지원자의 인내력과 판단력을 평가하게 된다. 따라서 지원자는 인내심을 갖고 당황스러운 표정이나 대답을 여유 있게 대처하는 모습을 보여주어야 한다.

⑥ 다차원 면접

면접장에서 질문과 답변을 주고받는 기존의 면접을 진행하는 방식이 아니라 지원자와 면접관이 함께 회사 밖에서 하루 종일 함께 보내면서 합숙생활이나 미션, 다양한 상황 들을 지원자에게 주어 어울리는 과정을 평가하는 면접이다. 각 상황에 대처하는 지원자의 태도를 관찰함으로써 지원자의 자연스러운 모습과 평소

언행, 인간성 등을 평가할 수 있다. 이러한 자유스러운 분위기로 인해 자신이 면접을 보고 있다는 사실을 잊을 수 있으므로 면접상황임을 충분히 인식하며 다차원 면접에 참여해야 한다.

3) 면접의 기술

면접상황에서 무엇보다 중요한 것은 솔직함과 자신감이다. 과도하게 자신을 드러내거나 치장하려는 태도는 오히려 부자연스러워 보이거나 억지스럽다는 인상을 줄 수 있다. 잘 보여야 한다는 강박으로 인해 과장되거나 거짓되게 말한다면 실수할 확률이 높아진다. 있는 그대로의 자신을 보여준다는 태도와 자신의 삶이 당당하다는 자신감을 바탕으로 자연스럽게 대답하는 것이 중요하다. 면접도 일종의 '대화'이기 때문에 아무리 철저하게 준비하고 연습했다고 해도 단순히 정답을 맞힌다거나 준비한 내용을 대사처럼 전달해버리는 것이 아니라 자연스럽게 주고받아야 한다. 몇 가지 문항에 맞춰 대답을 작성하고 암기할 수도 있겠지만, 그런 경우 예상하지 못한 질문이나 심층질문이 나왔을 때 오히려 당황해서 충분히 알고 있는 내용도 대답하지 못할 수도 있다. 따라서 면접은 지나치게 특정화하거나 표적화해서 연습하는 것보다는 자기 자신과 지원하는 회사에 대해 충분히 파악하고 인지하는 포괄적인 태도로 준비하는 것이 좋다.

몇 가지 기준을 중심으로 면접 시 중요한 유의사항에 대해 살펴보자.

① 질문에 대답할 때는 결론부터 이야기한다. 글을 읽을 때도 그렇지만 대화 상황에서도 시작 부분에 집중력이 가장 좋을 수밖에 없다. 또한 핵심적인 내용을 언급하지 않고 장황하게 중언부언한다면 면접관 입장에서는 정확하게 요지를 파악하지 못할 확률이 높다. 가장 중요하거나 핵심적인 내용을 먼저 언급하고 필요한 경우에 부연설명을 하는 것이 좋다.

② 질문에 대답할 때는 짧고 간결하게 한다. 비록 자신에 대해 자세하고 다양하게 전달하고 싶을 수도 있지만, 일단 대답 자체는 간결하게 하는 것이 좋다. 내용이 길어질수록 오히려 인상적이고 정확하게 자신의 생각을 전달하기 어렵다. 만약에 대답이 부족하거나 흥미로운 부분이 있다면 면접관 입장에서 추가질문을 통해 정보를 얻을 것이다. 결국 자신감 있는 태도는 분명하고 명확한 답변에서 나온다.

③ 질문의 의도를 파악해야 한다. 아주 간혹 너무 긴장한 나머지 질문의 의도와는 다른 답변을 하는 경우가 있다. 앞서도 언급했듯이 면접 역시 대화의 일종이다. 대화를 할 때 상대의 말을 성의 있게 잘 경청하는 것이 중요하듯이 면접 상황에서도 면접관이 어떤 질문을 하고 싶은 것인지 분명하게 파악해야 한다. 아무리 그럴싸한 대답을 하더라도 질문의 내용과 동떨어진다면 결코 좋은 대답이라고 할 수 없다.

④ 대상과 상황에 따라 올바른 경어를 사용한다. 과도하게 저자세거나 사물이나 개념어까지 존칭을 할 필요는 없지만, 예의바르다는 인상을 주기 위해서는 반드시 경어를 사용할 필요가 있다. 면접상황에서 과도하게 긴장할 경우 말끝을 흐리거나 상대를 지칭할 때 혼동할 수 있다. 명확하고 정확하게 서술어미를 표현하고 상대를 정확하게 호명한다면 충분히 예의바르다는 인상을 줄 수 있다.

⑤ 밝은 표정과 자신감 있는 태도가 중요하다. 언뜻 별거 아닌 기술 같지만 처음 접해보는 현장 상황에서 무엇보다 어려운 것이 밝은 표정과 자신감이다. 낯설고 긴장할 확률이 높은 면접상황에서 의연하고 편안한 태도를 유지하는 것은 엄청난 내공이 필요한 것도 맞다. 완벽하게 잘 하겠다고 생각하기보다는 있는 그대로의 자신을 가감 없이 보여주겠다는 마음으로 편안하게 임한다면 충분히 밝고 자신감 있는 태도가 가능할 것이다.

⑥ 집단면접의 경우 다른 사람의 답변도 경청한다. 혼자서 면접을 보는 경우라면 상관없겠지만 만약 다른 면접자와 동석했을 경우에는 자신의 대답만 신경 쓰는 것이 아니라 다른 면접자의 말도 주의 깊게 듣고 있다는 태도를 보여주는 것이 좋다. 회사를 비롯한 대부분의 집단은 함께 일할 수밖에 없으며 소통과 협력이 중요하다. 때문에 내 생각이나 내 대답에만 연연하는 것 보다는 주변 상황에도 충분히 관심을 기울이는 모습이 필요하다.

TIP

면접 시 유용한 팁

면접 시간은 반드시 지키자

면접에 지각을 한다면 평소에도 시간관념을 지키지 않는 사람으로 간주되므로 면접시간보다 조금 일찍 도착하는 것이 좋은 인상을 줄 수 있다. 여유 있게 나와서 회사 주위를 관찰하는 것도 긴장을 푸는 데 도움이 될 수 있다.

바른말을 사용하자

면접 중에 긴장하여 은어나 속어를 구사하는 경우가 종종 발생한다. 어투는 면접에서 면접관들이 유심히 체크하는 부분으로써 이와 같은 말투는 교양 없는 사람으로 인식되기 때문에 감점 요인으로 크게 작용한다. 따라서 면접을 준비할 때에는 위와 같은 말을 쓰지 않도록 신경을 써야 한다.

긴장한 모습을 들키지 말자

많은 사람들이 긴장을 하면 다리를 떤다거나 머리를 만지거나 혀를 내미는 습관을 가지고 있다. 이러한 모습들은 미숙한 인상을 줄 수 있기 때문에 좋지 않다. 질문에 대한 대답이 자신이 없더라도 침착하고 당당한 태도로 대답하는 것이 좋다. 면접관은 질문에 대한 대답보다는 지원자의 태도를 더욱더 높게 평가한다.

답변은 가급적 간결하게 하자

당황스러운 질문을 받게 되면 정리되지 않은 상태에서 대답을 하게 되어 답변이 장황해진다. 면접관은 지원자가 하고자 하는 말을 이해하지 못하게 되고 지원자가 말하고자 하는 바를 파악할 수 없다. 따라서 당혹스러운 질문을 받아도 2, 3초 간 빠르고 신중하게 말하고자 하는 바를 정리하고 대답하도록 노력하자. 먼저 결론을 말하고 그 다음에 결론을 뒷받침하는 형태로 대답하여 대화를 끌고 나가야 한다.

자기소개와 관련 없는 말은 자제하자

일관된 이야기를 하되, 자기소개서를 바탕으로 신뢰성이 있는 이야기를 해야 한다. 거짓되고 허구적인 내용을 말하게 되면 신뢰성이 떨어질 뿐만 아니라, 면접관이 의심스럽게 생각하여 압박 질문을 할 수 있다.

회사를 나오는 순간까지 면접은 끝이 아니다

면접이 끝난 후 면접장에서 나오기도 전에 긴장을 풀은 모습을 보이거나 큰소리를 내는 경우 감점요소가 될 수 있다. 면접관들은 여러분의 모습 하나하나를 유심히 관찰하므로 회사를 벗어날 때까지 면접이 끝난 것이 아니니 끝까지 단정한 모습을 보이는 것이 좋다.

— 충청대학교 취업정보센터

연습 문제 12

면접을 위한 자기소개를 준비해보자.

1) 성장과정에서 자신에게 가장 많은 영향을 미친 인물은 누구인가? 어떤 영향을 어떻게 받았는가?
2) 인생에게 가장 잘한 선택과, 반대로 가장 후회하는 선택이 있다면 무엇인가?
3) 기억에 남는 책이나 영화, 혹은 드라마가 있다면 무엇인가? 어떤 점이 어떻게 인상적이었는가?
4) 자기 자신을 사물에 빗대어 표현한다면? 왜 그 사물을 선택했는가?
5) 입사 후에 이루고 싶은 꿈이나 인생의 궁극적인 목표가 있다면 무엇인가?
6) 삶에서 힘들고 어려운 순간이 온다면 어떻게 극복할 수 있을까?
7) 한 달 후의 자신과, 10년 후의 자신은 어떤 모습일 것 같은가?

3

대화의 절차와 기법

3.1. 대화의 절차

3.1.1. 대화 시작하기

모든 일이 그렇듯 대화에도 나름대로의 절차가 있다. 물론 엄격한 분위기의 대화가 아닌 이상 절차를 까다롭게 지켜야 하는 것은 아니지만, 상대방에 대한 예의를 갖추면서 효과적인 대화를 하려면 어느 정도는 순서를 지켜나가는 것이 바람직하다.

대화는 크게 시작, 전개, 마무리의 세 부분으로 구분된다. 시작 단계는 대화 참여자들이 서로 간단하게 인사를 하면서 화기애애한 분위기를 만드는 과정이다. 가까운 관계일 경우에는 시작 단계가 생략되는 경우도 있지만 가능하면 가벼운 인사라도 나누고 안부를 묻는 등의 노력을 하는 것이 바람직하다. 특히 처음 만나는 사람들 사이에서는 이 시작 부분이 매우 중요하다. 서로에 대한 첫인상을 결정지을 수도 있기 때문이

다. 따라서 처음 만나 대화를 나눌 때에는 먼저 인사를 한 후 자신을 소개하고 만남에 대한 반가움을 표현할 필요가 있다.

예시 11

남자 : 안녕하세요.

여자 : 안녕하세요.

남자 : 이렇게 만나 뵙게 돼서 반갑습니다. 그런데 직업이 어떻게 되세요? 학교는 어디 나오셨나요? 가족관계는요?

여자 : 예? 저는……. 그런데 저희 아직 통성명도 안하지 않았나요?

남자 : 아, 그러네요. 저는 김상철입니다. 그쪽은요?

여자 : 만나서 반갑습니다, 상철 씨. 저는 한지연이라고 합니다.

남자 : 나이가 어떻게 되시나요, 지연씨? 그리고 무슨 일 하고 계신가요? 지금 어디 사세요?

여자 : 예? 그러니까 저는…… 그게…….

위 예문은 남자와 여자가 소개를 받고 처음 만나는 자리이다. 그런데 남자는 가장 기본적인 예의이자 단계인 통성명조차 하지 않고 취조하듯이 여자의 신상을 묻는다. 그러자 여자가 이름을 묻는 것이 먼저 아니냐고 반문하고 그렇게 서로의 이름을 알게 된 다음에도 남자는 다시 여자에게 질문을 퍼붓는다. 서로 알던 사이도 물론이지만 초면일 경우에는 예의와 절차가 더욱 중요하다. 아무리 서로에 대해 알고자 만난 소개팅 자리라고 해도 남자의 이런 태도는 거부감과 경계심을 부추길 수밖에 없다. 다음 장면을 보지 않더라도 두 사람의 소개팅이 성공적으로 진행되지 않았을 것 같다는 예상이 가능하다.

대화의 시작에서는 대단한 정보나 특별한 화제를 가지는 것보다는 자연스럽게 대화 분위기를 조성하고 대화에 대한 의지를 서로 전달하는 것이 중요하다. 그래야 본격적인 전개 과정으로 넘어가서도 편안하고 화기애애하게 대화를 유지할 수 있다. 그리고 첫 만남의 경우에는 상대에 대한 전반적인 인상을 가지게 되는 순간인 만큼 예의바르고 친절한 인사와 자기소개가 필수적이다.

3.1.2. 대화 전개하기

전개 부분에서는 대화의 핵심이 될 만한 내용들이 오고 가면서 대화의 목적에 해당하는 발화가 이루어진다. 물론 특별한 목적 없이 사소한 내용들만으로 대화가 전개될 수 있지만 상대에게 무엇인가 부탁을 하거나 정보를 얻기 위한 질문을 하는 등의 내용은 대화의 전개 부분에서 이루어지기 마련이다. 위 예시에 나오는 두 사람이 만약 자리를 박차고 나가지 않고 그 후에도 계속 대화를 이어나간다면, 남자의 그런 질문들은 자연스럽고 순차적으로 전개 과정에서 이루어질 만한 것들이다.

전개 부분은 전체 대화 중에서 가장 많은 시간이 소요되는 부분으로, 대화가 매끄럽게 전개되기 위해서는 대화 참가자들이 나름대로의 역할에 충실해야 한다. 상대방이 하는 말을 열심히 듣고 그것에 응수해서 자신의 생각이나 느낌을 표현하는 등 협력적인 태도를 보였을 때 대화 내용이 풍부해지며 대화 행위가 의미 있는 것이 된다. 상대방의 말에 불성실하게 대응하거나 진실하지 않은 말을 하는 것은 대화에 비협력적인 태도로 간주되어 상대에게 불쾌감을 주거나 겉도는 대화에 그칠 가능성이 커진다.

예시 12

1)

엄마 : 어젠 도대체 몇 시에 들어온 거니? 또 술 마셨니?

아들 : 네.

엄마 : 누구랑 마셨는데?

아들 : 친구랑요.

엄마 : 어떤 친구?

아들 : 중학교 때 친구요.

엄마 : 중학교 친구 누구?

아들 : 누구라고 하면 엄마가 다 알아요? 왜 이렇게 꼬치꼬치 물어요? 내가 거짓말하는 것 같아서 그러세요?

2)

엄마 : 어젠 도대체 몇 시에 들어온 거니? 또 술 마셨니?

아들 : 네.

엄마 : 누구랑 마셨는데?

아들 : 중학교 때 친구랑요.

엄마 : 오랜만에 만난 모양이네. 늦게까지 술을 마신 거 보면. 많이 반가웠나 보구나.

아들 : 서로 다른 학교를 다니다 보니까 얼굴 보기가 힘드네요. 우연히 만난 김에 반가워서 한 잔 했어요.

엄마 : 나이 들어가면서 생활에 쫓기다 보면 아무리 친한 친구라 해도 만나기가 쉽지 않지. 엄마도 친구들 못 만난 지 한참 된 것 같네. 어쨌든 친구 만나는 건 좋지만 너무 많이 마시지는 마라. 엄마가 이 나이 돼 보니까 젊었을 때부터 건강에 신경 쓰는 게 중요하더라. 요즘 술자리가 많은 모양인데 탈날까 걱정이다.

아들 : 네. 주의하고 조심할 테니까 너무 걱정 마세요. 엄마도 간만에 친구들 좀 만나고 그러세요. 집에만 계시지 말고…….

엄마 : 아이구, 엄마까지 챙겨주고. 우리 아들 다 컸네. 말이라도 그렇게 해 주니 고맙다.

위의 대화는 어느 집에서나 흔히 볼 수 있는 상황인데, 대화 참가자가 어떤 태도로 임하느냐에 따라 매우 대비되는 분위기를 형성하고 있다. 1)의 대화에서는 엄마가 아들의 대답에 만족하지 못하고 계속 질문함으로써 아들을 믿지 못하는 듯한 인상을 준다. 이로 인해 아들은 엄마의 말을 추궁으로 느끼고 반발하게 된다. 물론 아들 역시 엄마의 궁금증을 해소시킬 만큼의 충분한 정보를 주지 않았기 때문에 엄마의 질문을 계속 유발시킨 책임이 있다. 그에 비해 2) 에서는 엄마가 어느 정도의 선에서 질문을 멈추고 아들의 입장을 이해하는 말을 함으로써 훨씬 화기애애한 분위기로 대화가 전개되는 양상을 보인다. 그리고 아들도 그런 엄마의 배려를 이해하고 더욱 성실하게 대화에 임하고 있다.

대화를 하다 보면 여러 가지 이유로 원만하게 이어지지 않을 때가 있다. 남이 말할 때 건성으로 듣거나 성의 없이 반응하여 상대가 말할 의욕을 상실하는 경우도 있을 수 있고, 타인의 기분을 고려하지 않은 발언으로 인해 분위기를 망치는 경우도 있다. 또한 제멋대로 화제를 바꿔 깊이 있는 대화를 방해하는 사람도 있다. 대화는 내가 아닌 '타인'과 함께 하는 것이니만큼 상대의 생각과 입장에 대한 배려가 무엇보다 중요하다. 때때로 의견의 불일치가 생길 수도 있지만 대화 참여자끼리 서로 조금씩 더 노력하는 자세를 견지한다면 원만한 대화, 그리고 원만한 관계를 유지할 수 있을 것이다.

연습 문제 13

다음 대화는 친구들 사이에서 이루어지는 대화의 예이다. 예문에서 보듯 이 대화는 자연스럽게 전개되었다고 보기 어렵다. 그 이유를 대화의 전개과정과 연결해서 설명해 보자.

현정 : 오늘 축구 봤어?

효령 : 못 봤어.

현정 : 너 축구에 관심도 없지?

효령 : 응.

현정 : 어디가 이겼을 거 같아?

효령 : 몰라.

현정 : 너 뭐야? 우리나라 사람 맞아?

효령 : 아닌 것 같아.

현정 : 어제 한국이랑 일본이랑 했잖아.

효령 : 그래.

현정 : 어제 낮 오후에 했어.

효령 : 그래.

현정 : 그거 되게 중요한 시합이었어.

효령 : 응.

현정 : 너 그럼 우리나라가 월드컵 무슨 나라랑 하는지 알고 있어?

효령 : 몰라.

현정 : 진짜 몰라? 야, 진짜 말하기 싫어진다.

3.1.3. 대화 마무리하기

마무리 단계는 이전까지의 대화 상황을 정리하면서 작별 인사를 하는 부분으로 가까운 사이에서는 간단한 인사만으로도 충분하지만, 처음 만나 대화를 한 사이라면 함께 대화를 나눈 시간이 즐겁고 유익했다는 의미의 인사를 덧붙이는 것이 바람직하다. 상대방은 대화의 내용만이 아니라 대화를 하면서 내가 보여준 예절이나 배려 등을 통해 나에 대해 평가하기 때문이다. 따라서 원만한 인간관계를 형성하기 위해서는 끝까지 최선을 다하는 모습을 보여주는 것이 필요하다.

예시 12

남자: 오늘 재밌었나요?

여자: 네. 덕분에 즐거웠습니다.

남자: 저야말로 지연 씨 덕분에 기대했던 것보다 훨씬 좋은 시간 보냈습니다.

여자: 아니에요. 다 형철 씨가 준비하시고 말씀도 재미있게 하시고……. 저는 따라만 다녔는걸요.

남자: 속으로는 썰렁하다고 생각하신 거 아니죠?

여자: 아니요. 절대 아니에요. 정말 간만에 편하고 즐거운 시간 보냈어요.

남자: 그렇다면 다음에 또 봐주시는 건가요?

여자: 그럼요. 저야말로 다음에 또 뵙고 싶은걸요.

위 예문은 대화의 마무리 부분으로 만남에 대한 긍정적인 평가로 대화를 정리하고 있다. 전반적인 대화 과정이 어땠는지 물어보고 상대의 평가에 귀 기울이는 태도는 다음에도 그 상대와 지속적으로 대화하고 싶다는 생각이 들도록 한다. 예문에 등장하는 두 사람이 대화를 전개해가는 과정은 보지 못했지만 둘이 서로를 배려하며 호감을 가지고 원만한 대화를 유지해 왔음을 알 수 있다. 그리고 마무리 단계에서 함께했던 시간이 어땠는지 물어보는 과정을 통해서 둘의 대화가 다음에도 지속될 수 있음을, 그리고 보다 발전적인 관계가 될 수 있음을 예상할 수 있다.

대화의 마무리는 단순히 대화를 평가하고 끝낸다는 의미만 가지는 것이 아니라 대화 종료 후에 대화 참여자 간의 사회적 관계가 어떻게 변화할지, 그리고 서로에 대한 감정에까지 영향을 미치기 때문에 중요하다.

연습 문제 14

다음 장면은 대화의 시작 – 전개 – 마무리의 세 단계가 나타나 있다. 이 대화를 세 단계로 구분해 보자.

후배 : 안녕하세요?

선배 : 어, 안녕. 은정아 도서관에 웬일이냐?

후배 : 오빠, 리포트 쓰셨어요?

선배 : 아니, 아직 ……. 넌?

후배 : 저도 아직 안 썼죠. 오빠, 언제 쓰실 거예요?

선배 : 어떻게 써야 될지도 모르겠어.

후배 : 그냥 자기가 친구나 가족들이랑 대화한 거 그대로 옮겨서 쓰고, 그거 대화 스타일 분석하면 되는 거 아니에요?

선배 : 그래? 넌 언제 할 거야?

후배 : 오늘이나 내일이요.

선배 : 나 리포트 때문에 머리가 아프다. 오늘은 그냥 잘까 봐.

후배 : 오빠 왜 이러세요. 오늘 조금이라도 꼭 쓰세요. 그리고 내일 학교 좀 일찍 오세요. 저도 일찍 가 있을게요.

선배 : 그래? 알았어.

후배 : 그럼, 내일 뵙겠습니다.

선배 : 어, 내일 보자.

3.2. 대화의 전략

3.2.1. 언어적 전략

1) 자신감을 가지라

대화를 잘하기 위해서는 먼저 대화에 대한 적극적인 자세가 필요하다. 아무리 가까운 사람들과 나누는 사소한 대화라 할지라도 관심을 가지고 참여하는 것이 필요한데 이를 위해서는 먼저 대화를 즐길 줄 아는 태도와 함께 대화에 대한 자신감을 가져야 한다. 자신감은 특히 잘 모르는 사람과 대화할 경우 더욱 중요한 요소라 할 수 있다. 나도 다른 사람과 어울려 즐겁게 이야기를 나눌 수 있다는 자신감이 있어야 대화에 좀 더 적극적으로 개입할 수 있으며, 목소리나 표정을 통해서도 좋은 인상을 남길 수 있기 때문이다. 이때 주의할 것은 지나친 자신감으로 인해 잘난 척하는 것으로 보이는 태도는 경계해야 한다는 점이다. 대부분의 사람들은 자신감 있는 사람에 대해서는 호감을 갖지만 잘난 척하는 사람의 말은 귀담아듣지 않기 때문이다.

2) 긍정적인 표현을 사용하라

평소에 긍정적인 표현을 자주 사용하는 것도 원만한 대화를 위한 좋은 자세라 할 수 있다. 말에는 그것을 사용하는 사람의 성격이나 가치관, 교양 수준 등이 고루 표현되게 마련이어서 낙천적이고 명랑한 사람은 평상시에도 긍정적인 표현을 많이 쓰지만, 매사에 부정적이고 비관적인 사람은 말 또한 부정적인 표현을 많이 할 수밖에 없는 것이다. 긍정적인 표현을 자주 사용하는 것은 자신의 성장·발전을 위해서도 중요하지만 나아가 타인에게도 긍정적인 영향을 미친다는 점에서 더 큰 가치가 있다. 이러한 긍정적인 말의 힘을 보여주는 좋은 사례가 있다.

전 제너럴 일렉트릭의 회장이었던 잭 웰치는 어렸을 때 말을 많이 더듬었는데 그 때문에 친구들에게 놀림을 받고 주눅이 들어 어머니께 고민을 이야기했다고 한다. "엄마, 왜 저는 친구들처럼 말을 잘하지 못하고 더듬을까요?" 이때 그의 어머니는 "너는 너무 머리가 좋아서 혀가 머리를 못 쫓아가는 거야."라고 대답했다고 한다. 자신감을 잃은 아들에게 오히려 자신감을 갖게 하는 말을 해줌으로써 그가 세계적인 기업가로 성장할 수 있도록 한 것이다. 이처럼 긍정적인 표현은 긍정적인 사고로부터 나오는 것이다. 따라서 평상시에 밝고 건전한 사고를 하려는 노력과 함께 그것을 긍정적으로 표현하는 훈련도 해보는 것이 바람직하다.

3) 대화를 끝말잇기처럼 이어가라

또 대화를 할 때 중요한 것은 대화를 끝말잇기처럼 이어가야 한다는 점이다. 대화를 하다 보면 갑자기 이야기가 끊겨 아무도 입을 열지 못하고 침묵으로 일관하는 때가 있다. 아무리 가까운 사이라 하더라도 이러한 침묵은 마음을 불안하게 하고 답답하게 한다. 이렇게 대화가 끊기는 것은 마땅히 할 말이 없어서인 경우도 있겠지만 대화에 열중하지 않아서일 수도 있다. 따라서 상대가 말할 때는 그에 대한 자신의 생각과 느낌을 정리하면서 듣다가, 상대의 말이 끝나면 자연스럽게 이어나가는 것이 대화를 활기 있게 진행시키는 방법이 될 것이다.

4) 칭찬하고 배려하라

대화가 상대와의 상호작용을 통해 전개되는 것이니만큼 상대에 대해 관심을 보이는 태도는 매우 중요하다. 그리고 사소한 점이라도 상대가 가진 장점을 부각시키면서 칭찬과 격려를 하는 것은 부드럽고 우호적인 대화를 만드는데 중요한 역할을 할 것이다. 예를 들어 소개팅에 나간 자리에서 다음과 같은 대화가 오간다면 여러분의 입장에서는 뭐라고 대답할 것인지 생각해 보자.

예시 15

민규 : 혹시 운동 좋아해요?

소희 : 좋아하지는 않지만 몇 달 전에 시작한 운동은 있어요.

민규 : 어, 그래요? 무슨 운동을 하는데요?

소희 : 태권도를 시작했어요. 요즘같이 위험한 시대에 호신술도 필요할 거 같아서요.

민규 : ______________________

개개인의 성격이나 사고방식에 따라 여러 가지 대답을 할 수 있을 것이다. "정말이요? 의외네요." "여자들이 잘 안하는 종목인데……. 너무 거칠잖아요." "태권도 조금 배운다고 정말 효과가 있겠어요?" 등등 다양한 반응이 나올 것이다. 그러나 "정말 멋지네요. 소희씨라면 충분히 잘 하실 수 있을 것 같아요. 저도 배우고 싶어지네요." 라고 칭찬해 준다면 아마도 심리적 거리를 좁히고 훨씬 가까워질 것이다. 칭찬을 싫어하는 사람은 거의 없을 것이다. 사실과 너무나 거리가 먼 칭찬일 경우에는 아부로 느껴져서 반감을 보일 수도 있겠지만 적당한 칭찬의 요령을 가지고 있다면 누구와의 관계에서도 긍정적이고 호의적인 대화를 유지할 수 있을 것이다.

5) 바르고 고운 표현을 사용하라

언어는 생활이다. 따라서 평소에 바른 말을 사용하는 습관을 갖는 것이 중요하다. 자신의 언어생활에 문제가 없다면 다행이지만 비속어를 자주 사용한다든가 문제가 있다면 좀 더 주의를 기울여 바르게 고치는 것이 좋다. 평소에 입에 밴 말은 무의식중에 표현될 수 있기 때문이다. 예쁘고 멋있게 치장한 사람들이 식당이나 카페에 앉아 온갖 욕설과 비속어를 섞어 대화하는 걸 보면 '저렇게 예쁘고 멋있는 사람들이 말은 왜 저리 거칠게 할까'하는 안타까움을 느끼게 된다. 때로는 바람직하지 못한 언어 표현이 비슷한 또래 사이에서는 유대를 느끼게 하고 공감대를 형성할 수도 있다. 그러나 그런 언어가 때와 장소, 상대를 가리지 못하고 사용된다면 본인이 가장 큰 타격을 입게 된다는 것은 자명한 사실이다.

내가 사용하는 말이 곧 나의 인격과 수준을 나타낸다는 사실을 염두에 두고 평소에도 바르고 예쁜 말을 사용하기 위해 꾸준히 노력해야 한다. 거칠고 바르지 않은 말로 인한 피해는 결국 스스로에게 돌아오기 마련이라는 사실을 잊지 말자.

예시 16

유선 : 어제 미팅은 어땠어? 재미있었어?

영희 : 와, 걔네들 존나 얼척없었어.

유선 : 왜? 어땠는데?

영희 : 생긴 건 대충 남친 재질인데 하는 짓이 영…….

유선 : 생긴 거랑 따로 놀아?

영희 : 서로 튀어보겠다고 나대는데 완전 꼴불견이었다니까. 생긴 건 존나 멀쩡해 가지고 약 먹은 것처럼 온갖 호들갑을……. 완전 어이상실이었다니까.

유선 : 너희가 마음에 들었나보네.

영희 : 관심 없어. 걔네만 삽질한 거지.

두 친구의 대화는 누가 들어도 과격하고 거친 표현들 때문에 다소 불편하다고 생각된다. 이런 표현들로 대화가 지속된다면 대화 참여자들의 인성이나 수준을 의심할 수밖에 없으며 대화 내용에도 신뢰를 가지기 어렵다. 대화는 무엇보다도 '언어'를 가지고 활용하며 자신의 생각과 감정을 전달하는 행위이다. 그렇다면 이 '언어' 자체가 가장 중요한 도구라 할 수 있다. 그만큼 자신이 사용하는 언어가 어떤지 관심을 가지고 가다듬는 훈련이 필요하다. 때로는 대단한 화제나 내용보다도 자신이 사용하는 단 한 단어 때문에 많은 것을 얻을 수도, 그리고 잃을 수도 있다. 내가 사용하는 언어가 나 자신임을 잊지 말아야 한다.

6) 말꼬리를 자르지 말라

사람들과 한창 대화에 열중하다 보면 누구나 흔히 저지르는 실수가 있다. 그것은 바로 상대가 말을 하고 있는데 말 끝나기를 기다리지 않고 내가 하고 싶은 이야기를 시작해 버리는 것이다. 이런 실수는 가까운 관계에 있는 사람들과의 대화에서 더 빈번하게 나타나는데 상대의 말보다 나의 말이 더 중요하고 긴급하다는 무의식에서 벌어진 일이라 할 수 있다. 따라서 말을 하다가 방해받은 상대방 입장에서는 어느 정도 불쾌함을 느낄 수밖에 없으며 이런 일이 너무 자주 반복된다면 대화에 의욕이 사라질 것이 자명하다. 자신이 먼저 하고 싶은 말이 있더라도 가능하면 상대의 말이 끝날 때까지 기다리든가 만약 급하게 이야기해야 하는 경우라면 말을 끊는 것에 대한 양해를 구하는 것이 좋다. 이러한 태도는 연장자와의 대화나 나보다 지위가 높은 사람과의 대화, 낯선 사람과의 대화에서 더욱 주의해야 한다.

예시 17

후배: 형, 제대한지도 얼마 안 됐는데 학교생활에 적응이 잘 돼요?

선배: 글쎄, 그 사이에 학교도 많이 변한 것 같고, 분위기도 많이 바뀐 것 같고, 아직 학기 초니까 (좀 더 지내 봐야지).

후배: 몇 학점 신청하셨어요? 이번 학기 수강 신청하는 거 장난 아니더라구요.

선배: 18학점 신청했지. 인기 강좌 좀 들어보려 했더니 경쟁이 엄청나서 (엄두도 내기 어렵더라).

후배: 그렇죠? 나도 듣고 싶은 게 몇 개 있었는데 하나도 성공 못했어요. 사람들이 어찌나 빠르던지……. 뭐가 듣고 싶으신데요?

선배: '해외 취업과 인턴십 개발'이나 '유쾌한 이노베이션'을 (듣고 싶은데 사람들이 많이 몰린 다고 하더라고).

후배: 아, 참. 형. 기다려 봐요. 수강정정 때 운 좋으면 신청할 수도 있을 거예요. 가끔 빠지는 사람들이 있대요.

가까운 관계의 사람과 이야기를 나누는 데 열중하다 보면 타인의 말을 중단시켜서는 안 된다는 것을 알면서도 곧잘 끼어들어 상대의 말을 자르는 실수를 한다. 위의 예문에서도 후배는 선배의 말이 미처 다 끝나기도 전에 자신이 하고 싶은 말을 하면서 상대의 말을 막아버린다. 여기에 나쁜 의도가 개입되어 있는 것은 아니지만 아무리 가깝다 하더라도 대화상대의 말을 끊는 일이 자주 반복된다면 성질이 급하고 무례한 사람으로 인식될 수밖에 없다. 물론 사람에 따라 말을 완전하게 끝맺지 않고 얼버무리는 것으로 마무리하는 경우도 있을 수 있다. 그러나 그럴 때라도 상대의 말이 완전히 끝난 것 같다고 판단될 때 자신이 이야기를 하는 것이 좋다. 자신에게 상대의 말을 낚아채듯 말하는 습관이 있다면 좀 더 각별한 주의를 기울여 고쳐나가야 한다.

3.2.2. 비언어적 전략

말하는 사람과 듣는 사람의 상호 의사소통 장면을 잘 관찰해 보면, 음성 언어만으로 이루어지는 것이 아님을 알 수 있다. 말하는 이는 뜻을 전달하는 과정에서 의식적이든 무의식적이든 손이나 몸의 움직임, 얼굴 표정 및 목소리, 그리고 자세나 태도 등에 변화를 주게 된다. 듣는 이는 그러한 표현들에서 말하는 이의 내용 전달 의도, 그리고 정서나 감정 상태와 같은 상황 정보들을 포착하기도 한다. 경우에 따라서는 말하는 이의 자세나 눈빛에서 음성언어 표현으로는 드러나지 않는 숨은 의도를 알게 되는 경우도 있다.

언어 표현에 동반되어 내용을 더욱 분명하게 해주기도 하며, 언어 표현을 대신하기도 하는 것을 '몸짓언어 표현', '동작언어 표현', '비언어적 표현' 등으로 부른다. '몸짓언어 표현'은 '제스처(gesture)'라고도 하는데 신체 특정 부위의 움직임을 통해 뜻을 전하는 것을 말한다. '동작언어 표현'은 몸짓을 포함하여 얼굴 표정, 시선 등 인간 신체의 동작 표현 요소들을 사용하여 뜻을 전하는 것을 말한다. '비언어적 표현'이란 음성 언어가 아닌 것을 표현 수단으로 하는 것을 말한다. 세 용어는 서로 통용되기도 하지만 '비언어적 표현'이 가장 넓은 의미로 사용된다.

현대 사회에서 의사소통이라는 개념은 아주 폭넓은 의미를 갖는다. 뉴미디어 시대에 들어선 지금, 전통적인 소리나 문자만이 의사소통을 위한 도구가 되는 것은 아니다. 예를 들면 프레젠테이션에서 다양한 기계적 매체를 이용하거나 면접에서 용모나 자세를 다듬는 일(image making)등도 넓은 의미에서 말할 내용이나 자기 자신을 상대방에게 전달하는 비언어적 표현 수단이라 할 수 있다. 이러한 비언어적 표현은 크게 두 가지 방식으로 드러난다.

첫째, 비언어적 표현은 의미 내용을 기호적 방식으로 나타내기도 한다. 이를 기호적 비언어 표현이라고 부른다. 대부분의 비언어적 표현들이 이에 해당한다고 할 수 있다.

둘째, 비언어적 표현은 무의식적으로 나타나기도 한다. 이를 본능적 비언어 표현이라고 부른다. 반가운 친구를 만났을 때, 저절로 입이 벌어지고 이가 드러나는 모습이나 놀랐을 때의 모습, 당황할 때 머리를 긁적이는 모습 등이 무의식적으로 표출되는 비언어적 표현들에 해당한다.

대화를 하거나 발표를 할 때 자신도 모르게, 그리고 음성 언어가 갖는 내용과는 무관하게 습관적으로 몸이나 손을 움직이는 것 등도 이에 해당한다. 무의식적인 비언어 표현은 대개 인간의 신체적 반응이라는 점에서, 위에서 말한 기호적인 비언어 표현과는 달리 필연적 의미를 갖는 경우가 많다.

이제 비언어적 표현들이 어떻게 다양한 모습으로 드러나는지를 유형별로 나누어 살펴보자. 비언어적 표현의 상당 부분이 인간의 신체와 관련되어 있기 때문에, 그 유형 구분이 쉽지는 않다. 여기서는 기존에 책에서 가장 보편적으로 다루고 있는 유형을 중심으로 살펴볼 것이다.

1) 적절한 몸짓을 함께 사용하라

말하는 이가 신체 일부분을 이용하는 동작 표현을 가리키는데 흔히 '제스처'라고 한다. 목을 전후좌우로 움직인다든지, 어깨를 들썩인다든지, 팔을 치켜세우거나 떨어뜨리는 것 등 신체의 일부분을 대화의 상황에서 사용하는 것을 몸짓을 통한 비언어적 표현이라고 한다. 몸짓의 의미는 문화에 따라 다를 수 있다. 목을 전후로 흔들면 수긍이나 긍정의 의미를 띠는 것이 통례인데, 아이누족은 양팔을 가슴 높이에 가져다 놓고 흔들고, 마라야 지방의 흑인 난쟁이들은 머리를 앞으로 숙이고, 인도의 푼잡 사람들은 머리를 뒤로 젖히는 몸짓을 취한다고 한다.

2) 밝은 표정을 지으라

말하는 이의 감정이나 정서를 드러내 주는 가장 전형적인 비언어표현 유형이다. 대화에서 음성 언어가 주는 정보보다는 아마 얼굴 표정이 주는 정보가 더 우선시 될 것이다. 대면(對面) 대화에서 가장 먼저 일어나는 상황은 용어의 의미 그대로 상대의 얼굴을 보는 행위인데 얼굴 표정을 읽어내는 것은 대화의 전반적인 흐름에 상당한 영향력을 주게 된다. 예를 들어 엄마의 얼굴이나 선생님의 표정을 통해 여러분들은 상황을 파악하고 눈치껏 행동하게 된다.

이처럼 사람들은 대개 상대방의 얼굴을 보는 것에서부터 의사소통 행위를 시작한다. 따라서 상대방에 대한 일차적인 정보는 대개 그 사람의 얼굴 표정을 통해서 얻게 된다. 사람의 얼굴 표정에는 나이, 건강상태, 사회적 위치나 성격 등의 대략적인 신상정보는 물론 기본적인 감정 상태, 놀라움이나 두려움, 증오심, 질투, 혐오감, 수치감 등과 같은 복합적인 정서까지도 그대로 나타난다.

3) 상대의 눈을 바라보라

누구나 상대와 대화를 시작하려면 일단 상대방의 눈을 쳐다보고 서로 간에 눈길이 이어져야 대화의 첫 마디를 끄집어낼 수 있다. 이것을 시선이라고 하는데 시선은 대화의 첫 단추와도 같다. 말하는 이의 시선을 받음으로써 대화가 시작되고 그 상대가 자신임을 알게 된다. 3인 이상의 경우, 특정한 사람에게 시선을 주는 것은 그 사람과 먼저 대화를 하고 싶다는 것을 드러내는 표현이다. 그런데 시선이라고 하여 꼭 눈과 눈의 마주침이라고만 생각해서는 안 된다. 시선은 서로 의사소통의 의지를 갖고 있음을 보여주는 신호이므로 응시하고 있다는 것을 알려주면 된다. 한편 시선을 주지 않아야 할 때도 있다. 상대를 화나게 만들었거나 상급자에게 꾸중을 들었을 때 상대를 빤히 쳐다보면 '반항적이다', '건방지다'라는 인상을 주게 된다. 이런 상황에서는 시선을 아래로 두면 상대의 말을 수용한다는 인상을 줄 수 있다.

눈을 통한 비언어 표현에는 시선과 함께 눈짓도 포함된다. 예를 들면 특정한 의도로 눈을 깜짝인다든가 윙크를 하는 것과 같은 것이다. 눈짓은 얼굴 표정과 함께 대부분 말하는 이의 감정이나 정서 상태를 효과적으로 드러낸다. 두 눈을 지그시 감을 수도 있고, 눈썹을 위로 치켜 올린 채 눈을 크게 뜰 수도 있으며, 양미간을 좁히고 두 눈을 찌푸릴 수도 있다. 따라서 눈이 주는 정보를 빼놓고는 바른 대화를 이어갈 수 없다고 해도 과언이 아니다.

4) 몸동작에 주의하라

몸의 특정한 부위를 사용하는 비언어 표현과 달리 사람의 신체 전반이 대화에서 작용하는 경우를 동작 언어라 한다. 몸의 일부분을 이용하는 것과 몸 전체를 이용하는 것을 구분해 내기란 여간 어렵지 않다. 몸의 일부를 이용하는 것은 대화의 내용이나 정보의 흐름에서 특정 한 대상과 관련되는 것이 대부분이다. 그런데 몸 전체를 이용하는 것은 말하는 이와 듣는 이 간의 사회적 관계, 친밀감의 정도에 따른 자세나 태도 등과 같이 화법의 상황적 측면에서 합당한 동작 언어라고 구분할 수 있다. 이러한 표현은 인사법을 통해 잘 알 수 있다. 가까운 이와의 인사(가족, 연인, 친구 등)와 격식을 갖추는 인사(사제지간, 회사 상사, 공식적인 자리 등)가 다르다. 이러한 것을 말하는 이와 듣는 이의 심리적 거리라고 한다. 우리가 주의해야 할 것은 말하는 이와 듣는 이가 서로 합당한 거리를 유지해 주어야 한다는 것이다. 친밀한 관계로 생각하고 있는 상대에게 사회적 간격을 유지하는 것은 좋지 않다. 반대로 친밀하다고 생각하지 않는 상대에게 과도하게 가까이 다가가는 것도 바람직하지 못하다. 친밀감의 정도를 의도적으로 조정하기 위해서 위와 같은 일반적 관계를 잘 알고 그에 따를 필요가 있다.

5) 명확하고 분명한 목소리로 말하라

청각성을 수반하는 비언어적 표현 수단이다. 오랫동안 만나지 못한 친구에게 갑자기 전화가 오더라도 목소리만으로 상대를 알 수 있다. 반면 자신에게 익숙하지 않은 전화 목소리로는 상대가 누군지 알 수 없다. 목소리만 들어도 상대방이 어린아이인지, 할아버지인지, 여성인지 등을 알 수 있다. 나아가 목소리를 통해 상대의 성격까지도 가늠해 볼 수 있다. 목소리는 대화 상대에 따라 다양하게 변하기도 한다. 연인 앞에서는 평상시의 목소리와 달리 최대한 감미롭게 내려고 하지 않는가. 탄성은 놀라움이며, 헛기침은 당황함이다. 이처럼 소리의 세기, 높낮이, 빠르기를 전부 담고 있는 목소리는 말하는 이의 감정 상태까지 드러내 준다. 우리는 이러한 목소리를 두고 감미롭다든지, 거칠다든지, 차갑다든지, 따스하다든지 하는 등의 감각적 표현으로까지 생각한다.

6) 적절한 휴지기(침묵)를 활용하라

소리를 내지 않는 것, 말을 하지 않는 것이 상대에게 특정한 메시지를 전하기도 한다. 어떤 면에서는 말을 하는 것보다 더 효과적으로 의미 전달을 할 수 있다. 침묵은 여러 가지 의미를 내포한다. 말을 하지 않아도 마음이 편하고 서로 통한다고 생각하는 커플에게 침묵은 동의의 의미로 받아들여질 수 있다. 그러나 반대로 말을 하지 않음으로써 상대에게 화가 났음을 표현하기도 한다. 직장에서 업무 중 말을 하지 않으면 어떤 일에 대하여 반대한다고 볼 수 있으며 인터넷 채팅 시에는 채팅의 규칙을 깨뜨린 사람에게 아무도 반응하지 않음으로써 그에 대한 거부 의사를 표현하기도 한다. 처음 만나는 자리에서 대화 도중 생기는 침묵은 그 의미를 파악하기 곤란하여 당황할 수도 있다. 화가 났거나 못마땅한 경우에도 종종 침묵으로 자신의 의사를 드러낸다.

3.2.3. 경청의 전략

1) 잘 듣는 것의 중요성

우리가 흔히 '대화를 나눈다'라고 할 때, 말을 하는 것이라고 생각하기 쉽지만 생각해 보면 대화 자리에서 자신이 말을 하는 시간보다 상대의 말을 듣거나 반응하거나 대답해 주는 시간이 더 길다는 사실을 알 수 있다. 내가 '말을 한다'는 것도 반드시 누군가가 들어준다는 사실을 전제해야만 가능한 것이다. 그만큼 '대화'에서 '듣는 것'은 매우 중요하며, 어쩌면 가장 핵심적인 행위라고도 할 수 있다. 숲에서 아름드리나무가 쓰러져도 듣는 이가 아무도 없다면 아무 일도 일어나지 않은 것이다. 결국 말을 한다는 것은 듣는다는 것과 밀접하게 관련되어 있으며, 말을 하는 기술만큼 듣는 기술도 중요하다.

사람들은 깨어 있는 시간의 70퍼센트를 의사소통에 사용하는데 이 중에서 쓰기가 9퍼센트, 읽기가 16퍼센트, 말하기가 30퍼센트, 듣기가 45퍼센트를 차지한다. 직업에 상관없이 모든 분야에서 듣기가 차지하는 비중이 아주 높은 것으로 나타났다. 따라서 효과적으로 듣는 능력은 대화상황 뿐만 아니라 우리의 일상에서도 매우 중요할 수밖에 없다. 그러나 안타깝게도 우리는 어떻게 '말할지'에만 신경 쓸 뿐 어떻게 '들을지'에는 무관심한 경우가 많다. 좋은 청자가 좋은 화자를 만드는 법인데도 말이다. 학교 교육과정에서도 읽기와 독해는 가르치지만 잘 듣는 법에 대해서는 거의 언급하지 않는다. 학교 교육 자체가 선생님의 말을 듣는 방식으로 진행된다는 사실을 상기해 보면 아이러니가 아닐 수 없다.

그리고 요즘 같이 SNS가 일상이 된 환경에서 우리는 같은 공간에서 대화를 하고 있어도 각자 휴대전화에 신경을 빼앗겨 상대의 말을 제대로 경청하지 않는 경우가 허다하다. 그렇게 진행되는 대화가 온전히 의미나 정서를 전달한다고 보기는 어려울 것이다.

예시 18

헤리: 여기 분위기 괜찮지 않아? 커피도 맛있다더라고.

나연: (휴대폰 자판을 치면서) 톡톡톡톡…… 응? 뭐라구?

헤리: 여기 좋다고. 너 뭐 마실 거야?

나연: 톡톡톡톡…… 톡톡톡톡…… 나 그냥 아메리카노.

혜리: 응. 주문하고 얘기하자. 나 남자 친구 때문에 요즘 정말 스트레스야. 내 말 좀 들어봐.

나연: 뭔데 그래? (여전히 휴대폰 보면서) …… 톡톡톡톡.

혜리: 내 말 좀 제대로 들어봐. 나 정말 그냥 헤어질까 봐. 글쎄 ….

나연: (휴대전화 화면 보여주며) 야야 이거 봐 봐! 대박! 얘네 둘이 사귄대!

혜리: 그러네, 그럭저럭 잘 어울린다. 에휴, 좋겠다. 나는 헤어질 판인데.

나연: 너는 왜? 갑자기 무슨 말이야? …… 톡톡톡톡

혜리: 아까부터 말했잖아. 남친이랑 문제 있다고. 내 말 제대로 듣고 있는 거야?

위의 대화는 우리가 일상적으로 흔하게 볼 수 있는 상황이다. 같은 공간에 함께 있지만 각자 휴대전화만 바라보며 겉도는 대화를 나누는 모습은 경험하지 않은 사람이 없을 만큼 우리의 일상적인 대화양상이 되었다. 예시에서는 휴대전화와 대화를 하는 것인지, 상대방과 대화를 하는 것인지 알 수 없을 만큼 바람직하지 못한 듣기 태도를 보여주고 있다. 앞에 있는 친구가 남자 친구와의 갈등을 상담하고 싶어 하지만 정작 들어줘야 할 당사자는 휴대전화 화면만 들여다보다가 가십 기사로 뜬 연예인의 연애 사건을 언급한다. 이러한 태도가 계속된다면 서로의 고민을 상담하고 마음을 터놓는 친구 사이를 지속하기 어려울 것이다. 이야기를 잘 들어주는 사람만이 자신의 이야기도 털어 놓을 수 있는 친구를 얻을 수 있다.

그렇다면 어떻게 듣는 것이 잘 듣는 것일까? 몇 가지 사항으로 나누어 정리하면서 바람직한 듣기 방법에 대해 생각해보자.

2) 듣는 방법과 자세

① 상대가 나보다 더 많이 말하게 하라

특별히 말수가 적은 사람이 아닌 이상 대부분의 대화는 참가자들이 비슷한 정도의 시간을 들여 말하게 된다. 그러나 그 중 말하기를 좋아하는 사람이 있다면 거의 모든 대화가 그 한 사람에 의해 독점되기도 한다. 이런 일은 가까운 사이에서 더욱 빈번하게 일어나는데 나머지 사람들은 그의 성향을 이해하기 때문에 대부분 그냥 들어주지만 자신이 말할 기회를 박탈당했다고 서운해 할 수도 있다.

대화는 강의나 연설이 아니기 때문에 어느 한 사람만의 이야기로는 바람직하게 전개될 수 없다. 그렇게 되면 자칫 자기 자랑이나, 잔소리, 훈계조의 분위기가 되기 쉽고 그것을 들어야 하는 사람들은 그런 대화에서 얼른 벗어나고 싶은 기분을 느낄 것이다. 따라서 대화를 잘하기 위한 요건에는 말을 잘하는 기술만 중요한 것이 아니라 상대의 말을 경청할 줄 아는 바른 자세도 필요하다.

타인의 말을 경청하기 위해 가장 기본적으로 필요한 것은 나보다 상대가 더 많은 말을 하게 한다는 마음가짐이다. 나는 상대가 한 말의 1/3만 이야기하겠다는 자세로 상대에게 발언 기회를 주어야 비로소 상대는 자신의 이야기가 존중받고 있다는 인상을 받을 것이다. 유재석의 경우에도 프로그램을 진행하면서 무엇보다 중요한 것이 출연자들의 말을 진정성 있게 잘 들어주는 것이라고 꼽았다. 무조건 많은 말을 하는 것보다는 충분히 잘 듣고 그에 가장 적절한 반응을 보여주고 어울리는 대답을 하는 것이 좋은 진행자의 가장 중요한 지침이라는 사실만으로도 '듣는 자세'가 주는 가치를 알 수 있다.

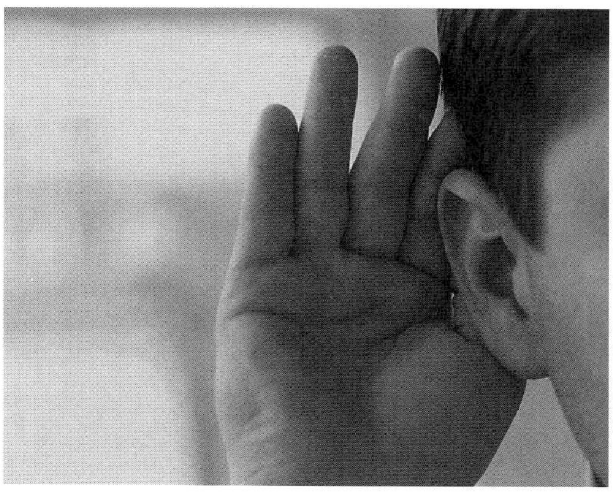

② 적극적으로 상대의 말을 경청하라

대화 장소에 함께 앉아 있다고 해서 상대의 말을 경청하는 것이 아니다. 좀 더 활기 있고 유익한 대화가 되기 위해서는 상대에게 말할 기회를 많이 주어야 할 뿐 아니라 상대의 말을 적극적으로 듣는 태도를 가져야 한다. 그러기 위해서는 일단 상대방에 대한 선입견이나 편견에서 벗어나야 한다. 그에 대한 안 좋은 인상, 소문, 평가 등을 마음에 두고 대화를 하면 상대의 말 역시 신뢰할 수 없는 것이 되어버리고 결국 경청을 하는 게 아니라 듣는 척하는 제스처만 보이게 된다. 따라서 상대에 대한 평가는 스스로 한다는 마음가짐과 열린 마음으로 상대의 말을 듣는 자세가 요구된다.

또한 적극적으로 듣기 위한 방법으로 상대의 말에 적절하게 맞장구를 치는 것도 바람직하다. 말하는 이가 일방적으로 이야기하기 보다는 청자가 중간 중간에 적당한 반응을 보이면 상대가 내 이야기를 열심히 듣는다는 신뢰가 생겨 이야기하는 사람도 더욱 성실하게 대화에 임할 수 있다. 특히 본인으로서는 심각하거나 중요한 이야기를 하는데 상대의 태도가 건성이라고 느껴지면 말하는 이는 더 이상 말할 의욕을 느끼지 못할 것이다.

예시 19

1)

딸 : 엄마! 나 휴학하고 싶어요.

엄마 : 뭐?

딸 : 학교에서 별로 얻어지는 것이 없어요. 도움이 안 되는 거 같아요.

엄마 : …….

딸: 휴학기간동안 나에게 도움이 되는 다른 것들을 좀 배워 보게요. 계속해서 학교에 다니면 제 생각엔 저한테 도움 되는 게 없을 거 같아요.

엄마: …….

딸: …….

2)

딸: 엄마! 나 휴학하고 싶어요.

엄마: 갑자기 휴학은 왜?

딸: 학교에서 별로 얻는 것이 없어요. 나한테 별로 도움도 안 되는 거 같고요.

엄마: 네가 잘 몰라서 그러는 거야. 학교에서 배우는 게 공부뿐인 줄 아니? 사람 만나는 법, 생활하는 법, 알게 모르게 배우는 게 얼마나 많은데 그래. 휴학하고 뭘 할 계획이니?

딸: 휴학하면서 나에게 도움이 되는 다른 것들을 좀 배워 보게요. 계속해서 학교에 다니면 제 생각엔 저한테 도움 되는 게 없을 거 같아요.

질문을 던지는 것도 적극적으로 경청하기 위한 하나의 방법이 된다. 질문은 내가 상대의 말에 귀 기울이고 있으며 이야기가 매우 흥미롭고 대화에 의지가 있다는 신호이기 때문에 상대가 말하는 중간에 적절한 질문을 하면 상대의 이야기는 더욱 탄력을 받아 활기차게 이어질 것이다. 물론 그러한 질문을 하기 위해서는 말 한마디 한마디를 귀담아 듣는 정성과 노력이 필요하다.

위의 예시에서도 1)에서와 다르게 2)에서는 엄마가 딸의 말에 적절한 질문과 반응을 함으로써 딸의 생각과 진심을 이야기 나눌 수 있었으며 대화가 지속되는 모습을 보이고 있다. 적극적인 태도가 없다면 말하는 이는 상대가 자신의 이야기에 관심이 없다고 느끼고 이내 대화는 중단될 것이다. 적당한 질문과 적절한 맞장구는 대화의 질을 향상시킬 뿐만 아니라 대화의 지속여부까지 결정하는 중요한 요소이다.

③ 적절한 몸짓을 보여 준다

적절한 몸짓은 바람직한 듣기 자세를 위한 핵심적인 요소이다. 우리는 입으로는 말을 하지만 동시에 눈으로는 상대방을 바라본다. 그만큼 비언어적 수단에 대한 의존도가 높은 것이 대화이다. 따라서 상대에게 어떤 몸짓을 보여주느냐는 질문이나 맞장구와 맞먹는 효과를 가진다. 특별한 발화가 없더라도 적절하고 적당한 몸짓만으로도 말하고 있는 상대에게 자신이 그 대화에 참여하고 있음을 알려줄 수 있으며, 어떤 생각과 의견을 가지고 있는지도 표현할 수 있다.

청자의 행동에 대한 연구에 따르면, 꼼짝하지 않고 경직된 채 있는 사람은 냉정하고 무관심하며 내성적인 인상을 준다고 한다. 물론 의도적으로 상대에게 반항심을 표현하거나 대화를 하고 싶지 않다는 뜻을 전달하는 것이라면 상관없지만 그런 것이 아니라면 이러한 태도는 부정적인 인상을 줄 수밖에 없다. 반면 활발하고 다양한 몸짓을 보이는 사람은 친근하고 다정하며 진심으로 듣고 있다는 인상을 준다고 한다. 당연히 사람들은 몸짓이 경직되어 있는 사람보다 자연스럽게 움직이는 사람과 대화하기를 좋아한다.

물론 과도하고 산만하게 움직이는 것은 오히려 역효과를 불러일으킬 수 있다. 그러나 다양한 말하기 상황에서 드러나는 실제 몸짓은 의도적이기보다는 자연스럽고 무의식적이라는 점에서 화자 입장에서 청자가 얼마나 자신의 이야기를 잘 듣고 있는지 판단할 수 있는 신뢰할 만한 근거가 된다. 가령 청자가 하품을 한다면 지루하다는 신호로 보일 것이고, 불안한 듯 안절부절 못한다면 뭔가 급한 일이 있다는 의미로 읽을 수 있다. 만약 고개를 끄덕이며 화자와 눈을 맞춘다면 집중해서 말을 들어주고 있다고 해석할 수 있다. 이렇듯 몸짓만으로도 청자는 대화에 대한 자신의 입장과 태도를 충분히 드러낼 수 있다.

연습 문제 15

대화중에 상대의 불쾌했던 몸짓이나 행동들이 있었다면 무엇이었는지 한번 생각해 보자. 그리고 그런 태도가 불쾌했던 이유를 생각해 보고, 그 행동이 아니라 어떤 행동이었다면 대화가 즐거웠을지도 같이 생각해 보자.

3) 잘 듣기 위해 지켜야 할 점

상대방의 이야기가 자신의 처지에 대한 공감이나 동의를 필요로 할 때가 있다. 그럴 경우에는 제삼자의 입장에서 냉정하게 듣고 자신의 생각을 이성적으로 표현하는 것이 오히려 독이 될 수도 있다. 말하는 당사자가 원하는 건 단지 위로와 격려인 경우가 많기 때문이다.

예시 20

민호 : 요즘 과장이 왜 나만 가지고 달달 볶는지 모르겠어.

동료 : 왜 그러는데?

민호 : 지난번에 뭘 부탁하는데 내가 도저히 안 되겠길래 사정을 말하면서 완곡하게 거절했거든. 그랬는데 그 후부터 공연히 트집을 잡고 못살게 구네.

동료 : 그래? 그 사람 그렇게 안 봤는데 참 뒤끝이 기네. 뭐 그만한 일을 가지고 체신머리 없이 굴어? 그런 사람 밑에서 일하느라 너도 고생이 많다. 나 같으면 벌써 난리 났을 텐데. 그래도 넌 잘 견디는 거야. 그냥 한 귀를 듣고 흘려버려. 혼자 그러다 지치면 관두겠지, 뭐.

위의 예문에서 민호는 직장 생활 속에서 겪는 고충을 토로하고 있다. 민호가 자신의 고민을 동료에게 이야기하는 것은 해결 방법을 찾거나 조언을 구하기 위해서라기보다는 오히려 하소연에 가깝다고 볼 수 있다. 따라서 이때 동료가 어떻게 반응하는가에 따라 말을 꺼낸 민호의 기분은 달라질 수 있다. "웬만하면 그냥 해달라는 대로 해주지 왜 거절을 해서 사서 고생하냐?"라고 대답하는 것도 민호를 걱정해서 하는 말이지만 상황을 이 지경으로 만든 것에는 민호의 책임도 있음을 전제로 하기 때문에 기분 나쁘게 들릴 수 있다. 또한 "네가 참아라. 어쩌냐. 먹고 살려면 아랫사람이 참아야지."라고 말하는 것도 민호의 암담한 심정을 오히려 부채질할 수 있기 때문에 바람직하지 못하다. 예문의 동료처럼 민호가 상사에게 가지고 있는 원망을 읽고 그것을 대신 비난해 주는 것만으로도 민호의 기분은 한결 나아질 수 있으며 동료의 조언을 수용할 수 있을 것이다.

상대방의 입장에서 감정이입을 해보고 적절하게 위로해 주는 것만으로도 대화가 한결 가볍고 부드럽게 풀리는 경우가 많이 있다. 그런 상황에서는 오히려 상대방의 생각을 바꾸려고 하거나 상대방에게 책임을 돌리지 않는 것이 좋다. 그렇게 되면 오히려 상대에 대한 서운함이 더 커지고 관계에도 부정적인 영향을 줄 수 있기 때문이다. 역지사지의 입장에서 상대의 마음을 헤아리고 공감해주는 경청 태도를 지니는 것이 바람직하다.

참고 문헌

공문선, 『통쾌한 대화법』, 흐름출판, 2005.

김종택 외 공저, 『생활 속의 화법』, 정림사, 2005.

로버트 볼튼, 한진영 역 『어떻게 말할까』, 페가수스, 2016.

리웨이원, 『하버드 말하기 수업』, 가나출판사, 2015.

상생화용연구소, 『내 말에 상처 받았니?』, 커뮤니케이션북스, 2007.

장수용, 『365일 대화의 기술』, 현대미디어, 2006.

전정례·허재영 공저, 『얘기 좀 할래요?』, 건국대학교출판부, 2002.

한양대학교 국어교육위원회 편, 『말이 힘이다 삶이 문화다』(개정3판), 한양대학교 출판부, 2004.

김창신·하동석 엮어 지음, 『새 면접 가이드』, 고시원, 1998.

이만훈, 『인터뷰의 모든 것』, 랜덤하우스, 2007.

비올라 팔켄베르그, 이현표 역, 『인터뷰이를 위한 인터뷰의 이론과 실제』, 커뮤니케이션북스, 2001.

스테이나 크베일, 신경림 역, 『내면을 보는 눈-인터뷰』, 하나의학사, 1998.

인터뷰 365, www.interview365.com 퍼슨 웹, www.personweb.com 피플 코리아, www.peoplekorea.co.kr

제4부

발표

1

발표의 개념

우리 중에 발표를 싫어하는 사람은 있을 수 있지만 한 번도 발표를 해 보지 않은 사람은 없을 것이다. 어쩌면 우리들은 대부분 발표를 싫어하지만 피할 수 없는 경우가 대다수이지 않을까 싶다. 그만큼 발표는 우리들에게 적지 않은 부담의 대상이지만 결코 피할 수 없는 과제이기도 하다. 그 지긋지긋한 '발표'의 정체는 무엇이며 우리는 왜 학창 시절부터 이 '발표'의 덫에서 헤어나지 못하는 것일까? 도대체 '발표'가 무엇이기에 그렇게 중요하다고 강조하는 것일까?

1.1. 청중을 대상으로 한 말하기

발표란 첫째 청중을 대상으로 하는 말하기이다. 1대1 방식의 말하기가 아니라 다수를 상대로 하는 말하기이다. 1대1 방식의 말하기가 주로 친교를 위한 사적인 말하기에 속한다면, 다수를 상대로 하는 말하기는 보다 공식적인 말하기에 속한다. 따라서 발표에는 본격적인 말하기의 기술과 훈련이 필요하다. 일상생활 속에서 친구나 동료를 대상으로 한 가벼운 자기소개나 입사 지원 발표, 회사의 브리핑(briefing)과 시청각 보조 자료를 이용한 프레젠테이션(presentation), 학술 발표, 대중 연설 등 소규모에서부터 대규모에 이르기까지 사회에서 살아가는 데에 발표는 필수적이다. 발표는 청중을 향한 가장 기본적인 말하기로, 발표에서 가장 중요한 것은 '청중과의 교감(交感)'이라 할 수 있다. 발표의 일차적인 목표는 자신의 생각을 분명히 밝히는 것이지만 동시에 청중과의 적극적인 의사소통을 지향한다. 발표는 청중이 요구하는 내용을 만족시키거나 반론에 충분한 답변을 줄 수 있거나 때로는 나와 다른 의견을 지닌 청중을 설득해야 한다.

감동적인 발표는 사회생활을 하는 사람이라면 누구나 꿈꾸는 일이다. 그러나 정작 발표회장에 섰을 때의 현실은 어떠한가? 발은 후들거리고 목소리는 기어들어 가고 눈앞은 캄캄해진다. 왜 그런가? 내가 무슨 말을 할지 침묵 속에서 일제히 나의 일거수일투족을 지켜보고 있는 청중이 있기 때문이다. 그런가 하면 어느 순간에는 내 말 한마디에 청중이 웃음을 터뜨리고 고개를 끄덕거리기도 한다. 그럴 때 발표자 또한 가슴 벅찬 기쁨을 느낀다. 발표는 궁극적으로 청중과 함께 소통하기 위한 가장 기본적이자 적극적인 행위이다. 무대 위의 배우들이 관객과 소통하기 위해 어린아이처럼 처음부터 다시 화술을 배우고 몸동작을 익히고 짜여진 각본에 따라 능숙한 역할을 하기 위해 매일매일 연습에 연습을 거듭하듯이, 무대 위의 발표자 또한 청중과의 만남 자체를 즐기고 그들과의 소통에 무엇이 필요한지 미리 계산할 줄 알아야 한다.

1.2. 일정한 주제를 전달하기 위한 말하기

둘째로 발표는 일정한 주제를 전달하기 위한 말하기이다. 일상적인 대화와 달리 발표는 분명한 목적을 가진 말하기이다. 우리는 흔히 발표라고 하면 거창한 강연회장이나 학술 발표회장만을 떠올리지만 여러 명을 상대로 분명한 주제를 전달하는 말하기는 모두 발표라고 할 수 있다. 대학 생활에서 주로 이루어지는 수업 시간 중의 발표나 세미나 그리고 기업에서 이루어지는 기업 설명회, 제품 설명회, 기획안 보고 등도 청중을 상대로 이해나 설득, 분명한 의사전달을 목적으로 하고 있기 때문에 발표의 하나라고 할 수 있다. 그렇기 때문에 발표를 위해서 내가 지금 무슨 말을 하고 싶은지 발표자 스스로 명확하게 인식할 필요가 있다. 발표 주제를 선정하거나 자료 수집과 정리, 발표를 실행하기 위해 사전 계획과 준비가 필요한 것도 바로 이 때문이다. 발표자는 발표 주제를 분명히 파악하고 자신의 말이 보다 정확하고 인상 깊게 전달될 수 있도록 노력해야 한다.

1.3. 종합적인 능력이 요구되는 말하기

발표에 필요한 능력은 구체적으로 어떤 것들이 있을까? 발표는 많은 사람들을 대상으로 하기 때문에 우선 공통의 관심을 끌어낼 수 있는 화제를 통해 자신의 주장을 논리적으로 설명하거나 설득할 수 있어야 한다. 아무에게도 소용이 없는 잡담을 듣기 위해 청중이 모여 있는 것이 아니다. 발표의 주제가 발표자와 청중 모두에게 의미 있는 내용이 되기 위해서는 그만한 사전 준비가 필요하다. 청중은 발표자에게 무슨 말을 듣기를 원할까? 발표는 발표자와 청중이 실시간으로 함께 참여하는 현장에서 이루어진다. 그렇기에 발표의 주제는 주로 현재적 가치가 있는 것들인 경우가 많다. 예컨대 정치 사회적으로 현안을 이루는 시사적인 문제, 논쟁적인 문제, 행동과 판단을 이끌어내는 참여적이고 윤리적인 주제 등이 그것이다.

우리가 살아가는 세상은 단순하게 옳고 그름이 판단되는, 분명하게 정답과 오답이 존재하는 세계가 아니다. 그보다 우리는 판단하기 어렵고 설명하기 어려운 복잡한 문제들에 둘러싸여 살아간다. 우리는 생각하기 곤란한 문제에 부딪칠 때 누군가의 지식이나 정보에서 도움을 얻기를 원한다. 혹은 민감한 사회적 이슈에 대해서 어떠한 사회적 합의를 이루어나가야 하는지, 여론 형성의 참여자나 리더들의 가치 판단과 비전을 듣고 싶어 한다. 결국 발표자는 항상 살아 움직이는 청중을 대상으로 그들이 듣기 원하는 것이 무엇인지, 그들과 함께 어떤 이야기를 펼쳐나갈지 각각의 목적과 방향에 따라 다른 발표 전략을 구사해야 한다. 요컨대 발표에는 청중들의 다양한 요구에 대한 대응 능력, 사회적 이슈에 대한 가치 판단 능력, 복잡한 문제에 대한 분석 및 해결 능력, 발표 현장에서의 반응들에 대한 현명한 대처 능력 및 리더십 등 다양한 능력이 요구된다.

TIP

발표를 잘하기 위해 요구되는 능력

- 자료 수집 능력
- 자료 가공 능력
- 문제 파악 능력
- 문제 해결 능력
- 과제 설정 능력
- 아이디어 발상력
- 분석력
- 설명력
- 설득력
- 문서 작성 능력
- 문장력
- 어휘력
- 표현력
- 해독력
- 창의력
- 이해력
- 논리력
- 리더십

하우석(2005)이 정리한 위의 발표 능력에 대한 표에서 알 수 있듯이 발표란 단순히 한두 가지 역량만 요구되는 것이 아니다. 발표의 준비 단계에서부터 발표 이후의 결과까지 책임질 수 있는 총체적이고 종합적인 능력이 요구된다. 자료 수집 및 가공 능력, 문제를 파악하고 과제를 설정하는 능력은 발표를 준비하기 이전 단계에서 발표를 위한 준비가 얼마나 충실하고 철저히 뒷받침되어야 하는지를 나타내준다. 그리고 언어 구사 능력이라고 할 수 있는 문장력, 어휘력, 표현력은 발표 순간 기본적인 언어 능력이 밑받침되어야 함을 말해준다. 언어 구사 능력에 있어서 문법에 맞는 바른 문장이나 올바른 어휘력이 갖춰지지 않은 말하기는 청중들로 하여금 발표자에 대한 신뢰를 떨어뜨릴 뿐 아니라 발표 내용 자체에 대해 신뢰하지 못하게 할 수도 있다. 그리고 비유나 격언, 일화, 유머를 활용한 표현력 높은 말하기는 청중들이 발표자의 말에 좀 더 흥미를 가지고 집중할 수 있게 해준다.

그 외에 발표 과정 전반에 필요한 창의력, 이해력, 논리력, 리더십 등은 발표자와 청중과의 관계에서 자극과 반응에 따른 상호 교감 과정에 민감하게 반응할 것을 요구한다. 발표자는 자신이 발표하는 해당 주제에 대해 리더로서 책임감을 가지고 청중을 이끌어야 한다. 물론 발표자의 리더십에는 때론 강한 카리스마가 필요할 때도 있고, 또 때로는 부드러운 카리스마를 발휘해야 할 때도 있다. 그러나 그 어떤 경우이든 발표자는 발표하는 순간 청중의 시간을 책임지는 자로서 자신의 역할에 대해서 분명히 인식하고 있어야 한다.

이상과 같이 발표 능력은 정신적 신체적 노력을 요구하는 종합적인 능력이다. 따라서 좋은 발표 능력을 기르기 위해서는 평소에 꾸준한 훈련이 필요하다. 발표에 임박해서 아무 준비 없이 즉흥적으로 말을 하거나 자신의 타고난 언어적 능력을 지나치게 맹신한 채 더 이상 노력을 기울이지 않는다면 좋은 발표 능력을 기를 수 없다. 발표 능력이란 발표의 매 순간 바른 문장과 어휘력이라는 가장 기본적인 능력에서부터 좀 더 고차원적인 능력인 창의력, 논리적, 리더십까지 모두 요구되는 총체적인 과정이기 때문이다.

1.4. 연습이 무엇보다 중요한 말하기

그렇다면 좋은 발표 능력을 기르기 위한 연습에는 무엇이 필요할까? 모든 훈련과 연마 과정이 그렇듯이 발표 연습에도 끊임없는 관찰과 반복 학습, 피드백이 필요하다. 말하기는 혼자만의 생각을 간직하고 있는 것이 아니라 여러 사람 앞에 내 생각을 정리하여 밝히고 그 반응을 구하는 일이다. 그러니 백번 생각하고 머뭇거리기보다 한번 용감하게 부딪쳐 보는 것이 필요하다. 그러한 과정을 통해서 처음 시작하는 것은 어렵지만 점차 자신의 발표에 자신감을 가지고 더 나은 발표를 위해 애쓰고 있는 자신을 발견하게 될 것이다. 발표를 통해 나의 생각을 인정받고 공

감을 얻는 일은 그 일이 어려운 만큼 높은 성취도를 안겨준다. 발표는 청중의 반응을 통해 즐거움을 얻는 창조적인 작업이다.

TIP

발표를 위한 작은 약속들

– 자신감을 가지자. 먼저 손을 들어 발표를 신청하자.
– 반드시 서서 말하자. 모든 발표는 공식석상에서 이루어진다.
– 발표할 때는 반드시 자기소개를 먼저 한다.
– 평소에 발표용 목소리를 관리하자. 매일 밤 책읽기를 통해 정확한 발음과 말의 속도를 연습하자.
– 평소에 자기 콘텐츠의 축적과 개발을 위해 노력하자. 세상에 대한 관심을 가지고 신문을 읽거나 친구들과 토론을 즐기자. 그 과정을 통해 세상을 바라보는 나만의 시각을 확인해 가자.

2

발표의 유형

발표의 개념에 대해 다시 한 번 정리해 보자면, 발표는 결국 청중을 향해 어떤 주제를 가지고 전달하는 종합적인 능력을 필요로 하는 특별한 형식의 말하기이다. 다수의 청중을 향해 분명한 주제를 전달한다는 점에서 발표는 목적의식과 목표가 비교적 뚜렷하다고 할 수 있다. 그 중에서도 발표는 개념이나 사실을 전달하기 위한 '설명을 위한 것'과 자신의 견해와 의견을 피력하기 위한 '설득을 위한 것'으로 크게 나눌 수 있다. 물론 이 두 가지 유형은 모두 청중에게 자신의 말에 대한 진정성과 공감대를 형성해야 한다는 공통점을 가진다. 어떤 목적과 어떤 유형의 발표라도 대중에게 전달하고 대중을 설득하기 위해서는 자신의 말에 매력과 힘을 실어야 한다. 그만큼 다수를 상대로 한 말하기에는 정서적인 공감이 필수적이다.

발표는 그 목적과 성격에 따라 두 가지 유형으로 나누어 살펴볼 수 있다. 정확한 내용의 전달과 이해를 위한 '설명'과 논리적 근거와 정서적 동화를 통해 변화된 행동을 이끌어내는 '설득'이 그것이다. 각각의 발표 형식을 구체적으로 분석하고 특징을 짚어 보는 과정을 통해 공감의 힘과 매력을 가지는 발표란 어떤 것인지 생각해 보자.

TIP

발표의 목적

정확한 내용 전달	청자를 설득
• 모든 발표의 기본적인 목적 • 잘못이나 오해 없이 전달되는 것이 중요 • 기관이나 단체에서 새로운 정책을 공표할 때 • 수업 시간이나 강의 할 때 • 새로운 지식과 연구결과를 알려줄 때	• 타인이 자신의 의견을 따르도록 하기 위한 발표 목적 • 나의 주장을 따르도록 하는 적극적인 발표 • 발표를 통해 이득을 얻고자 할 때 • '논리'가 필요하며 말하는 자와 상대방 모두의 공감이 중요

2.1. 설명을 위한 발표

설명을 위한 발표는 청중에게 어떤 정보를 쉽고 명확하게 풀어서 알려주는 것을 목적으로 한다. 이 경우 발표자는 청중이 아직 잘 모르는 것을 쉽게 이해하도록 하거나 용어, 사실, 입장, 신념, 과정 등에 대한 상세한 정보를 제공하게 된다. 청중이 잘 모르는 사실을 설명할 때, 복잡한 문제는 분류와 분석을 통해서 간결하게 정리하거나, 입장이 다른 사안에 대해서는 비교나 대조를 통해 좀 더 분명하게 그 차이나 성질을 알게 한다. 이처럼 설명은 모든 종류의 말하기에서 광범위하게 쓰이는 방법이다. 그리고 설명은 수업, 강연, 보고, 뉴스, 해설 등에서 쓰이는 가장 기본적인 형식이다.

설명은 다른 사람의 이해를 돕는 친절한 말하기의 하나이다. 설명은 좀 더 쉬운 이해를 위해 ① 정의 ② 비교 ③ 명언 인용 ④ 실제 사례 인용 ⑤ 통계 인용 등 다양한 방법을 활용한다. 각각의 경우를 살펴보면 다음과 같다.

2.1.1. 정의 활용하기

정의는 말이나 사물의 뜻을 명백히 밝혀 규정하는 일이다. 어떤 사물에 대해 설명할 때, 우리가 흔히 쓰는 말이지만 사용하는 사람에 따라 그 의미가 다를 때가 있다. 똑같은 '사랑'이라는 말도 쓰는 사람에 따라 의미가 다를 수 있다. 그것은 그 말을 쓰는 사람마다 다른 경험을 가지고 있기 때문이다. 누군가에게 '사랑'은 감정의 영역이지만, 또 다른 누군가에게 '사랑'은 책임과 윤리의 영역에 속한 말이 되기도 한다. 똑같은 '사랑'이라는 말을 쓰는 사람들에게도 '사랑'은 전혀 다른 의미로 전달될 수 있고 그렇기 때문에 논의상의 혼란과 오해를 불러올 수도 있다. 그리고 이는 학문적인 용어의 사용에서도 마찬가지이다. '자유주의'라는 말은 정치적인 개념으로 쓰일 때와 경제적인 개념으로 쓰일 때 그 뜻이 다르게 사용된다. 정치적인 의미에서의 '자유주의'는 개인의 자유와 사상의 자유를 강조하지만 경제적인 의미에서의 '자유주의'는 시장의 자유를 강조하는 뜻으로 사용된다. 따라서 같은 '자유주의'라는 말을 쓰지만 전혀 다른 두 가지의 입장이 서로 대립할 수도 있다. 다음의 예는 '자유주의'의 개념을 둘러싸고 두 가지의 상반된 입장이 대립하고 있는 경우이다.

두 개의 자유주의

언젠가부터 한국사회에는 자유주의라는 말이 다시 불려나오기 시작했다. 공병호, 복거일 등 자유주의자를 자처하는 지식인들이 시장의 자유를 강조하는 경제적 의미의 자유주의를 들고나온 것이다. 뉴라이트를 표방하는 지식인들이 만든 단체 이름도 자유주의 연대였다. 이들은 '작은 정부'와 '감세'를 자유주의의 원칙에 충실한 정책으로 주장하고 있다. 박세일 서울대 교수는 '공동체 자유주의'를 주창하고 있다.

반면 진보 진영은 국가주의에 반대되는 의미에서 자유주의를 강조해왔다. 박노자, 진중권 등 지식인들은 개인의 양심의 자유, 사상의 자유를 뜻하는 정치적 의미의 자유주의에 무게를 두고 있다. 이들은 '대체복무제', '동성애', '다문화주의' 등이 자유주의의 주요한 가치라고 지적하고 있다. 그러나 일반적인 한국인들은 '시장, 경쟁의 자유'를 '개인의 양심, 사상의 자유'보다 더 중요한 가치로 꼽고 있다. 경향신문이 국가정체성을 묻기 위해 실시한 여론조사에서 응답자들은 전자(56퍼센트)를 후자(41퍼센트)보다 많이 꼽았다. 민주화 이후에도 한국사회의 자유주의 인식은 일제 식민지 이래의 '경제적 자유, 개인의 양심 사상의 자유' 구도가 계속되고 있음이 확인됐다. 이는 한국에서 뉴라이트의 절름발이 자유주의를 극복하고 자유주의 명예회복이 절실함을 보여주고 있다.

문지영 박사는 "최근 민주화 이후 한국 민주주의의 위기는 사실 자유주의의 위기"라면서 "이는 자유주의의 진보성, 도덕성이 소진된 결과"라고 설명했다. 박찬표

교수는 "냉전자유주의와 신자유주의로서 보수 세력에 의해 전유되고 있는 자유주의에 맞서 자유주의의 내용을 새롭게 구성하는 것은 민주주의 진전을 위해 중요한 과제"라고 강조했다. 그는 특히 "자유주의의 기본적 문제의식인 개인의 자유와 인권 등을 국가로부터 지키는 자유를 확보해야 한다."고 말했다. 그런 노력은 자유민주주의에 자유주의가 없다는 자각으로부터 시작되어야 할 것이다.

— 손제민, 『경향신문』, 2008.8.21.

이상에서와 같이 동일한 '자유주의'의 개념도 사상적인 관점과 정치적인 입장에 따라 다르게 쓰인다. 그렇기 때문에 논의의 혼란을 막기 위해서라도 자신이 쓰는 '자유주의'의 개념이 무엇인지 명확히 정의내릴 필요가 있다. 그래야만 뒤따르는 논의에서 소모적인 논란이나 오해를 줄일 수 있다. 다음은 기자가 "당신이 생각하는 자유주의는 무엇입니까?"라고 묻는 질문에 우리 사회의 '두 개의 자유주의'의 입장을 대변하는 두 사람이 내놓은 답변이다.

박노자 아주 기초적으로는, 심신의 구속으로부터의 자유입니다. 몸의 자유라면 예컨대 초법적 인신구속으로부터의 자유, 체벌로부터의 자유 등이지만, 마음의 자유라면 양심상 할 수 없는 살인훈련으로부터의 자유나 종교 강요로부터의 자유 등입니다. 그 다음 차원은 각종 소외로부터의 자유입니다. 자유주의의 극치라면 각종의 소외 관계가 소멸되고 국가가 사멸되는 사회주의적 경지입니다.

복거일 개인들에게 사회가 너무 많은 강제를 하면 안 되고 한껏 자유를 줘야 한다는 주의입니다. 현재 자유에 있어서 정치적 자유는 거의 논란이 안 됩니다. 대의 정치, 투표의 자유 등은 이제 모든 사람들이 동의합니다. 문제는 경제적 자유입니다. 자본, 노동을 포함한 모든 것은 활용할 재산이자 가치입니다. 사회가 제약하면 안 됩니다. 사회가 따로 있는 것이 아니고 개인이 있기에 사회가 있는 것입니다. 경제적 자유가 있어야 경제가 발전합니다. 비참한 상태에 있던 중공도 경제적인 자유를 주니까 이제 잘 살게 되지 않았습니까. 경제적 풍요가 있어야 민주주의도 가능합니다. 경제성장이 멈추면 민주주의도 어려워집니다.

— 손제민, 『경향신문』, 2008.8.21.

이상과 같이 자신이 쓰는 용어나 개념을 분명히 정의 내리는 일은 자신의 관점을 분명히 정리하는 데에 도움이 될 뿐 아니라 이후에 좀 더 생산적인 논의를 끌어낼 수 있다는 점에서 매우 중요하다. 어떤 말이나 개념에 대한 정의는 사전 속에만 존재하는 것은 아니다. 사람이 태어나고 성장하고 늙어가면서 태도와 생각이 달라지듯이 어떤 용어나 개념도 시간이 흐르면서 다른 의미를 지니기도 한다. 그 시간의 역사 속에서 용어나 개념이 달라질 수도 있다. 따라서 여러 가지 입장과 역사적인 맥락을 가진 청중 앞에서 발표를 할 때 발표자는 자신이 사용하고 있는 용어나 개념의 정확한 사용에 대해서 주의해야 한다. 그리고 자신이 사용하는 개념이 어떤 것인지 발표 초반에 분명히 정의를 내리고 시작한다면 그 논의에 대한 불분명한 오해를 줄일 수 있을 것이다.

연습 문제 1

친구들 앞에서 "나는 ○○이다"라는 정의의 형태로 나를 소개해 보자. 시간은 3분 이내로 짧게 요약하여 설명해 보자. 혹은 자신을 대표할 만한 물건이나 특기로 자신을 소개해 보자. 짧은 시간 동안 어떻게 나를 인상적으로 소개할 수 있을지 생각해 보자.

연습 문제 2

"사랑은 ○○이다"의 형식으로 사랑을 정의 내리고 설명해 보자. 그 외에 "친구는 ○○이 다", "대학이란 ○○ 이다" 등을 정의 내리고 친구들 앞에서 3분 이내로 짧게 발표해 보자.

2.1.2. 비교 활용하기

비교적 시간과 공간의 제약 없이 읽을 수 있는 글과는 달리 말은 말을 하고 듣는 현장의 여러 가지 맥락에 직접적인 제약을 받는다. 일례로 대부분의 발표장에서 발표자는 제한된 시간 내에 발표를 마쳐야 한다. 말하고자 하는 내용이 아무리 많아도 제시간 안에 발표를 마치지 못하면 아무 소용이 없다. 발표자는 우선적으로 먼저 제한된 시간을 경제적으로 사용하면서 자신이 말하고자 하는 논의의 핵심을 분명히 전달해야 한다. 흔히 우리는 다른 사람들과의 시간 약속을 중요하게 생각한다. 발표자도 마찬가지이다. 발표자는 발표 시작 전에 미리 도착하여 청중과의 만남을 준비해야 한다. 그것이 청중에 대한 기본적인 예의이다. 다음으로 발표자가 청중과의 만남에서 지켜야 하는 두 번째 시간 약속은 제 시간 안에 발표를 끝내는 것이다. 이것 또한 청중과의 중요한 시간 약속이다.

그렇다면 동일한 시간 내에 어떻게 하면 말의 효과를 최대한 높일 수 있을까. 이럴 때 내가 말하고자 하는 것(A)을 다른 무엇(B)과 비교하는 방식은 짧은 시간 내에 발표자가 말하고자 하는 것을 단순하고 명확하게 전달할 수 있는 좋은 방법이다. 흰색(A)을 설명하기 위해서는 검은색(B)과 비교하는 것이 가장 단순하면서 효과적인 방법이다. 이상과 현실, 자연과 문명, 남성과 여성, 국가와 개인 등 이항대립적 사유체계가 도식적이고 이분법적 사고방식이라고 끊임없이 비판받으면서도 여전히 유용한 설명 방식으로 사용되고 있는 것도 바로 이 때문이다. 이와 같이 비교는 A와 B의 유사점과 차이점을 들어 설명하는 방식이다. 좀 더 구체적으로 A와 B의 유사점을 밝히는 것이 비교(比較)라면, A와 B의 차이점을 밝히는 것을 대조(對照)라고 한다.

그림 좋은 화백, 내용 좋은 화백

시사만화가가 독자들에게 전달하려는 어떤 '내용'은 다른 신문기사처럼 문자에 의해서가 아니라 그림에 의해 이뤄진다는 점에서 그림을 잘 그릴 수 있는 능력은 시사만화가에게 요구되는 기본적인 자질이다. 따라서 아무리 훌륭한 메시지를 전달할 수 있다고 하더라도 그림이 따라주지 못하면 독자들에게 외면당하게 되는 것은 자명한 이치. 하지만 아무리 그림이 훌륭하다고 해도 어떤 사안에 대한 잘못된 해석을 내린다거나, 풍자가 미흡한 작품을 선보인다면 그것은 그림을 못 그리는 것보다 더욱 나쁘다 할 것이다. 일반 만화와 시사만화(특히 한 칸 만평)가 구분되는 가장 큰 특징은 바로 이 점이다.

이런 관점에서 본다면 우리나라의 시사만화가들은 대략 다음과 같은 4가지 범주로 구분해 볼 수 있다(이 관점은 필자의 주관적인 판단이니 혹 섭섭한 구석이 있더라도 이해해 주기 바란다). 우선 그림도 잘 그리고 내용도 좋은 화백(A형). 둘째 그림은 좀 쳐지지만

경향신문

중앙일보

조선일보

내용이 좋은 화백(B형). 셋째 그림은 볼만하지만 내용이 못 따라가는 화백(C형). 넷째 그림도 그렇고 내용도 그저 그런 화백(D형).

현재 활동하고 있는 종합일간지 시사만화가 가운데 A형으로 분류할 수 있는 화백은 경향신문의 ○○○ 화백, 부산일보 ○○○ 화백, 매일신문(대구) ○○○ 화백 등을 꼽을 수 있다. C형은 C1형과 C2형 C3형으로 다소 세분화시킬 필요가 있다. C1형은 내용이 가끔 엉뚱한 방향으로 흐르는 화백, C2형은 종종 엉뚱한 방향으로 흐르는 화백, C3형은 아주 많이 엉뚱한 방향으로 흐르는 화백이 된다. C1형의 시사만화가는 중앙일보 ○○○ 화백, C2형은 조선일보 ○○○ 화백 등을 꼽을 수 있겠다. C3형과 D형의 시사만화가에 대한 언급은 시사만화가들 사이에서 회자되고 있으므로 생략.

A형으로 분류되는 매일신문 만평의 10월 28일자를 살펴보도록 하자. 이 만평은 노무현 후보와 정몽준 의원을 번갈아가며 공격하고 있는 이회창 후보를 풍자한 그림이다. 사실적이고 깔끔한 그림체가 돋보인다. 더욱이 포신 아래 그림자까지 처리돼 있는 등 정성을 기울인 흔적이 역력하다. 누구라도 정성을 많이 들인 것처럼 보이는 그림을 좋아하는 것은 당연한 것 아닌가.

– 김진수, 『미디어오늘』, 2002.10.31.

위의 인용문은 시사만화의 요소를 '그림'과 '내용' 두 측면으로 나누어 비교하고 있다. 시사만화를 '그림'과 '내용'으로 구분하여 비교하는 것은 신문에 실리는 다른 기사들과 달리 그림으로 이루어져 있는 만화의 속성을 명확하게 제시하고 있는 것으로 만화에 대한 구체적인 지식이 없는 사람도 시사만화에 대해 쉽게 이해할 수 있도록 한다. 이 글은 시사만화의 '그림'과 '내용'의 비교라는 전략을 통해 시사만화의 특성을 명확하게 하는 한편 '그림'과 '내용'의 구체적인 비교 분석을 통해 필자가 말하고자 하는 바를 선명하게 전달한다. 발표에서도 이러한 비교의 전략은 발표 내용의 선명성과 구체성을 쉽게 확보해준다는 점에서 매우 유용한 방법이라고 할 수 있다.

한편 비교에서 유의할 점은, 너무 많은 것을 한꺼번에 비교해서는 안 된다는 것이다. 예컨대 위에서 언급하고 있는 시사만화가들은 총 5명이다. 5명의 시사만화가들을 언급할 때 첫째, 둘째, 셋째, 넷째, 다섯째 식으로 열거하며 설명하는 방식도 있을 수 있지만 크게 두 가지 혹은 세 가지 경우의 수로 압축하여 설명하면 청중의 집중도를 훨씬 높일 수 있다. 유사한 것을 비교하는 것이나 반대되는 것을 대조하는 것이든 비교의 이원적인 설명 방식은 설명하고자 하는 내용을 보다 간략하게 제시하여 청중들로 하여금 비교적 쉽게 이해할 수 있도록 한다. 또한 비교를 위해서는 비교의 기준이 명확해야 한다. 차가움과 뜨거움, 밝음과 어둠의 비교와 대조는 온도와 밝기라는 기준에서 서로 비교, 대조되고 있다. 두 가지 이상의 대상을 비교할 때 그 기준이 객관적이지 못할 때 비교 자체가 성립될 수 없고 그러한 비교는 오히려 청중을 더 혼란스럽게 만들 수 있다.

연습 문제 3

다음은 우리나라 대학생들이 존경하는 인물이나 닮고 싶은 역할 모델로 꼽은 대표적인 인물들이다. 각각의 인물들을 설정한 비교의 기준을 밝히고, 5분 이내의 짧은 말하기의 형태로 비교하여 발표하여 보자.

1) 아인슈타인과 밀레바 마리치
2) 에디슨과 테슬라
3) 빌 게이츠와 스티브 잡스
4) 몬테소리와 슈타이너
5) 유재석과 전현무
6) 손흥민과 리오넬 메시
7) 이황과 이이
8) 박세리와 김연아

밀레바 마리치와 아인슈타인

2.1.3. 인용 활용하기

우리는 고전이나 유명 작품 속의 훌륭한 글귀, 명사들의 말이나 인터뷰에 크게 공감하며 감명 받을 때가 많다. 명언이나 격언, 유명인의 감명 깊은 인터뷰는 많은 사람들의 마음을 움직이는 힘을 가지고 있다. 그렇기에 그런 말들은 많은 사람들의 머릿속에 오래도록 기억된다. 따라서 설명을 할 때 청중들에게 비록 단 한 마디의 짧은 말이지만 강한 울림을 갖는 격언, 명언, 인터뷰 내용을 인용하면 감성적인 효과를 거둘 수 있다. 짧은 말을 통해 강한 발언 효과를 얻는 것으로 정치인의 화술 감각만 한 것이 없다. 복잡한 정치 현안에 대해 "함께 급한 불을 끄는 데에는 찬성하지만, 불을 낸 사람들에 대해서는 용서를 해서는 안 된다."는 식의 짧고도 강한 화술을 구사하는 정치인들의 발언에 대해 평소 유심히 관찰해 보면 대중적인 설득력을 위해서 때로는 장문의 충분한 이야기뿐 아니라 짧은 말을 통해 이야기의 핵심을 찌르는 촌철살인(寸鐵殺人)의 언술 또한 필요함을 느낄 수 있다.

한편 고전은 동서고금, 시간과 공간을 초월하여 많은 사람들에게 읽히고 살아남은 책이다. 아주 오랜 시간 동안 사람들에게 꾸준히 읽히는 책은 그 책의 가치가 현재에도 여전히 살아 있음을 말해준다. 고전을 인용할 경우, 발표자는 청중들로부터 그 고전의 권위에 대한 신뢰를 바탕으로 좀 더 확신을 가지고 자신의 주장을 전달할 수 있다. 다음은 마키아벨리의 고전 『군주론』에 빗대어 현대 정치의 일면을 비판하고 있는 어느 칼럼이다.

마키아벨리의 경고

니콜로 마키아벨리가 『군주론』에서 말한 군주(프린치페, principe)는 오늘날의 용어로 하면 지배자 또는 지도자다. 500년 된 이 정치 팸플릿은 근대의 여명기에 처음으로 인민 대중을 발견한 저작이기도 하다. 군주의 카운터파트는 귀족이 아니라 인민이다. 귀족은 갈아치울 수 있지만 인민은 언제까지나 같이 가야 할 정치의 터전이자 국가의 실체이기 때문이다. 마키아벨리는 이렇게 당대의 통념을 산산조각 냈다. 대중의 발견이라는 업적을 업고 마키아벨리는 대중민주주의 시대에 들어와 더 많이 참조되고 탐구되는 인물이 됐다. 마키아벨리 연구는 좌익과 우익을 가리지 않는다. 이탈리아 공산주의 지도자 안토니오 그람시는 옥중에서 『군주론』을 정치교과서의 전범으로 삼아 분석했다. 그는 공산당을 '현대의 군주'라고 묘사했다. 미국 네

오콘의 사상적 뿌리인 레오 스트라우스는 마키아벨리의 겉면과 내면을 깊숙이 탐색했다. 그의 후예들은 조지 부시를 '현대의 군주'로 주조했다. 마키아벨리 전기를 쓴 시오노 나나미는 "역사상 영향력 있는 정치인들은 하나같이 마키아벨리를 비난했지만, 그의 영향을 받지 않은 정치인은 하나도 없다."라고 단언하기도 했다. 현대의 지도자 치고 마키아벨리의 가르침으로 무장한 정치전술을 활용하지 않는 자는 찾아보기 어렵다. 대한민국 대통령이라고 해서 예외일 리 없다.

마키아벨리가 비난의 대상이 되는 이유는 부도덕을 설교했다는 데 있다. 권력을 유지하려면 군주는 약속도 팽개칠 수 있어야 하고 무자비한 수단도 눈 하나 깜짝하지 않고 쓸 수 있어야 한다. '대중 조작 기술'을 가르쳤다는 사실은 마키아벨리가 비난받는 또 다른 이유다. 그는 군주가 선한 성품을 실제로 갖출 필요는 없지만 갖춘 것처럼 보이는 것은 반드시 필요하다고 말했다. "군주는 지극히 자비롭고 신의가 있으며 정직하고 인간적이며 경건한 것처럼 보여야 한다." 그러지 않으면 권력을 얻을 수도 지킬 수도 없다. 마키아벨리가 '악의 교사'라는 타이틀을 얻는 이유가 다른 데 있지 않다.

그러나 마키아벨리 자신이 속류 마키아벨리즘을 넘어 더 중요한 곳을 들여다보았다는 사실은 종종 망각된다. 마키아벨리는 사악한 수단으로 권력을 얻을 수는 있어도 영광을 얻을 수는 없다고 확언했다. 인민의 진심 어린 지지를 얻지 못한 군주는 요새를 잃어버린 장수와 같다. 그러므로 어떤 일이 있어도 군주가 인민의 미움을 사서는 안 된다. 최악의 상황은 미움에 더해 경멸을 받는 것이다. 지도자가 변덕이 심하고 경박하고 소심하고 우유부단하다고 평가받으면 이미 지도자로서 생명이 끝난 것이나 다를 바 없다. "군주는 마치 암초를 피하듯이 경멸받는 것을 피해야 한다." 시선을 지금 대한민국으로 돌려보면, 암초가 코앞에 있는 형국이다. 금융시장은 대통령의 말도 경제수장의 말도 듣지 않는다. 어떤 호소도 먹히지 않는다. 신뢰가 떠나버린 자리를 경멸이 채우고 있다. 마키아벨리는『군주론』서두에서 때늦은 해결책은 아무런 소용이 없다고 경고한다.

– 고명섭,『한겨레』, 2008.10.28.

이와 같이 특히 민감한 정치적 사회적 이슈를 다룰 때 고전을 인용하면 말하는 사람의 심리적인 안전망 역할을 할 수 있다. 고전의 권위에 기대어 발표자가 말하고자 하는 내용의 신뢰감과 권위를 높일 수 있기 때문이다. 위의 인용문의 기자는 마키아벨리의 고전『군주론』을 인용하는 데에서 더 나아가 안토니오 그람시나 시오노 나나미의 마키아벨리에 대한 평가를 더 인용함으로써 마키아벨리 인용의 효과를 더 강화하고 있다. 그리고 그러한 강화된 효과는 마지막에 비판하고자 하는 정치 현안에 대한 높은 비판의 강도를 정당한 것으로 받아들이도록 계산되어 있다. 정치 현안에 대한 신랄한 비판의 방법에는 직접적인 공격의 방식도 있지만 이와 같이 고전을 인용하면서 간접적으로 표현하는 방법도 있다. 그리고 이와 같이 간접적인 인용의 방식은 말하고자 하는 내용을 훨씬 풍부하고 입체적으로 만들어 청중으로 하여금 인상 깊은 반응을 얻을 수 있다. 인상 깊게 들은 말은 그만큼 그 효과가 크고 오래간다. 발표자는 자신의 발표 주제를 직접적이고 정확하게 전달하는 것 이상으로 청중들에게 어떻게 감성적으로 호소할 수 있는지도 주의 깊게 관찰하고 준비해야 한다.

연습 문제 4

고전의 인용은 발표 내용에 대한 신뢰와 권위를 높일 수 있다. 자신이 읽었던 고전 목록 중에 인용할 만한 구절을 하나씩 찾아와 청중 앞에서 발표해 보자. 어떤 점이 인상적이었는지 그리고 어떤 주제의 내용을 발표할 때 활용할 수 있는지도 추가적으로 설명해 보자.

2.1.4. 사례 활용하기

실제로 일어났던 일이나 에피소드를 이야기하는 방식은 듣는 사람들의 주의를 쉽게 환기할 수 있다. 왜? 누군가 살아 있는 사람의 이야기는 그 자체로 재미있기 때문이다. 이론적인 설명이나 분석을 하는 발표장에서 짧지만 인상 깊은 사례를 인용하면 청중들의 관심을 환기하여 발표자의 설명에 더 집중하게 하는 효과를 얻을 수 있다. 여러 차례 발표의 경험이 있는 사람이라면 “이런 일이 있었습니다.” 혹은 “예를 들어….”라고 말하는 순간 무료하게 발표를 듣던 청중들의 눈이 한꺼번에 호기심에 빛나며 일제히 발표자에게 향하는 순간들이 있음을 느꼈을 것이다. 그만큼 실제 사례를 인용하면 다른 어떤 것보다 청중의 흥미를 쉽게 끌 수 있다. 실제 일어났던 일이나 에피소드는 청중들에게도 익숙한 일상생활 속의 이야기들이며 그만큼 친숙하고 부담 없는 상태에서 발표를 들을 수 있게 해준다. 사소하고 단순해 보이지만 이렇듯 청중들의 관심을 끌고 주의를 얻는 일은 발표자가 발표하는 내내 청중과의 소통을 위해서 섬세하게 신경을 써야하는 부분이다. 발표자의 일방적인 전달보다는 청중과의 소통 속에서 진행되는 발표가 청중들에게 인상적인 발표로 남을 가능성이 훨씬 많기 때문이다.

실제 사례를 인용할 때는 일상생활 속에서 쉽게 관찰할 수 있는 일반적인 사례를 드는 경우와 특별한 체험이나 유명인의 구체적인 일화를 이야기하는 방식이 있다. 사람들은 동일한 이야기라도 더 새롭고 신기한 이야기에 좀 더 흥미를 느끼는 경향이 있다. 그리고 어떤 경우에, 우리가 쉽게 접해볼 수 없는 영역이나 특수한 경험을 가진 사람들의 이야기에서 청중들은 익숙하거나 당연하다고 생각했던 것에서 벗어나 새로운 발견이나 깨달음에 도달하기도 한다.

다음의 예시는 미국의 문학가이자 평론가, 교수 등을 역임하고 있는 록산 게이라는 여성운동가가 자신의 경험담을 바탕으로 청중에게 발표하는 내용이다.

나는 나쁜 페미니스트입니다.

저는 여자로서 실패입니다. 저는 페미니스트로서 실패입니다. 저는 양성평등에 관한 열성적인 의견이 있지만 "페미니스트"라는 딱지를 쉽게 받아들이는 것이 좋은 페미니스트에게 폐가 될 것 같아 걱정입니다. 저는 페미니스트지만 좀 나쁜 쪽입니다. 그래서 저를 불량한 페미니스트라고 부릅니다. 어쨌든 에세이를 썼고 "나쁜 페미니스트"라는 책을 썼습니다. 그러자 사람들이 인터뷰할 때 저를 바로 그 나쁜 페미니스트라고 하시더라고요. 혼자서 장난처럼 그리고 계획적인 도발로 시작한 것이 의미 있는 것이 되었습니다.

잠시 옛날이야기를 해 볼게요. 제가 어렸을 때 10대나 20대일 때 페미니스트에 대한 이상한 생각을 갖고 있었어요. 털 많고, 분개한, 남자와 성을 혐오하는 여자로요. 마치 그런 것들이 나쁜 것인 양 말이죠. 오늘날 세계에서 여성들이 어떤 대우를 받는지 보면 특히 분노가 가장 적합한 반응일 것 같습니다.

하지만 옛날에는 제가 페미니스트인 것 같다고 사람들이 암시하는 말투를 걱정했었어요. 페미니스트라고 하는 것은 비난하는 말이었어요. 욕하는 말이었죠. 좋은 말이 아니었어요. 저는 규율대로 사는 여자가 아니라는 꼬리표가 붙었죠. 너무 많은 것을 기대하고 감히 저를 평등하다고 남성보다 우월한 존재라고 자신을 너무 높이 평가하는 사람이라고요. 그렇게 반항적인 여성은 되고 싶지 않을 겁니다. 확실히 그런 여성임을 알게 되고 다른 사람이 되는 게 상상이 안 될 때까지는요. (중략)

록산 게이

또 고백할 게 있습니다. 일하러 운전할 때 매우 흉악한 랩음악을 아주 크게 틀고 들어요. (웃음) 가사가 여성들을 비하해도 어떤 가사는 제 속을 뒤집어 놓아요. 음양트윈스의 고전인 "솔트 셰이커(소금 그릇)"는 끝내줘요. "젖은 티셔츠를 입고 해봐. 네 낙타가 아프다고 할 때까지 흔들어봐." 생각해 보세요. 시적이죠, 그렇죠? 저는 음악 취향이 완전 굴욕이에요. (웃음)

저는 남성들이 하는 일을 굳게 믿어요. 제가 하고 싶어 하지 않는 일들이죠. (웃음) 모든 집안일들 또 벌레 죽이기, 쓰레기 버리기, 잔디 깎기와 자동차 점검이요. 이런 건 하고 싶지 않아요. (웃음) 저는 분홍색이 제일 좋아요. 패션 잡지와 예쁜 것이 좋아요. "독신남" 쇼와 로맨틱 코미디도 봐요. 동화가 현실이 될 거라는 말도 안 되는 환상이 있어요.

저의 어떤 잘못은 더 지독합니다. 여성이 남편의 이름을 따르려고 하면 그건 그녀의 선택이며 제가 나설 자리가 아니라고요. 여자가 집에서 아이를 키우려 한다면 그 선택도 존중합니다. 그녀의 선택으로 스스로 경제적으로 취약하게 된 것이 문제가 아니라 문제는 사회가 그들을 경제적으로 취약하게 만들어 버린다는 겁니다. 그것을 해결해야 합니다. (박수) (중략)

우린 또한 대담하게 페미니즘을 주장할 수 있습니다. 좋든 나쁘든, 아니면 중간이든요. 제 책 "나쁜 페미니스트"의 마지막 줄에 이렇게 썼습니다. "페미니스트가 되지 않기보다는 나쁜 페미니스트가 되겠습니다." 여러 가지 이유가 있지만 이런 말을 하는 가장 큰 이유는 예전에 저의 목소리를 빼앗긴 적이 있었고 페미니즘이 목소리를 되찾도록 도와줬기 때문입니다.

사건이 었었어요. 그것을 사건이라고 불러서 그 일의 부담을 지려고 합니다. 어떤 남자아이들이 저를 망쳐 놓았어요. 저는 너무 어렸고 남자아이들이 어떻게 여자아이를 망칠 수 있는지 몰랐어요. 저를 아무것도 아닌 것처럼 대했어요. 저는 아무것도 아니라고 믿게 되었습니다. 저의 목소리를 빼앗았고 이후에는 제가 말하는 것이 의미가 있다는 생각을 감히 하지 못했어요.

하지만 글을 썼습니다. 저를 다시 써 나갔습니다. 제 자신을 보다 강한 자아로써 나갔습니다. 저와 같은 이야기를 이해하고 저처럼 생긴 여성들의 글을 읽었습니다. 유색인종으로 세상을 살아가는 것이 어떤지 이해했습니다. 제가 의미 있다는 것을 보여준 여성들의 글을 읽었습니다. 그들처럼 글 쓰는 것을 배웠고 그리고 제 자신으로서 글을 쓰는 것을 배웠습니다. 제 목소리를 되찾았고 제 의견이 한없이 강렬하다고 믿기 시작했습니다.

글쓰기와 페미니즘을 통해 제가 조금만 용기를 가진다면 다른 여성이 제 얘기를 듣고 저를 보고 우리가 세상이 원하는 대로의 모습이 아님을 깨닫게 됨을 알게 됐습니다. 한편으로는 무엇이든 성취할 힘을 가지고 있습니다. 다른 편으로는 한 여자라는 소박한 현실이 있죠.

저는 나쁜 페미니스트입니다. 저는 좋은 여자예요. 저를 인간답게 하는 모든 것을 버리지 않고도 저의 말과 행동, 생각하는 방식이 좀 더 나아지도록 노력하고 있습니다. 모두 이렇게 하기를 바랍니다. 그런 용기가 필요할 때 우리 모두 조금만 용기를 가지면 좋겠습니다. (박수)

– 록산 게이, 『TED』, 2015.6.

록산 게이는 우리 사회에 만연한 여성의 인권유린에 대해 경각심을 가져야 하며 우리들이 빠져 있는 무의식적인 모순과 편견이 얼마나 여성들에게 폭력적인지 전달하기 위해 자신의 어두웠던 과거를 고백한다. 청소년기에 또래 남학생들에게 당했던 성적 폭력과 그로 인한 자신의 상처를 고백함으로써 청중으로 하여금 자신의 이야기와 주장이 더욱 진정성 있게 전달되도록 한다. 록산 게이가 음악 이야기를 할 때나 잔디 깎기 이야기를 할 때 함께 웃던 청중들이 그녀의 경험담을 들을 때는 숨죽이며 경청하는데, 고백하기 어려운 내밀한 상처를 공유한다는 점에서 발표장 분위기는 엄숙해지기까지 한다. 이러한 고백은 곧 그녀가 말하고자 하는 남성과 사회적 편견, 그리고 우리의 무관심에 의해 지속적으로 유린당해 온 여성이라는 존재에 대해 진지하게 성찰하도록 한다. 자신이 직접 겪었던 이야기가 바탕이 된 만큼 큰 울림과 공감으로 남을 수 있었던 것이다.

발표자가 자신의 이야기를 언급하거나 고백하는 것에 몸을 사린다면 발표는 형식적이고 표면적인 것에 머물 수밖에 없다. 가장 좋은 무기는 진실이고 진심이라는 사실을 잊어서는 안 된다. 따라서 우리는 좋은 발표자가 되기 위해 주변에서 일어나는 크고 작은 일에 관심을 기울이며 진지한 시선으로 보는 습관이 필요하다. 우리가 직접 겪었거나 경험했던 이야기는 물론이거니와 언론과 방송을 통해 본 많은 이야기들도 전부 좋은 소재가 된다. 감동적인 이야기, 새로운 의식의 전환을 이룰 만한 소재를 찾는 일에 노력해야 한다. 그러한 이야기를 통해서 나의 발표를 단순한 일회성의 발표가 아니라 사람들의 마음속에 오래 기억되고 되새겨 생각해 볼 만한 발표로 만들 수 있다.

연습 문제 5

자신이 겪었던 일이나 아니면 주변에서 보고 들었던 일 중에서 인상적이거나 특별했던 것이 있으면 한 번 이야기해 보자. 그리고 그 경험과 그 사건이 왜 인상적이며 자신에게 어떤 깨달음이나 변화를 초래했는지도 함께 생각해 보자.

2.1.5. 통계 활용하기

발표를 하다보면 구체적인 자료를 제시하기 위하여 통계 수치를 인용하는 경우가 있다. 그리고 실제로 발표에 통계 숫자를 인용할 경우 발표에 대한 신뢰도를 높이는 효과가 있다. 통계 숫자의 정확성이 발표 또한 정확한 것이라는 인상을 주는 것이다. 그러나 통계 수치를 인용할 때 주의할 점은 이 또한 청중들의 정확하고 빠른 이해를 돕기 위한 방법이어야 한다는 것이다. 쉬운 이해를 돕기 위해 통계 수치를 인용했지만 오히려 인용된 통계 수치가 더 혼란스럽고 어려운 것이라면 곤란하다. 발표자는 전문가들이 사용하는 어렵고 복잡한 통계 수치일지라도 청중들의 쉬운 이해를 돕기 위해 얼마나 쉽게 전달할 수 있는지, 그리고 시각화할 수 있는지 방법을 찾아야 한다. 다음의 예는 63억에 이르는 지구촌 사람들의 이야기를 좀 더 쉽게 이해시키기 위해서 "만약 지구가 100명의 마을이라면"이라는 가정을 숫자의 비율로 표현한 예이다. 63억 지구촌 사람들의 생활을 숫자의 통계를 통해 쉽고도 재미있게 표현하고 있다.

지구가 100명의 마을이라면

지구마을 사람 100명 가운데
61명은 아시아에서,
13명은 아프리카에서,
12명은 유럽에서,
8명은 남아메리카와 중앙아메리카에서,
5명은 캐나다와 미국에서,
1명은 오세아니아에서 왔습니다.

지구마을 사람의 절반 이상은 인구가 많은 열 개의 나라에서 왔지요.
21명은 중국에서,
17명은 인도에서,
5명은 미국에서,
4명은 인도네시아에서,
3명은 브라질에서,
2명은 파키스탄에서,
2명은 러시아에서,
2명은 방글라데시에서,
2명은 일본에서,
2명은 나이지리아에서 왔습니다.
한국에서 온 사람은 1명이랍니다.

– 데이비드 스미스, 2002.

그런가 하면 지구 온난화 방지 환경 캠페인을 강조하는 연설문에서 1주일에 1번만 육식을 자제하거나 육류 섭취 횟수를 1주일에 4번 이내로 줄이자고 제안하는 것은 거창한 구호를 외치는 것보다 훨씬 더 설득력을 높일 수 있다. 1주일 4번이라는 통계 수치는 청중들이 실제로 체감할 수 있는 수치이고 그만큼 청중들의 마음을 쉽게 움직일 수 있기 때문이다. 발표를 할 때 통계 수치의 인용 또한 청중들의 쉽고 적극적인 이해를 위해 필요한 방법의 하나라는 것을 명심할 필요가 있다.

일주일에 고기 4번만 먹어야 온난화 방지

지구 온난화를 막기 위해 일주일에 육류 섭취 횟수를 4회 이내로 줄이고 우유도 1ℓ 미만을 먹어야 한다는 주장이 제기됐다. 영국 가디언 신문은 30일 인터넷판에서 기후변화 문제 연구단체 FCRN의 보고서 내용을 인용해 이같이 보도했다. FCRN은 식품업계나 식품 소비 관행이 온난화에 미치는 영향을 연구해 온 단체다. 이 보고서에 따르면 온난화를 막기 위해서는 일반 소비자들이 인터넷 쇼핑으로 식품을 구매해 전자레인지로 조리하는 대신 직접 시장까지 걸어가서 정해진 계절에 생산되는 식품을 구매한 뒤 압력밥솥 같은 '전통적' 조리 기구를 이용해 음식을 만들어야 한다. 2050년 세계 인구가 90억 명에 이를 것으로 전망되는 상황에서 선진국 국민들이 이처럼 육류와 유제품 소비를 줄여야 한다는 것. 보고서 작성을 주도한 타라 가넷 연구원은 사람들에게 자발적으로 생활 습관을 바꾸도록 하는 캠페인은 실패할 수밖에 없으며, 온실가스 배출 상한선을 정하거나 탄소 배출량을 가격에 반영하는 등 정부 차원의 대책이 마련돼야 한다고 주장했다. 보고서는 영국 식품업계가 생산량을 기준으로 할 때 3천 300만t, 소비를 기준으로 할 때 4천 330만t의 탄소를 배출하며 이는 영국 전체 배출량의 20% 미만이라고 밝혔다. 또 보고서는 포장 단계에서 온실가스 배출이 가장 많이 야기될 것이라는 일반적인 시각과 달리 포장 부문에서의 배출량은 농업 생산과 제조, 수송, 가정에서의 조리와 냉장에 이어 5번째로 많았다고 설명했다. 앞서 유엔 정부간 기후변화위원회(IPCC) 라젠드라 파차우리 의장도 1주일에 하루는 육식을 자제하는 등의 방법으로 육류 소비를 줄여야 한다고 주장한 바 있다.

– 김세진, 『연합뉴스』, 2008.10.1.

연습 문제 6

같은 날짜의 조간신문 5종류 이상을 읽고 친구들 앞에서 브리핑(요약 발표)을 해 보자.

1) 1면 톱뉴스의 헤드라인 제목을 소개하고 제목을 붙인 이유를 설명한다.
2) 각 신문사의 사설 주제를 소개하고 차이를 비교하여 설명한다.
3) 각 신문사의 사건사고 기사 중 흥미 있는 기사를 소개하고 설명한다.

TIP

인상적인 발표를 위한 일상 속의 습관

– 텔레비전 드라마나 영화를 보면서 인상적인 대사를 기억해둔다.
– 신문이나 잡지에 실린 인터뷰 기사를 읽고 스크랩한다.
– 언론에 소개되는 정치인의 인상적인 발언을 기록해둔다.
– 책을 많이 읽고 감명 깊은 문장을 기록한다.
– 일상 속에서 사람들의 행동을 관찰하고 기록한다.
– 인상 깊은 표현을 남기기 위한 비유, 은유법, 명언, 속담 등을 익힌다.

2.2. 설득을 위한 발표

아리스토텔레스는 상대를 설득하려면 세 가지가 필요하다고 했다. 로고스(logos, 이성)와 파토스(pathos, 감성)와 에토스(ethos, 윤리성)가 그것이다. 로고스는 논리이다. 우선 자신이 말하고자 하는 말에 논리를 갖추고 있어야 상대방을 설득할 수 있다. 그러나 다른 한편 논리만 가지고 상대방을 설득하기는 어렵다. 어떤 경우에 그 사람의 말이 논리적으로는 다 맞아도 그 사람의 말을 따르기 싫을 때가 있다. 매일 아침마다 반복되는 엄마의 잔소리는 그냥 흘려듣게 된다. 그리고 마찬가지로 사무적으로 대답하는 직원의 말은 무시하며 듣게 된다. 설득의 말은 단순한 정보 전달에 그치는 것이 아니라 상대방의 감정에 호소하고 그 사람의 행동까지 이끌어내야 한다. 상대방의 감정을 거슬리게 하는 말은 아무리 그 말의 취지가 좋아도 오히려 역효과를 내게 된다.

"설득은 감정에 호소한다."라는 말이 있다. 곧 설득에는 논리적 능력뿐만 아니라 감정적 호소력이 더 필요한 때가 많다. 그리고 감정적 호소력은 사람들의 직접적인 행동을 이끌어내고 때로는 그것이 긍정적이든 부정적이든 놀라운 결과를 가져오기도 한다. 히틀러와 같은 독재자들의 경우가 그렇다. 아이러니하게도 대중들은 히틀러의 선동에 동의하고 환호했다. 히틀러의 연설 장면을 보면 히틀러가 대중들을 흥분시키기 위해 과장된 화법과 제스처를 사용하는 것을 볼 수 있다. 동정과 연민, 강한 힘에 대한 동경과 같은 원초적인 감정에 직접적으로 호소하기도 한다. 그만큼 청중을 상대로 하는 말하기에서 감정적 호소력은 큰 힘을 발휘할 수 있다. 그러나 히틀러의 경우처럼 청중의 감정에만 호소하여 지나치게 청중을 선동하는 방식은 궁극적으로 바람직하다고 볼 수 없다.

그렇다면 바람직한 설득에 필요한 것은 무엇이 더 있을까. 아리스토텔레스가 설득에 필요한 것으로 가장 중요하게 꼽았던 것은 로고스도, 파토스도 아닌 에토스이다. 말하는 사람, 발표자에 대한 신뢰감이 가장 중요하다는 것이다. 같은 말이라도 누가 말하느냐에 따라서 청중의 받아들이는 태도가 달라진다. "남의 인생을 사느라 삶을 낭비하지 마십시오." 평범한 말이다. 여느 교양서나 에세이집에서 흔히 볼 수 있는 말이다. 그런데 이 말이 스티브 잡스의 연설문 중 하나라고 하면 사람들의 눈빛이 달라진다. 스티브 잡스가 누구인가. 세계적인 컴퓨터 회사 중의 하나인 애플사의 창업자이자 CEO, 컴퓨터 애니메이션 제작사인 픽사의 CEO이기도 한 천재이고 아이팟 신화로 인해 '시대의 아이콘'이라고까지 불리며 대중적인 인기를 얻고 있는 공학인이자 기업인이다. "남의 인생을 사느라 삶을 낭비하지 마십시오."라는 말은 그런 스티브 잡스가 췌장암 판정을 받고 죽음을 앞둔 상태에서 한 말이라고까지 하면 사람들은 그 말에 더 큰 감동을 느낀다. 입양, 대학 중퇴, 애플사 창업, 자신이 창업한 회사에서 해고당한 뒤 다시 재기에 성공한 이후 암 투병에 이르기까지 스티브 잡스의 삶은 실패를 딛고 일어선 열정적인 사람의 산 증인 역할을 하고 있다. 그렇기에 사람들은 스티브 잡스의 이야기에 이미 감동받을 준비를 하고 귀를 기울인다.

연습 문제 7

부록에 수록된 '스티브 잡스의 스탠포드 대학 졸업축사' 전문을 참고하여, '발표를 위한 기본 자세'로 제시한 항목들을 확인해 보자.

발표를 위한 기본 자세

1) 청중을 분석하라
2) 이야기를 만들라
3) 강/약을 유지하라
4) 요약을 하라
5) 연습을 하라
6) 클라이맥스를 만들라
7) 열정과 패기를 가지라

TIP

효과적인 연설문 작성의 방법

시간을 투자하여 준비한다

처칠 수상은 제2차 세계대전 중에도 간단한 의회 연설을 준비하는 데 12시간을 투자했다.

짧게 연설한다

레이건 대통령은 훌륭한 연설에 필요한 최대시간은 20분이면 충분하다고 했다. 아름다운 문장으로 구성된 1시간짜리 연설보다 10개의 문장으로 이루어진 링컨의 연설이 오래도록 기억된다.

박력 있게 연설한다

연설은 논리적인 구조(logos) 이상이 있어야 한다. 영감(ethos)을 불어넣을 수 있는 구절이 있어야 한다.

평범한 언어를 사용한다

어려운 단어나 문구는 청중들에게 아무런 감흥을 주지 못한다.

긍정적인 연설을 한다

연설의 내용은 무엇을 할 수 없는가보다는 무엇을 할 수 있는가에 초점을 맞춰야 한다.

멋진 마무리를 한다

연설의 마무리는 연설자의 의지를 표현하여 깊은 인상을 남겨야 한다.

– 서성교, 2003.

진심은 통한다. 발표자의 주장이 진실에서 우러나오는 '진짜'라고 느낄 때 청중 또한 '진짜로' 감동한다. 청중으로 하여금 발표자의 말이 도덕성을 갖춘 진실한 것임을 말하는 방법은 발표자 스스로 자신의 말과 행동, 인격이 일치되는 태도를 보여야 하고 또 실제로 그런 삶을 살아야 한다. 그렇기 때문에 대중 앞에 서는 일, 대중 앞에서 말하는 일이 사실은 제일 어렵고 힘든 일인 것이다. 말을 잘하기 위해서는 평생 끊임없는 노력이 필요하다.

상대의 입에서 말이 떨어지는 순간 믿을 수 있는가 결정을 내린다

배심원들은 진실을 판단하는 데는 천부적인 전문가들이다. 배심원들과 마찬가지로 우리와 늘 대화하는 보통 사람들도 전문가들이다. 그들은 신뢰도 탐지기로 우리를 시험한다. 대화 중에 뭔가 이상한 느낌이 들면 그들은 경계한다. 그들은 미묘한 차이점을 무의식중에 보고 듣는다. 그들은 말소리의 차이를 듣는다. '선택된 말'과 '들리는 말', '신체적인 말' 사이에 미묘한 차이를 알아챈다. 나의 감각은 잠깐 동안의 대화를 통해 수백 가지 신호를 기록하고, 어떤 컴퓨터보다 빠르게 정보를 분석하여 판단을 내린다. 문장 하나를 분석하는 데 거짓말 탐지기는 수분 혹은 수시간이 걸리는 반면, 나의 마음은 상대의 입에서 말이 떨어지는 순간 그의 신뢰성에 대해 결론을 내린다.

말을 하는 몇 분 동안, 내가 보내는 신호들, 즉 입에서 나오는 모순된 표현, 무의식적인 외면, 잘못된 눈썹 치켜뜨기, 메시지와 일치되지 않는 목소리, 모순되는 보디랭귀지와 눈 등을 분석할 수 있다면, 고의적으로 동시에 완벽하게 이 모든 신호를 협응시키기란 불가능하단 것을 알 수 있을 것이다. 단어 선택에 신경 쓰다 보면, 소리와 제스처가 잘못될 것이다. 보디랭귀지와 말을 일치시키려다 보면, 너무 자기를 의식하게 되어 몸이 굳어지고 믿음직스럽지 못하게 될 것이다. 하나는 통제할 수 있겠지만, 전체는 놓쳐 버릴 것이며, 결국 상대를 설득시키는 데 실패할 것이다.

– 게리 스펜스, 2003.

TIP

설득에 필요한 네 가지의 심리적 동기

① 발표자가 바라는 행동을 보증할 만한 충분한 근거를 보여준다.
② 그 행동이 청중의 판단에 가치 있고 좋은 일이라는 것을 인정하게 한다.
③ 그 행동을 실행할 만한 강한 심리적 동기를 청중들에게 부여한다.
④ 그 행동을 시작하려는 결심만으로도 청중이 만족할 수 있게 한다.

설득하기 위해서는 발표자의 주장이 진실에서 우러나오는 것임을 믿게 하는 것이 중요하다. 전영우(1996)가 제시하는 설득에 필요한 네 가지의 심리적 동기가 바로 그것이다. 결국 설득이란 발표자가 청중의 마음을 움직일 때 특히 윤리적으로 옳고 진실한 것임을 믿게 하는 것이다.

연습 문제 8

최근에 방송이나 미디어를 통해 들었던 연설이나 발표 중에 인상적이었던 것을 하나 꼽아서 어떤 특징이 있었는지 분석하고 정리해 보자. 그리고 그 연설의 장점과 단점을 하나씩 정리하면서 어떤 점이 인상적인 원인이 되었는지 분석해 보자. 그리고 잘된 연설이란 무엇인지 정리해 보자.

연습 문제 9

동료의 발표를 보고, 별첨에 제시된 평가표를 기준으로 발표자의 발표에 대해 평가해 보자. 평가하는 과정에서 어떤 점이 부족하고 어떤 점을 보완하면 좋을지도 생각해 보면서 자신이라면 어떤 점을 어떻게 바꾸어 진행할지도 정리해서 표에 기록해 보자.

3

발표의 절차와 방법

• • •

우리는 이토록 많은 연설들과 발표들에 둘러싸여 있다. 학교에 가서는 선생님의 강의를 듣고 텔레비전을 통해서는 많은 정치인들의 발표와 진행자들의 연설을 듣는다. 그리고 우리는 때때로 직접 찾아서 감동적인 이야기나 실용적인 정보를 듣기도 한다. 또한 우리가 직접 다수의 청중 앞에서 말을 하거나 의견을 전달하기도 한다. 조금 과장해서 말하면 단 하루도 발표를 보지 않고 넘어가는 날이 없다고 할 수 있다. 그만큼 발표는 특별하고 특수한 말하기이면서 동시에 일상적이고 가장 효과적인 말하기 방식으로 자리 잡았다.

이렇게 시청각 보조 자료를 이용한 프레젠테이션과 연설, 즉 발표가 일상생활에 자연스럽게 자리 잡은 것은 미디어의 발달, 시대적 요구와 관련된다. 일인 방송국이 가능해지고, 누구나 다수 앞에서 자신의 생각과 감정을 전달할 수 있으며, 동시에 다양한 시청각 매체까지 활용할 수 있게 된 것은 어디까지나 미디어와 사회적 소통망의 발달이 있었기 때문이다. 이제 사람들은 다수의 청중 앞에서 자신을 드러내거나 소통하는 것을 낯설어하지 않게 되었으며 오히려 그러한 대중과 대중의 다각적인 소통이 일상적인 문화이자 일종의 놀이로 자리 잡았다.

물론 발표, 즉 대중에게 의견을 표현하는 행위가 일상적으로 익숙해졌다고 해도 우리는 보다 효과적이고 긍정적인 결과를 산출하는 양질의 발표를 위해서 많은 노력과 준비를 해야 한다. 오히려 많은 사람들이 너나 할 것 없이 다수 앞에서 자신의 의견을 전달하려 하면 할수록 자신의 목소리에 더욱 경쟁력을 갖춰야만 그 발화가 의미 있는 것이 될 것이다. 넘쳐나는 소음 속에서 우리의 귀를 사로잡는 것은 한줄기 멜로디일 수 있다.

그렇다면 우리는 우리의 목소리를 어떻게 음악으로 만들 수 있을까? 이번 장에서는 수없이 넘쳐나는 목소리들 속에서 나의 발표가 하나의 음악이 되어 대중들의 귀를 사로잡도록 하는 방법에 대해서 살펴보고자 한다. 그 중에서도 보다 공식적이고 주어진 환경과 목표 의식이 분명한 발표의 준비 과정을 정리해 보자.

현대 사회는 예전과 달리 발표의 기회가 많이 주어지는 것이 사실이다. 20세기가 '유인물 발표'의 시대라면 21세기 디지털 시대는 그림, 사진, 도표, 영상 등을 포함한 '발표'의 시대이다. 발표는 반드시 시청각 자료를 동원해야 하는 것은 아니다. 그러나 발표의 내용이 보다 효율적으로 전달되도록 하기 위해 보조 기자재들을 이용하는 프레젠테이션(Presentation)이 일반적이다. 조두환(2006)은 발표를 '다양한 기술과 커뮤니케이션 도구를 이용하여 자신의 메시지를 가능한 명확하게 또 효과적으로 전달하는 일련의 종합적인 과정, 즉 자신의 주장이나 아이디어, 경험, 노하우 등 제반 정보를 상대방에게 전달하고 설득하는 모든 행위'로 보았고, 나은미(2007)는 '문자나 영상 자료 등 시청각 자료를 이용하여 전달하고자 하는 내용을 구성하고, 구성한 자료를 기반으로 하여 정보를 상대방에게 전달하거나 설득하는 일련의 과정'으로 정의하였다.

발표는 듣는 이에게 정보, 기획, 안건을 제시하고 설명하는 행위로 다양한 현장에서 활용된다. 먼저 학교 수업 시간에 개인별 또는 조별로 조사(기획)·분석한 내용을 발표하면서 정보를 공유할 수 있다. 기업 활동에서는 발표의 성공 여부가 기획안의 채택 여부, 고객 유치 여부 등에 결정적인 역할을 하기 때문에 모든 분야에서 발표가 활발히 이루어지고 있다.

TIP

파워포인트의 효과

- 사용법이 간단해 초보자도 쉽게 다룰 수 있다.
- 슬라이드 문서를 쉽고 빠르게 만들 수 있으며, 문서를 수정하기 쉽다.
- 엑셀 등에서 만든 표나 그래프를 간단히 삽입해서 활용할 수 있다.
- 동영상이나 음성 등의 멀티미디어 정보를 삽입할 수 있다.
- 파워포인트 문서를 간단하게 웹 문서로 만들어 인터넷에서 활용할 수 있다.

발표를 수행하는 여러 가지 방법 중에 가장 일반적으로 쓰이는 제작 도구가 바로 파워포인트이다. 오늘날 발표와 파워포인트는 거의 같은 개념으로 인식되곤 한다.

따라서 가장 일반적이고 보편적으로 이루어지고 있는 발표인 파워포인트를 활용한 발표를 통해 발표의 절차와 방법을 살펴보기로 한다.

3.1. 발표의 준비

발표에서도 지피지기면 백전백승이다. 철저하게 사전 준비를 해야 성공적인 발표가 가능하다. 발표를 준비하기 위해서는 먼저 발표의 목적과 주제를 명확하게 정하고(Purpose), 청중에 대한 정보를 분석하고(People), 발표에 필요한 모든 정보를 수집해야(Place) 한다.

3.1.1. 발표의 목적과 주제 정하기

어떠한 발표이건 간에 발표하려는 주제와 목적이 분명해야 한다. 제대로 된 목표와 주제 설정은 발표 전체 과정에서 기본 방향을 제시하여, 각 단계의 오류나 일관성을 해치는 부분을 수정하는 데 나침반 역할을 한다.

3.1.2. 청중 분석하기

발표의 궁극적인 목표는 발표를 통해 청중을 이해시키고 설득하는 것이다. 이 때문에 청중의 규모나 직종, 연령, 직업, 이해력, 욕구(Needs) 등에 대한 정보를 수집하여 분석해야 한다. 발표의 성공 여부는 전적으로 청중에게 달려 있다. 청중의 주의를 끌기 위해서는 그들이 원하는 바를 정확하게 아는 것이 필요하다. 그것을 바탕으로 발표 방법과 난이도 등을 조절해야 한다.

TIP

청중 분석하기

구분	내용
호의적인 청중	이들은 발표자에 대한 믿음이 강한 청중이다. 이들에게는 명쾌하고 간결한 발표로 충분하다. 굳이 장황하게 이야기하여 청중을 지루하게 만들 필요는 없다.
중립적인 청중	이들에게는 무엇보다도 호감과 신뢰를 얻는 일이 중요하다. 이를 위해서는 발표 내용을 뒷받침할 만한 논리적인 근거 자료를 충분히 제시해야 한다. 그리고 청중의 호기심을 유발할 수 있는 다양한 사례를 제공한다.
적대적인 청중	가장 까다로운 청중인 만큼 특별한 대응책이 필요하다. 이들에게는 생각의 차이를 인정하면서 발표자의 의견을 표현하는 것이 좋다. 장황한 이야기로 시간을 끌며 이들을 불편하게 만들어서도 안 된다. 간단명료하게 진심을 담은 발표가 되도록 한다.

청중 조사는 필수

여러분의 발표를 들으러 올 청중을 이해하기 위해서는 그 집단의 사람들을 만나 관심사에 대해 질문하고 여러분의 발표에 녹여 넣을 만한 정보가 있는지 알아보는 것이 좋다. 어떤 조직에 가서 이야기를 하게 되면 그 조직의 홈페이지이든 소개 자료든 잡지에서든, 그 조직에 대해 알 수 있는 가능한 많은 정보를 읽어보고 어떤 사람들인지, 무엇을 듣고 싶어할지를 알아낸 후에 그에 맞추어 발표를 준비해야 한다.

또한 여러분은, 청중은 몇 명이나 될지(10명인지 1,000명일지), 그들의 공통 관심사는 무엇이며 그중 일부의 관심사는 무엇인지, 중요한 의사결정권자가 오는지, 여러분에게 무엇을 기대하는지, 어떤 믿음과 가치관을 가지고 있는지, 보수적인지 아닌지, 여러분에게 호의적인 사람들인지 아닌지, 옷은 격식을 차려야 하는지 캐주얼이 나을지, 그들이 여러분이 이야기할 내용에 대해, 그리고 여러분에 대해 이미 알고 있는지, 얼마나 잘 알고 있는지 등에 대해 미리 조사하고 그에 맞춰 준비해야 한다. 그리고 그날, 그 자리에 가서 그들의 반응에 맞춰 여러분이 준비한 것을 약간씩 수정하면서 재치 있게 대응해 가며 가장 효과적이라고 생각되는 방식으로 전달해야 한다.

- 문병용, 2009: 31-32.

3.1.3. 자료 수집하기

발표에 필요한 정보와 자료를 다양하게 수집해야 한다. 자료를 많이 수집할수록 발표 내용은 풍부해진다.

발표는 일정한 장소에서 한정된 시간 안에 시행해야 한다. 발표 장소와 환경, 장비에 대한 정보 수집도 필수적이다. 발표 장소의 크기와 좌석의 배치, 좌석의 편안함 여부에 따라 발표 시간과 내용, 방법을 조절해야 한다.

3.2. 발표 스토리보드 작성하기

좋은 이야기는 천년을 간다. 재미있는 이야기를 싫어하는 사람은 없다. 서사와 스토리에 대한 관심과 흥미는 인류가 발생한 이래 계속되어 왔으며 이야기를 만들고 발굴하고 소통하고 전파하는 것이 인류의 문화 발전의 원동력이었음은 논란의 여지가 없다. 어떠한 흐름과 주제를 가진 한 편의 이야기는 듣는 이가 감동을 느끼거나 놀람을 자아내거나 새로운 깨달음을 얻을 수 있도록 해 준다. 그 전에 우리는 어떤 이야기 구조로 되어 있지 않은 내용은 흥미롭게 받아들이거나 인상적으로 기억하지 못한다. 역사학자 헤이든 화이트가 우리가 사실이라고 믿어 의심치 않는 역사마저도 하나의 이야기이며 서사라고 언급했을 때 그것은 역사가 사실이 아니라는 의미라기보다는 선형적이고 구성적인 체계가 없다면 역사가 하나의 기록으로 남거나 인간의 의식에 인지되기 어렵다는 사실을 강조하는 것이었다.

발표도 마찬가지이다. 인상적이고 감동적인 발표를 하기 위해서는 선형적인 흐름과 구심점을 가지고 있으며 기승전결이 있는 한 편의 이야기를 구성해야 한다. 발표에 관한 기획이 끝났으면 다음 단계로 발표 전체의 밑그림을 작성해야 한다. 특히 발표를 파워포인트로 구성하기 위한 기본 설계도는 스토리보드로 작성하는 것이 좋다. 그리고 스토리보드로 작성할 때는 기계적으로 나누는 것보다 하나의 흐름과 서사적 맥락을 고려하는 것이 좋다. 스토리보드의 연결 과정에서 이음새가 두드러지게 드러나지 않고 물 흐르듯이 자연스럽게 진행된다면 청중 입장에서도 발표자의 이야기에 더욱 몰입할 수 있으며 오랫동안 발표의 내용을 기억하는 데에도 훨씬 효과적일 것이다.

인종 폭력에 굴하지 않는 한 예술가의 대담함

개념 예술가로서 저는 도전적인 담론을 이끌어내기 위한 창의적인 방법들을 항상 찾고 있습니다. 저는 이것을 회화, 조소, 영상, 퍼포먼스를 통해 표현합니다. 하지만 형식에 상관없이 제가 가장 좋아하는 소재는 역사와 대화입니다.

2007년에 저는 "연"이라는 작품을 냈습니다. 직경이 7.5피트 정도 되는데 연꽃을 표현하는 데 유리 600파운드를 썼습니다. 불교에서 연꽃은 초월과 깨끗한 마음, 정신을 상징합니다. 하지만 이 연꽃을 자세히 들여다보시면 꽃잎 한 장 한 장 이 노예선의 단면도임을 확인하실 겁니다. 이 상징적인 도해는 영국의 노예 매매 매뉴얼에 실린 것으로 이후에 노예해방론자들이 노예제의 잔혹성을 보여주기 위해 사용하기도 했습니다. 미국에서 우리는 노예제에 관해 말하는 것을 꺼릴뿐더러 이것이 세계적인 산업이라고도 생각하지 않습니다. 하지만 이 불교의 상징을 이용함으로써 저는 미국 흑인들의 역사와 트라우마가 국경을 초월하여 보편화되고 우리가 공유하는 과거가 논의될 수 있기를 바랍니다. "연"을 완성하기 위해 우리는 6000명의 사람을 새겨 넣었습니다. 그 결과 뉴욕시로부터 이것을 28피트짜리 철강으로 만든 조각품을 의뢰받았고 그것은 '이글 청년 학교'에 영구 설치되었습니다. 그 학교는 이 역사에 가장 많은 영향을 받았던 민족인 흑인과 라틴계 학생들을 위해 지어졌습니다. 이 두 민족은 최근의 현상에도 매우 큰 영향을 받고 있습니다. 하지만 잠시 주제에서 벗어나서 저는 세계 곳곳의 기념품 가게나 벼룩시장에서 나무로 된 아프리카인 조각상을 수집해 왔는데요, 조각상들의 진위 여부나 출처는 확실히 논란의 여지가 있지만 사람들은 이것들에 어떤 요술 같은 힘이 깃들어 있다고 믿습니다. 이것을 제 작품에 어떻게 써야 할지 깨달은 것은 최근의 일입니다. (총성)

2012년부터 세계는 트레이븐 마틴, 마이클 브라운, 에릭 가너, 산드라 블란드, 타미르 라이스, 그리고 말 그대로 셀 수 없이 많은 비무장의 흑인 시민들이 경찰의 손에 피살되는 것을 봤습니다. 경찰들은 아무런 처벌 없이 풀려나는 경우가 다반사입니다. 이 피해자들의 희생과 심지어는 법을 준수하는 아이비리그 교수인 저조차 경찰이 겨누는 총구의 표적이 된 적이 수차례 있었다는 점을 고려한 저는 "탕!(BAM)"이라는 간단한 이름의 이 작품을 만들게 되었습니다.

샌퍼드 비거스

이 조각상들이 지닌 각각의 개성을 지워 버리는 것이 중요했습니다. 다 똑같이 보이게 만들어서 경시하기 쉽도록 하기 위해서요. 그래서 저는 조각상들을 두꺼운 갈색 밀랍에 담갔어요. 총알로 새롭게 조각될 그것들을 사격장에 가져다 놓기 전에요. 재미있었습니다. 큰 총과 초고속 비디오 카메라를 가지고 놀았죠. 이 조각상들에 대한 제 경외심 때문에 실제로 방아쇠를 당기지는 못했어요. 왠지 제 자신을 향해 총을 쏘는 듯한 느낌이 들었거든요. 결국 저와 일하는 촬영기사인 라울이 총을 쐈죠. 그다음에 저는 그 파편들을 가지고 거푸집을 만들어 처음에는 밀랍으로 주조하고 마침내는 여기 보이는 사진처럼 청동으로 주조했습니다. 보시다시피 전투 후의 상흔이나 흉터처럼 폭력의 흔적이 남았습니다.

최근에 마이애미에서 이 작품을 전시했을 때 한 여성은 총알 한 발 한 발이 자신의 영혼에까지 느껴졌다고 했으며 또한 그분은 이러한 작품들이 이들의 죽음뿐 아니라 미국 역사를 통틀어 인종 차별을 당한 다른 희생자들도 함께 추모하는 것 같다고 했습니다.

하지만 "연"과 "탕!"은 단순한 미국의 역사 그 이상입니다. 작년에 베를린에서 이 작품을 전시했을 때 철학도인 한 학생이 저에게 최근의 피살 사건들이 촉발된 이유를 물었습니다. 저는 그에게 흑인이 교수형 당하는 사진이 담긴 1990년대 초의 엽서를 보여주고 이러한 피살이 500년이 넘게 자행돼 왔음을 상기시켰습니다. 하지만 그가 한 것과 같은 질문을 통해서만 역사와 인종에 관해 더욱 사려 깊게 대화할 수 있을 것이고 우리 자신과 사회가 발전할 수 있을 겁니다.

저는 제 작업이 이렇게 진실된 교류를 위한 안전지대가 되고 또한 현실에 필요한 담론에 사람들이 서로 참여할 수 있는 하나의 기회가 되기를 바랍니다. 감사합니다.

— 샌퍼드 비거스, 『TED』, 2016.2.

위의 예시로 제시된 샌퍼드 비거스의 연설문은 길지 않지만 분명한 흐름과 스토리를 갖는다. 예술가인 자신의 직업을 소개하면서 역사와 대화에 관심 있음을 언급한다. 그리고 자연스럽게 '인연'과 관련된 자신의 작품을 언급하면서 그 "연"이라는 작품이 모두 잘못된 인연, 즉 노예제도를 통한 백인과 흑인의 만남을 형상화한 것이라고 고백한다. 그리고 바로 '탕'이라는 총소리로 청중들을 놀라게 한다. 결국 그가 하고 싶었던 이야기는 흑인이라는 이유만으로 경찰들의 경계 대상이 되거나 잠정적 범죄자 취급을 받아야 하는 편견에 대한 것이었다. 그리고 총알 파편으로 만든 자신의 작품을 언급한다. 그에 담긴 의미가 바로 '연'과 '탕'으로 설명할 수 있는 미국의 역사임을 피력하기 위해서 말이다. 그의 이야기는 연설의 처음에 언급한 그 '인연'으로 다시 돌아온 것이다.

한 나라의 문화와 역사, 그리고 인종과 인연에 대한 이야기를 자신이 만든 작품을 구심점으로 하나의 이야기로 엮어서 전달하고 있다. 이러한 흐름 덕분에 청중은 흥미로우면서도 효과적으로 그가 전달하고자 하는 말의 의미를 깨달을 수 있으며 거부감 없이 그의 주장에 동조할 수도 있다. 이렇듯 하나의 흐름과 구심점, 그리고 수미 상관적 구조를 통해 한 편의 완성된 스토리보드를 구성하는 것이 중요하다. '말'은 언어를 사용하여 하나의 건축물을 만들 듯이 체계적이고 유기적으로 구성될 때 더욱 큰 가치를 가진다. 스토리보드 작성 단계에서는 독자의 입장에서 생각하며 순서와 방향성을 고민해야 한다.

연습 문제 10

친구들 앞에서 자신의 고등학교 시절에 대해 이야기해 보자. 이야기하면서 어디서부터 어떻게 시작하고 어떻게 전개하며 어떻게 끝맺음을 해야 흥미롭게 전달될지 생각해 보자. 그리고 만약 자신의 이야기나 친구의 이야기가 재미없었다면 어떤 이유 때문인지 생각해 보자.

3.3. 파워포인트 슬라이드 구성하기

3.3.1. 단계별로 나누라

파워포인트를 활용한 발표의 내용에 해당되는 슬라이드 구성은 서론(introduce), 본론(body), 결론(conclusion)의 3단계로 나누는 것이 기본이다. 발표에서는 가급적 짧은 시간 안에 주제를 명쾌하게 청중에게 전달해야 하기 때문에 너무 복잡한 구성은 피하는 것이 좋다.

3.3.2. 시간 배정을 잘하자

전체 발표 시간은 가급적 20분이 넘지 않아야 한다. 통상적으로 파워포인트의 슬라이드 구성은 서론(5%), 본론(75-85%), 결론(5%), Q&A(10-15%) 정도로 구성하는 것이 좋다. 이것을 20분 분량의 발표에 적용하면, 서론 1분(총 1분), 본론 15분(총 16분), 결론 1분(총 17분), Q&A 3분(총 20분) 정도가 된다.

개인마다 약간의 차이가 있지만, 일반적인 청중들이 주의를 기울이는 시간은 매우 짧다. 5분에서 10분이 지나면 많은 사람들의 주의가 흐트러진다. 이러한 이유 때문에 전체 발표에 사용되는 시간은 20분을 넘지 않는 것이 좋다.

그러나 상황에 따라 20분을 넘어가는 발표가 필요한 경우도 있다. 만약 발표 시간이 20분을 넘어가게 되면, 그 안에서 다시 세부 단계로 나누어야 한다. 즉, 각 단계에 또다시 서론과 본론, 결론이 나누어져 있어야 한다는 말이다. 그리고 전체에 대한 짧은 서론과 결론도 필요하다.

예를 들어, 60분 분량의 발표를 이 방식대로 구성하면 이렇다. 전체 서론 1분, 1단계 19분, 2단계 20분, 3단계 18분, 전체 결론 2분(총 60분) 정도로 구성하면 된다.

3.3.3. 일관성을 유지하라

각 슬라이드의 이미지는 일관성을 유지하여 통일감을 주어야 한다. 슬라이드 구성이나 도안의 통일은 시선의 움직임을 일정하게 하여 내용의 이해를 촉진시키는 역할을 하고, 발표 내용에 일관성을 부여한다. 이를 위해 서론의 도입 슬라이드부터 본론, 결론에 이르기까지 글자체와 글자 색깔, 배경색을 일치시키는 것이 좋다.

글꼴의 변화는 의미를 강조하는 데 주요한 기능을 한다. 왼쪽 슬라이드는 하

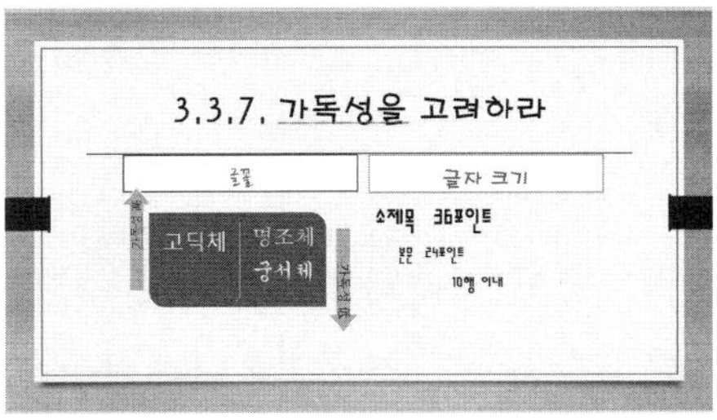

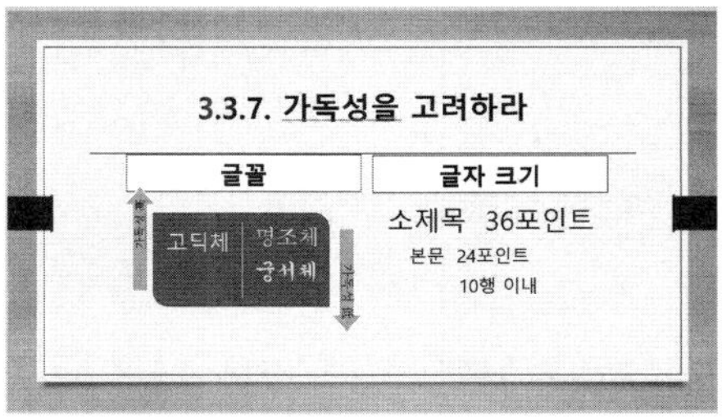

나의 슬라이드에 지나치게 다양한 글꼴을 배치하고 있다. 슬라이드 내에서 다양성을 주려는 의도일 수는 있으나 오히려 슬라이드에서 강조해야 할 핵심 내용을 희석시키고 있다. 이 슬라이드의 목적은 가독성과 글꼴, 글자 크기 사이의 관계를 정확히 전달하는 것이다. 그런데 제목이나 중심 단어에 다양한 글꼴이 일관성 없이 사용됨으로써 오히려 핵심 내용이 제대로 전달되지 않을 뿐만 아니라 청중의 집중력을 분산시키고 있다. 반면에 오른쪽 슬라이드는 가독성과 글꼴, 글자 크기 사이의 관계를 선명하게 보여주고 있다. 슬라이드의 글꼴을 일관성 있게 통일하는 한편, 가독성이 높고 낮은 글꼴만 변형을 주어 핵심 내용을 명확히 대비시키고 있다. 요컨대 오른쪽 슬라이드는 일관성 있는 글꼴을 사용함으로써 핵심 내용을 정확히 전달하고 있으며 내용을 시각적으로 이해하도록 배려하고 있다.

3.3.4. 시각화하라

슬라이드는 청중의 관심을 자극하고, 청중의 시선은 슬라이드에 머물러 있어야 한다. 그러기 위해서 슬라이드의 시각화는 필수적이다. 파워포인트 발표에서 시각 자료는 전달하고 싶은 메시지의 개요를 청중에게 빨리 이해시키고, 전체 내용의 구조와 관계, 흐름을 한눈에 보여줄 수 있다.

다만 시각 자료가 모든 것을 다 설명해주는 만능 해결사는 아니다. 따라서 시각 자료와 함께 시각 자료를 설명할 수 있는 텍스트를 넣는 일이 필요하다. 이때 시각 자료는 가급적 단순해야 하고, 텍스트는 그래픽을 설명할 수 있도록 간단명료하게 작성되어야 한다.

TIP

잭 웰치의 시각화 노하우

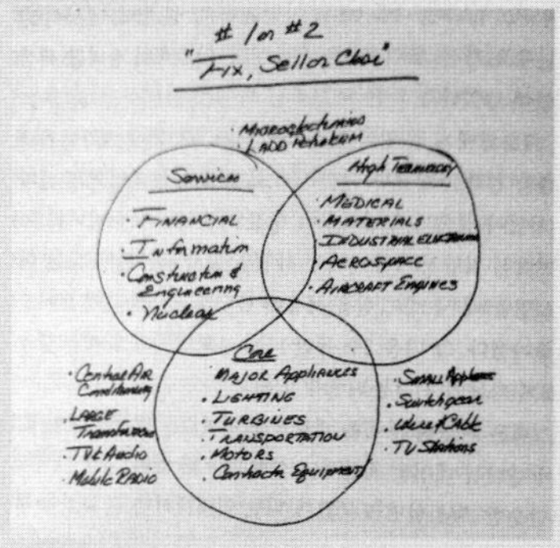

잭 웰치, 2001: 168.

1980년대, 미국의 거대공룡기업인 GE를 살리기 위한 구조조정 방안을 고민하던 잭 웰치 회장은 어느 날 식당에서 식사 도중 종이냅킨에 무언가를 그렸다. 세 개의 원으로 구성된 그림이 바로 잭 웰치 회장이 GE를 세계 제1의 초우량 기업으로 만든 기초가 되었다. 이 그림은 거대하고 복잡하게 구성된 GE 산하의 여러 사업부들을 정리하거나 폐쇄할 사업부와 계속 유지할 사업부로 분류하여, 단순하고도 명쾌하게 이해할 수 있도록 만든 시각화의 성공 사례다. 이러한 시각화를 통해 잭 웰치 회장은 회사 경영진과 주주들에게 자신의 비전과 계획을 제시하고 그들을 설득함으로써, 성공적으로 GE 그룹 전체를 구조 조정하여 지금의 기업으로 만들어냈다. 이것이 바로 시각화의 위력이다.

3.3.5. 단순화시키라

슬라이드에 발표자가 이야기할 내용까지 모두 담고 있을 필요는 없다. 군더더기 없는 문장으로 설명하고, 나머지 디테일한 부분은 시각적인 자료와 말로 보충하는 것이 좋다. 슬라이드 한 장에는 하나의 메시지만 담는 것이 좋다. 따라서 슬라이드 한 장에 담기는 정보의 양을 조절해야 한다. 하나의 슬라이드에 너무 많은 정보를 담아내면 청중이 이해하기 어렵다. 파워포인트로 시각적인 자료를 만들면서 저지르게 되는 가장 흔한 실수 중 하나는 너무 세밀하고 복잡하게 만드는 것이다. 대체로 청중은 그 세밀하고 복잡한 시각 자료(그래프나 도형 등)에 주의를 기울이기 어려울 때가 많다.

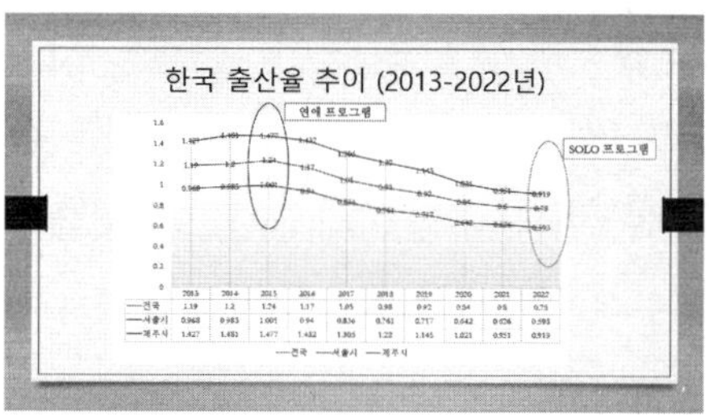

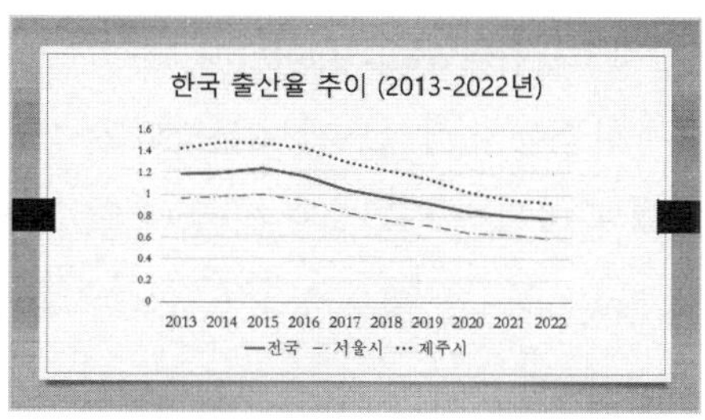

위 슬라이드는 통계청(kosis) 자료를 바탕으로 한국 출산율 추이를 도표로 보여주고 있다. 왼쪽 슬라이드의 경우, 한국 출산율의 추이를 도표와 작은 글씨로 복잡하게 제시하고 있으며, 도표와 수치 외에도 프로그램 정보까지 추가 제공하고 있다. 한 장의 슬라이드에 너무 많은 정보를 제공함으로써, 각 정보가 지시하는 의미를 인식하기 힘들게 하고 있다. 오히려 복잡한 시선의 이동이 요구될 뿐이다. 이로 인하여 청중은 그래프를 직관적으로 보는 것이 아니라 정보를 이해하기 위해서는 슬라이드의 도표와 수치들에 집중해야 하며 세세히 읽을 수밖에 없다. 이는 피로감으로 이어지고 결과적으로 발표에 대한 청중의 흥미와 집중력을 떨어뜨리게 한다. 반면에 오른쪽 슬라이드의 경우, 한국 출산율의 전국적 추이를 서울시 제주시와 대비하여 간명하게 제시하고 있다. 핵심 내용을 단순화시킴으로써, 청중은 지역 간의 출산율 차이와 한국 출산율의 추이를 직관적으로 이해할 수 있다.

3.3.6. 체계적인 구성을 하라

각각의 슬라이드에는 제목이 필요하다. 하나의 슬라이드에는 하나의 메시지만을 담아야 하기 때문에 제목은 그 슬라이드에 담긴 메시지를 적절히 요약할 수 있는 단어 혹은 짧은 문장으로 작성되어야 한다. 이때 제목은 가급적 한 행을 넘지 않는 것이 좋다. 제목만으로 설명이 부족하다면 그것을 보완할 수 있는 소제목을 달아도 무방하다. 이때 소제목은 본문의 중요한 내용 중에서 핵심을 뽑아내야 한다.

본문 텍스트 또한 간결하고 명확한 구조를 가져야 한다. 가급적 주요 사항을 먼저 정의한 다음 부가적으로 사례를 들어 그 정의를 설명할 수 있어야 한다. 본문의 메시지가 다음 슬라이드와 지속적인 연관이 있을 경우나 개념의 발전이 이루어지는 경우, 다음 슬라이드 전환에 도움을 줄 수 있는 문장을 삽입하는 방법도 효과적이다.

3.3.7. 가독성을 고려하라

청중은 슬라이드에서 문자와 문장을 읽지 않고 '본다.' 따라서 문장 자체를 간결하게 만들어 시각적으로 보기 좋게 만들어야 한다. 내용 이해에 반드시 필요하지 않은 단어들, 형용사와 부사로 이루어진 수식어, 접속사는 문장에서 생략하는 것이 좋다.

문장도 시각화에 초점을 맞춰 구성해야 한다. 글꼴은 눈에 잘 띄는 고딕체가 좋다. 명조체나 궁서체는 가독성이 좋지 않으니 유의해야 한다. 문자의 크기는 가급적 크게 작성하는 것이 좋다. 큰 글씨는 선명하게 읽기가 쉽고, 하나의 슬라이드 안에 많은 양의 정보가 담기지 않게 하는 효과를 낸다. 소제목은 36포인트, 본문은 24포인트 전후로 하는 것이 적당하다. 이렇게 되면 본문 텍스트의 양이 10행 이내가 된다.

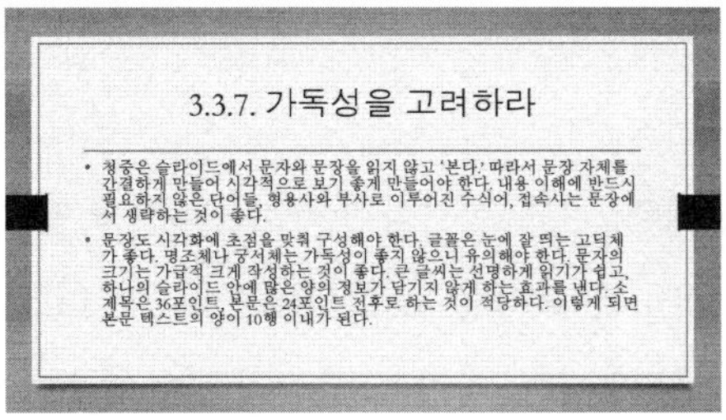

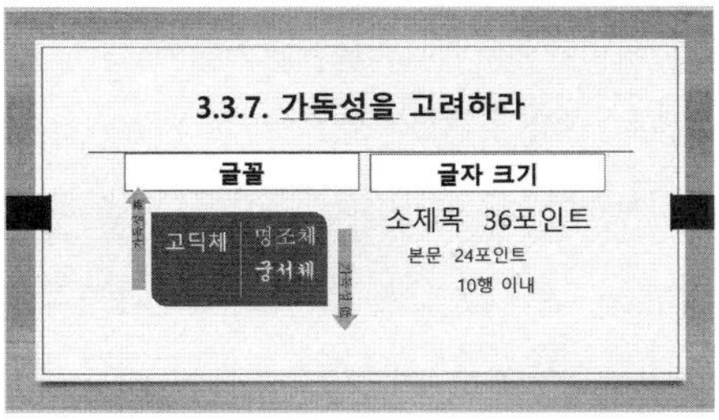

왼쪽 슬라이드를 보면, 하나의 슬라이드 안에 작은 글씨로 많은 양의 정보가 제공되어 있다. 너무나 작고 많은 글들로 인해, 말하고자 하는 바의 핵심을 파악하는데 오랜 시간이 소요된다. 이로 인해, 청중은 직관적으로 슬라이드를 인식할 수 없게 된다. 이러한 경우 청중은 슬라이드의 글자들에 집중하게 되고, 발표자의 발표에는 집중하지 못할 확률이 높다. 결국 청중은 발표자가 전달하고자 하는 발표의 핵심 내용을 놓치게 된다. 반면에 오른쪽 슬라이드는 왼쪽 슬라이드에서 제공된 정보 중 핵심적인 내용만을 제시하고 있다. 필요하지 않은 단어는 과감히 생략하고, 글꼴의 크기도 확장하여 가독성을 높였다. 불필요한 단어를 생략하고 핵심적인 내용만을 슬라이드에 담음으로써, 청중이 슬라이드의 핵심 내용을 쉽게 인식할 수 있게 하였다.

3.3.8. 시선의 흐름을 고려하라

슬라이드 구성은 시선의 흐름을 고려하여 작성하는 것이 좋다. 자연스러운 시선의 흐름은 슬라이드에 담긴 내용을 자연스럽게 받아들이게 만든다. 예를 들어, 글을 읽을 때와 같이 왼쪽에서 오른쪽 방향, 왼쪽 상단에서 오른쪽 하단 방향으로 시선이 갈 때 사람은 익숙함과 안정감을 느낀다. 원형의 경우 시계 방향으로 진행할 때 내용을 자연스럽게 받아들이기 때문에 도형과 텍스트를 이 방향에 맞추어 배치하면 진행에 무리가 없다. 반면 일반적으로 익숙한 시선의 흐름에서 반대 방향으로 구성하면 성장과 상승과 같은 강조의 느낌을 줄 수 있다.

3.4. 파워포인트를 활용한 발표

3.4.1. 파워포인트를 활용한 발표의 서론

1) 시작이 반이다

발표에서 긍정적인 첫인상은 매우 중요하다. 발표가 시작된 뒤 청중은 당신의 발표가 주의를 기울일만한 가치가 있는 것인지 판단한다. 시작을 성공적으로 이끌게 되면 청중은 비로소 당신의 발표에 집중할 것이다. 시작을 성공적으로 이끌기 위한 열쇠는 바로 자신감이다. 당신의 발표는 들을 만한 가치가 있고, 자신의 발표가 쓸모 있다고 스스로에게 환기시키는 것이 중요하다. 사람들은 자신만만한 사람에게 관심을 기울이는 법이다.

TIP

발표를 위한 복장과 매너

- 발표에 적합한 복장인지 살펴보자.
- 모자나 선글라스 등은 피하는 것이 좋다.
- 발표가 시작되면 반드시 자신의 이름을 밝히고 정중히 인사한다.
- 장황한 말보다는 간단명료한 말이 좋다.
- 발표를 마치면 감사의 말을 한다.

연습 문제 11

발표에 앞서 청중의 분위기를 풀어 주기 위한 15초 인사말을 연습해 보자. 자신의 소개와 함께 가볍게 주의를 환기시킬 수 있는 날씨, 그날의 분위기, 모임 장소 등에 대한 간단한 언급은 발표장의 분위기를 좀 더 부드럽게 바꾸어주고 발표자에 대한 우호적인 태도를 이끌어낼 수 있다. 단, 장황하거나 형식적인 인사말은 오히려 역효과를 낼 수도 있으니 주의해야 한다. 이런 점들에 유의하여 간단한 인사말을 연습해 보자.

2) 유머가 중요하다

만약 능력이 된다면, 적절하고 재치 있는 농담으로 발표를 시작하는 것이 좋다. 모든 청중이 발표의 내용에 흥미를 갖는 것은 아니기 때문에 가벼운 분위기로 시작하면 발표가 재미있을 것 같다는 인상을 심어주어 청중의 주의를 끌 수 있다. 그러나 반드시 청중을 웃게 만들 필요는 없다. 일반적으로 발표를 하는 발표자는 직업적인 코미디언이나 연예인이 아니기 때문이다. 단지 시도만으로도 족하다. 청중은 당신의 작은 배려에 만족할 것이다.

유머로 호감을 높여라

오바마의 연설이 다루는 진지한 주제들은 유머와는 거리가 있는 경우가 많다. 하지만 무거운 주제에 대한 심각한 발표 도중 그는 목소리를 변화시킨다든지 청중들이 하는 말에 맞장구를 치거나 애드립을 함으로써 청중들 모두가 크게 웃게 만든다. 그렇게 함으로써 청중들은 그에 대한 호감을 갖게 되어 더 친숙해진 느낌으로 발표에도 집중하게 된다.

문병용, 2009: 104-105.

3) 결론부터 말하라

청중에게 발표의 결론을 미리 말해주는 것이 좋다. 청중은 발표가 어떠한 절차에 따라 이루어질 것인지에 대해 알 권리가 있다. 이 때문에 서론에서는 앞으로 진행될 발표에 대한 명확한 주제와 그 방법, 그리고 소요될 시간에 대해 미리 말해주어야 한다. 청중은 그 정보를 바탕으로 발표 전체에 대해 어느 정도 예상을 하고 각자 들을 준비를 할 것이다.

1 + N + 1 법칙

인상적인 도입부와 인상적인 마무리, 이를 가능하게 하는 것이 바로 1 + N + 1 법칙이다. 여기서 1과 N은 시간을 의미한다. 즉 어떤 프리젠테이션이든 간에 처음의 1분과 마지막의 1분은 존재하는데, 이 시간은 반드시 도입부와 결론 부분에 투자해야 한다. 이를 '1 + N + 1' 법칙이라고 한다. 물론 도입부와 결론에 정확히 1분을 투자하라는 의미는 아니고, 일정 시간을 할애해 반드시 도입부와 결론 부분을 만들어야 한다는 뜻으로 이해하면 된다.

1 + N + 1 법칙에는 또 다른 의미도 있는데, 바로 도입부와 결론에 너무 많은 시간을 쓰진 않아야 한다는 것이다. 도입부가 너무 길어지면 프리젠테이션 전체가 늘어지는 느낌을 주고 본론에 투자할 수 있는 시간이 줄어들며, 결론 부분이 너무 길어지면 마지막 부분이었기에 집중을 잠깐이나마 다시 할 수 있었던 청중의 집중도가 현격히 떨어지기 때문이다.

- 김재성, 2012: 51.

3.4.2. 파워포인트를 활용한 발표의 본론

1) 구체적인 사례를 들라

본론에서는 말하고자 하는 내용을 논리적으로 설명해야 한다. 이때 구체적인 사례를 들어 설명하면 효과를 더욱 높일 수 있다. 따라서 각 단계의 소주제를 간단하게 정의한 후 부가적으로 예를 들어 그 소주제를 설명하는 방법이 유용하다. 통계 자료, 구체적인 데이터, 전문가의 의견처럼 객관적이고 구체적인 근거를 제시하는 것이 좋다. 특히, 숫자를 이용한 통계 수치는 시각적인 자료 못지않게 청중을 이해시키는 좋은 도구가 된다.

2) 사실과 의견을 구별하라

발표를 진행하게 되면 사실과 의견이 뒤섞일 수 있다. 이걸 명확하게 구분해서 정리하지 않으면 청중이 잘못 이해할 수 있음을 유념해야 한다. 발표자가 흔히 생각하는 것처럼 청중은 발표 내용에 깊은 주의를 기울이지 않는다. 발표 내용에 대해 가장 많은 주의를 쏟고 이해하고 있는 사람은 바로 발표자 자신이다. 본인에게는 오해의 소지가 없게 논리적으로 잘 구성된 내용이라도 청중에게는 다르다. 결과적으로 청중이 발표의 내용을 정확하게 이해하지 못했다면 그건 실패한 발표이다.

3) 발표 중간에 청중의 주의를 환기시키라

한 시간이 넘는 발표에서 청중의 주의를 지속적으로 끄는 것은 매우 어려운 일이다. 발표자는 이를 항상 염두에 두고 청중의 관심을 끌기 위한 노력과 방법들을 끊임없이 생각해 내야 한다. 특히 한 시간 이상 발표를 진행할 경우 매 15분 정도마다 청중의 주의를 환기시켜주는 것이 좋다. 시각적인 자료와 동영상, 애니메이션 효과를 넣은 슬라이드를 준비하는 것도 좋은 방법이다. 그러나 그보다 더 좋은 방법은 청중에게 무언가를 하게 만들어 주는 것이다. 예를 들어, 청중에게 질문을 한다든가, 간단한 조사를 한다든가(한 달에 영화를 몇 번이나 보느냐에 대한 조사-1편, 2편, 3편, 4편 이상으로 구분하여 손을 들어 보게 한다), 발표 내용과 연관된 퀴즈를 내어 풀게 하거나 어떤 사안에 대한 아이디어를 브레인스토밍하게 하는 것이 필요하다.

또한 청중의 관심은 일종의 순환주기를 갖고 있다. 스크린을 한 번 쳐다본 뒤, 발표자를 보고, 자신과 청중의 반응을 살펴본다. 어느 한 곳에 시선이 오래 머무르는 것은 좋지 않다. 그럴 때 청중은 발표의 내용이 아닌, 자신의 생각에 주의를 집중하게 된다.

4) 죽음의 계곡(Death Valley)을 피하라

성공적인 발표를 수행하기 위한 적당한 시기가 있다. 많은 발표 전문가들은 '죽음의 계곡'이라고 불리는, 점심 식사 이후 30분에서 90분이 경과한 시간대를 피하라고 조언한다. 이때가 바로 발표를 수행하기에 가장 힘든 시간대이다. 점심 식사 후의 나른한 식곤증 때문에 청중들이 발표 내용을 듣다가 종종 꿈나라에 빠져들기도 한다. 반면, 청중이 십대 혹은 더 어린 학생들이라면 이른 아침 시간대 발표를 피하는 것이 좋다.

발표를 진행하기 가장 좋은 시간대가 있다. 조금 늦은 아침(대략 오전 10시에서 11시쯤)과 점심 식사 이후 2-3시간이 경과한 때이다. 반면, 나쁜 소식을 전하게 되거나 적대적인 청중 앞이라면 발표 스케줄을 점심 식사 직후에 잡는 것이 좋다. 일반적으로 사람들은 그 시간대에 가장 긴장감이 풀어지는 경향이 있어 너그러워지기 때문이다.

그러나 발표 시간을 조정할 수 없는 경우가 있다. 이 경우 청중의 관심사, 흥미로운 이야기, 유머러스한 이야기, 청중에게 질문하기 등으로 청중을 발표에 집중하도록 유도할 필요가 있다.

5) 템포를 조절하라

일반적으로 파워포인트로 작성된 슬라이드 한 장을 설명하는 데 걸리는 시간은 2분여 정도가 적당하다. 청중의 관심을 지속적으로 유지하기 위해서는 다양한 길이의 슬라이드를 섞는 것이 좋다. 너무 규칙적인 리듬은 사람을 빨리 지치게 한다. 많은 설명이 필요한 복잡한 슬라이드 다음에는 짧은 슬라이드를 배치하고, 필요하다면 하이퍼링크 기능을 써서 주요 용어나 배경 지식을 설명하는 슬라이드로 빠져나가도 무방하다. 중간 중간 흥미로운 슬라이드나 사진, 그래픽 같은 예시 슬라이드의 배치도 필요하다.

3.4.3. 파워포인트를 활용한 발표의 결론

1) 결론 단계임을 청중에게 주지시키라

결론은 발표의 마지막 단계로 발표의 목적을 청중에게 주지시킬 수 있는 최후의 기회이고, 그 어느 때보다 청중의 주의와 집중이 요구되는 시기이다. 지금이 바로 발표의 모든 내용을 정리하고, 결론을 내리는 단계임을 청중에게 강하게 주지시켜라. 긴 발표에 지쳤거나 주의를 기울이지 않았던 청중들도 발표가 곧 끝남을 알고 주의를 기울일 것이다. 발표자는 이때를 잘 활용하여야 한다. 발표의 목적이 청중에게 잘 전달될 수 있도록 주제와 내용을 일목요연하게 다시 정리하고 강조하라. 단, 중언부언하거나 본론과 똑같은 이야기를 되풀이한다면 청중은 금세 흥미를 잃어버릴 것이다. 결론을 위해 준비된 시간은 짧다. 이 시간을 제대로 활용하지 못하면 다시 만회할 기회가 없음을 명심해라.

2) 비장의 카드를 준비하라

발표의 내용이나 상황에 따라 다르겠지만, 가급적 맨 마지막에 관객들에게 놀라움을 줄 수 있는 선물을 준비하면 좋다. 발표가 끝난 뒤 청중은 맨 마지막의 발표자의 말을 가장 오래 기억하게 된다. 그때 좋은 인상을 심어줄 수 있다면 발표의 여운은 제법 오래갈 수 있을 것이다. 서론과 본론의 내용을 뒤집을 대반전 정도의 내용이 아니라, 발표 내용과 관련되어 유용하게 사용할 수 있는 Tip이나 꼭꼭 숨겨놓았던 슬라이드 한 장을 보여주며 마무리하는 것도 괜찮은 방법이다. 어떤 발표이든 처음 순간과 마지막 순간이 매우 중요하다는 사실을 상기하라.

오바마식 드라마틱한 엔딩

어떤 발표이건 처음 오프닝과 마지막 클로징이 너무나 중요한데 그 이유는 청중은 중간에 들은 내용들은 잘 기억하지 못하기 때문이다. 발표의 마지막에 힘이 없으면 그동안 아무리 잘 들었더라도 끝나고 나서 무언가 빠진 것 같은 허전함이 들지만, 내용은 기억이 잘 안 나더라도 마지막 문단의 메시지와 마지막 클로징이 멋지면 발표가 끝나고 나서도 두고두고 그 발표가 머리와 가슴에 남고 기억되게 된다.

청중은 오바마의 연설의 끝부분에서 그의 언변과 자신 있는 모습에 완전히 빠져 끝까지 정신을 차리지 못하고 따라가다가 클라이맥스에서 연설이 끝나자, 더 듣고 싶다는 아쉬움과 (공연이라면) 앵콜을 부르고 싶은 느낌, 감동, 너무 잘한다는 느낌을 복합적으로 가진 상태에서 그에게 완전히 반하게 되는 것이다.

버락 오바마

약간 상황은 다르지만 어떤 모임이든 사회를 보는 사람이 그 모임이 끝날 때, "끝났습니다"라고 싱겁게 이야기하지 않고 무엇인가 기억에 남을 만한 이야기를 하고 "감사합니다!"라고 크게 이야기하고 끝내는 것도 이에 무관하지 않다. 연설을 하든 모임을 이끄는 사회자가 되든 첫 오프닝보다 더 중요한 이 클로징을 가능하다면 드라마틱하게 계획하고 연출하면, 청중은 여러분이 실제로 보여준 것보다 훨씬 잘했다고 느끼게 될 것이다.

- 문병용, 2009: 192-193.

3.5. 발표의 마무리_질문과 답변

3.5.1. 미리 대비하라

질의와 응답 시간은 단순히 형식적인 절차가 아님을 명심하라. 청중이 하는 질문의 양은 발표의 성공을 가늠할 수 있는 중요한 잣대이다. 질문이 많다는 것은 그만큼 그 발표가 성공적이었다는 반증이다. 물론 청중의 질문이 많다는 것은 발표자가 제대로 설명하지 못했다는 이유일 수도 있다. 그러나 이런 상황에서도 발표자는 청중을 이해시키기 위해서 더욱 성실하게 답변해야 한다. 실제 발표를 하기에 앞서 질의와 응답에 대한 사전 준비가 필요한 것도 이 때문이다.

먼저 청중의 숫자가 적다면, 발표 중간 중간에 청중에게 질문을 요청하는 것이 좋다. 질문을 독려하는 것은 청중을 발표에 지속적으로 참여하게 만드는 방법이다. 반면, 발표에 참석한 청중의 숫자가 많다면, 발표가 끝나고 질문을 받도록 해라. 중간에 질문을 받게 되면, 발표 시간을 통제하기 힘들고 중간에 발표의 맥이 끊겨 내용의 밀도가 떨어질 우려가 있다. 만일 전체 발표 시간이 길다면 각 단계 말미에 질의와 응답 코너를 만드는 것도 좋다.

혹 발표가 다 끝나고 청중에게 질문을 요청했는데, 아무도 질문을 하지 않는다면 그것도 문제이다. 아무런 의구심이 들지 않는 완벽한 발표이었다면 할 말이 없지만 그런 경우는 사실 드물다. 이때 현명한 발표자는 청중을 여유롭게 돌아보며 질문을 유도한다. "제가 평소에 많이 받는 질문은 이렇습니다."라고 먼저 운을 떼면서 말해 보라. 가능하다면 청중의 명단을 확보해서 질문을 시작할 대상자를 미리 선정해 두는 것도 좋은 방법이다.

3.5.2. 충분한 연습 기회를 가지라

발표 자체도 발표자를 긴장시키지만 질의와 응답 시간만큼 발표자를 긴장하게 만드는 것도 없다. 발표 내용은 발표자가 만든 체계 안에서 이루어지지만 질의와 응답 시간은 사전 각본이 없기 때문이다. 특히 질문은 때때로 적대적인 모습을 띠기도 한다. 발표에 대한 즉각적인 거부 반응은 발표자를 당혹스럽게 만든다. 질의와 응답 시간은 발표의 대미를 장식하는 마지막 부분이기 때문에 더욱 세심한 주의를 요한다.

동료들 앞에서 직접 발표를 연습해 보라. 실전보다 좋은 연습은 없다. 그리고 그들에게 발표 내용에 대한 질문을 요청해라. 이 예상 질문을 토대로 예상 답변을 만들어 연습하면 실전에서 훨씬 더 매끄러운 답변을 할 수 있을 것이다.

예상 답변을 준비했으면, 답변과 관련된 자료가 발표 자료 중 어느 페이지에 있는지를 파악하고 거기에 링크를 걸어두자. 청중에게 발표의 모든 내용을 세세하게 기억하도록 바랄 수는 없다. 질문에 대한 관련 자료를 즉시 보여주면 답변에 대한 신뢰도가 증가할 것이다.

3.5.3. 자신감 있게 답변하라

발표의 주체는 어디까지나 발표자 자신이다. 청중은 발표 내용과 관계된 질문을 하기도 하지만, 때로는 더 포괄적이고 세세한 질문을 할 때도 있다. 그러나 철저한 사전준비에도 불구하고 발표자의 능력에는 한계가 존재한다. 발표에 참가한 모든 청중을 다 만족시키기란 불가능한 일이다. 이러한 점 때문에 발표자들이 질의와 응답 시간에 공포를 느끼는지도 모른다. 그렇다고 해도 발표자는 자신감을 잃으면 안 된다. 발표자의 자신감 없는 태도와 머뭇거림은 곧 발표 내용 전반에 대한 신뢰성 하락과 연관될 수 있음을 유념해야 한다.

질의와 응답 시간에는 질문자의 성향을 가급적 빨리 파악한 후 그에 따른 적절한 대응이 필요하다. 적대적인 질문에는 문제점이 존재하고 있음에 동의를 표하고 질문자의 통찰력을 칭찬한 후, 함께 해결책을 모색해 보자고 대답하는 것이 좋다. 질문자의 의도를 제대로 파악하지 못했다면, 질문을 다시 정리하며 질문의 요지를 확인하기 위해 노력해야 한다. 발표자의 답변에 질문자가 만족하지 못하는 행동을 보이면, 답변이 만족스러운가를 재차 확인하고 부족하다는 의사 표현을 하면 다시 답을 주도록 노력해야 한다.

TIP

질문에 대한 답변의 기술

- 질문자의 숨겨진 의도를 찾아내자.
- 옳지 않은 주장은 분명하게 지적하자.
- 모든 질문에 대답할 필요는 없다.
- 답변하기 어려운 경우 역질문을 하자.
- 부정적인 평가에 의연하게 대처하자.
- 상대의 욕구를 정확히 파악하자.
- 함정에 빠졌다면 절반의 책임은 당신에게 있다.
- 모르는 것은 모른다고 말하자.
- 때로는 건강한 불신도 필요하다.
- 자신의 생각을 스스로 존중하자.

– 베른트 라토어, 2004.

어느 상황이라도 대답을 할 때는 두서없이 말하지 말고 자신감 있게 논점에 맞춰 짧게 이야기한다. 그리고 질문이 다소 난해하거나 논지를 벗어났다고 생각되더라도 청중의 질문을 비난하거나 무시하면 안 된다. 가급적 어떤 종류의 질문이더라도 청중이 말한 질문의 타당성을 이해하고 그것을 강조하는 것이 좋다. 만일 청중의 질문에 답변을 할 수 없다면 그렇다고 솔직하게 말하라. 또한 지금 당장 답변이 불가능하다면 차후에 답변을 드리겠다고 말하라. 당신이 답변해 줄 수 있는 것과 할 수 없는 것을 확실하고 신속하게 전달하는 것이 중요하다. 그런 자신감 있는 태도만으로 청중은 당신의 대답을 신뢰할 수 있을 것이다.

TIP

파워포인트를 활용한 발표의 효과를 극대화하는 방법

넘치는 것은 부족한 것 못지않다

발표 능력은 슬라이드 숫자로 표현되는 것이 아니다. 슬라이드가 많아서 시간 관계상 건너뛰기를 하면 오히려 발표의 흐름을 방해할 수 있다. 따라서 슬라이드는 발표 시간을 고려하여 적당하게 준비한다. 또한 한 장의 슬라이드 안에서도 지나치게 과다한 텍스트를 담아서는 안 된다는 것을 유의한다.

읽지 않고 보게 하라

발표를 할 때, 사람들은 슬라이드를 읽으려고 하지 않고, 한눈에 보이는 것을 파악하는 경우가 많다. 따라서 시각 자료와 애니메이션 효과를 최대한 활용해서 내용을 잘 보이게 제작해야 한다. 설명이나 주장을 뒷받침할 수 있는 도표나 통계 자료, 이미지, 동영상 등 시각적으로 보이는 자료를 적절히 활용한다. 여기서 주의해야 할 점은 '보이는' 효과만을 지나치게 강조하여 정작 내용이 없거나, 보는 속도를 적절하게 맞추지 않아서 효과를 감소시킬 수 있음을 주의한다.

한 번에 다 보여주어서는 안 된다

발표자의 발표 내용이 슬라이드를 통해 보이는 내용의 뒤꽁무니를 따라갈 때 발표에 대한 관심과 몰입도가 현저히 떨어질 수 있다. 이미 화면에 그 내용이 상세하게 적시되어 있으므로 청중들은 굳이 발표자의 설명을 듣지 않더라도 내용을 훤히 파악할 수가 있다. 따라서 청중들의 관심을 끌 수 있도록 발표자의 설명과 슬라이드의 내용을 효과적으로 잘 구성해야 한다.

파워포인트와 발표가 너무 뻔해도 너무 동떨어져도 안 된다

발표의 효과를 극대화하기 위해서는 파워포인트 제작뿐만 아니라 발표자의 행동에도 신경을 써야 한다. 아무리 파워포인트 제작이 훌륭하더라도, 어색한 몸짓과 시선이 발표의 몰입도를 방해할 수 있다. 특히 발표의 경험이 별로 없는 발표자의 경우에 이론을 실전에서 그대로 실천한다는 것은 쉬운 일이 아니다. 파워포인트는 내용을 효과적으로 전달하기 위한 보조 수단인데, 파워포인트 자료는 그냥 보여주고 발표자는 슬라이드를 돌아보지도 않고 앞으로 내달리기만 하면 안 된다. 이와는 정반대로, 파워포인트 자료에 충실해지고자 슬라이드에 제시된 내용을 그대로 읽어서도 안 된다. 핵심 사항은 슬라이드에 시각적으로 제시하고, 구체적인 설명은 발표자의 설명으로 표현해야 한다.

4

발표의 실제와 평가

4.1. 발표의 실제

전반적인 발표의 과정과 절차에 대해 알아보았다면 이제 다양한 발표에 대해 평가해 보고 또 자신의 발표를 여러 가지 관점에서 평가받아 보는 단계만 남았다. 중요하지 않은 과정이 없겠지만 이 단계가 유독 중요한 이유는 앞으로 우리는 또 다시 크고 작은 발표의 순간을 맞이할 것이고 어떤 발표는 자신의 꿈이나 인생에 중요한 터닝 포인트가 될지도 모르기 때문이다. 어떤 점을 칭찬하고 싶고 어떤 점을 개선하고 싶은지 볼 줄 아는 안목이야말로 다음의 발표를 위한 가장 중요한 공부가 될 것이다.

이 장에서는 성공을 거두었던 평창 동계올림픽 유치를 위한 발표부터 수업 중의 학생 발표까지 다양한 실제 사례를 분석하면서 성공적인 발표와 그렇지 못한 것의 차이, 그리고 따라 해 볼 부분과 반면교사로 삼아야 할 부분들이 무엇인지 생각해 보도록 하자. 그리고 자신의 발표 과정을 꼼꼼하게 되짚어 보면서 칭찬해 주고 싶은 점과 반성할 점을 구분하고, 반성할 점은 그 이유가 무엇이며 어떻게 개선하는 것이 좋을지 발전적으로 평가해 보자.

4.1.1. 평창 동계올림픽 유치를 위한 발표 사례

1) 차별화된 장점 부각하기

평창은 국민들의 압도적인 지지를 받고 있으며 중앙 및 지방 정부가 강한 유치 의지를 가지고 있음을 강조하였다. 경기장 시설 간의 접근성이 뛰어나다는 점과 첨단 인프라도 부각시켰다.

2) 명료한 메시지를 반복하기

'새로운 지평을 여는 올림픽(new horizons)'이라는 핵심 메시지를 선정하여 집중적으로 강조하는 구성을 선택하였다. 발표에서 사용된 모든 파워포인트 슬라이드를 자세히 살펴보면 슬라이드에서 페이지 번호와 동계올림픽, 평창 같은 단어를 표기하는 것이 아니라 모든 페이지에 'new horizons'를 표기하였다.

3) 이성적 호소와 감성적 호소를 적절히 사용하기

이성적인 측면만을 강조하면 다소 지루하고 딱딱하게 느껴질 수 있고 감성적인 측면만 강조하면 신뢰성이 부족하다는 느낌을 줄 수 있는데, 평창 동계올림픽 유치를 위한 발표에서는 이성적 측면과 감성적 측면을 적절히 부각시켰다.

① 이성적 호소

'드림 프로그램'을 착실하게 수행하고 있음을 알리는 자료(리조트, 호텔, 경기장, 고

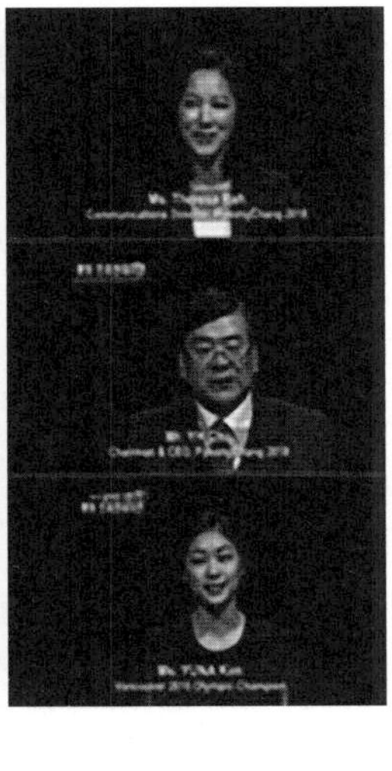

속열차 등을 보완하고 위원회에 약속한 드림프로그램을 충실히 이행하고 있음을 호소)를 제시하고, 대통령이 직접 발표자로 등장하여 국가적 차원에서의 올림픽 유치 의지와 성공을 약속하였으며, 유럽과 북미 지역에 비해 유치 기회가 적었던 아시아의 통계자료(아시아에서는 2번밖에 올림픽이 열리지 않았다는 자료를 제시하고, 평창올림픽이 가지는 역사적 가치와 약속, 희망을 호소)를 보여주며 당위성을 완성하였다.

② 감성적 호소

나승연 대변인이 두 번의 유치 과정 실패 속에서 좌절을 딛고 일어선 평창의 도전 속에서 집중했던 두 단어 '끈기'와 '인내'를 표현하여 우리의 꿈을 호소하고, 지구 반바퀴를 돌며 IOC 위원들과의 접촉에 힘쓴 조양호 유치위원장이 '충성'과 '헌신'을 보여 주었으며, 선수 출신인 김연아와 토비도슨은 본인의 이야기를 통해 공감을 얻고자 하였다.

4) 탁월한 효과의 파워포인트 디자인

발표자와 번갈아 나오는 파워포인트 슬라이드는 섬광 효과(Sparcle effect, 아지랑이 효과 Shimmer)를 이용하여 각각의 슬라이드에 중요한 메시지를 강조하였다. Ken Burns 효과도 구현하여 사진이 마치 살아 움직이는 느낌이 들도록 하였다.

연습 문제 12

다음은 학생들이 수업 시간에 발표한 실제 사례들이다. 각 사례들이 가지고 있는 장점과 단점을 분석하고 부족한 점은 어떻게 보완하면 좋을지까지 개선 방향을 논의해 보자.

학생 발표 분석표

발표 제목 :	
장점은 무엇인가?	그 이유는?
단점은 무엇인가?	그 이유는?
단점을 어떻게 개선하면 좋을까?	

사례 1

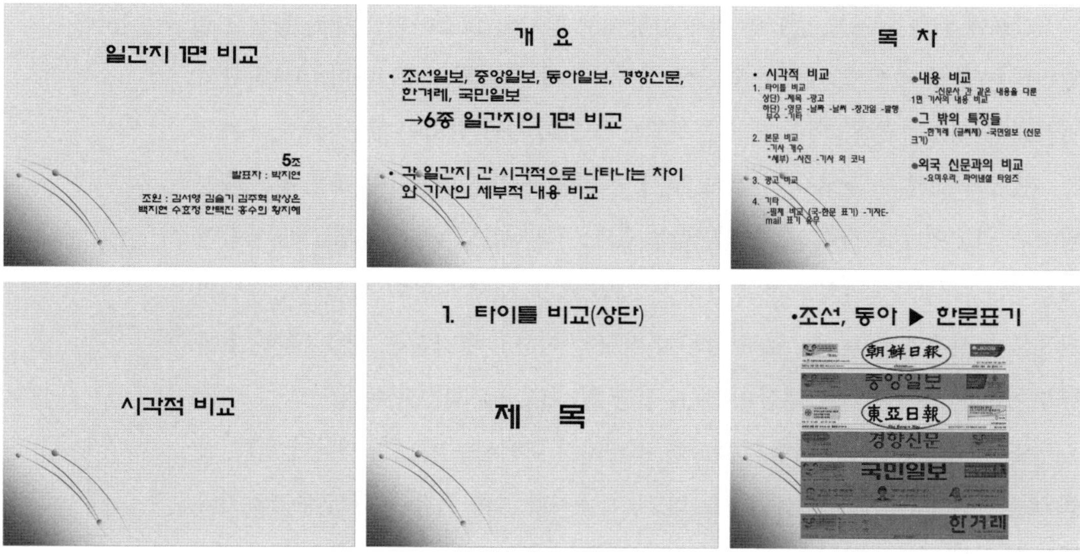

사례 2

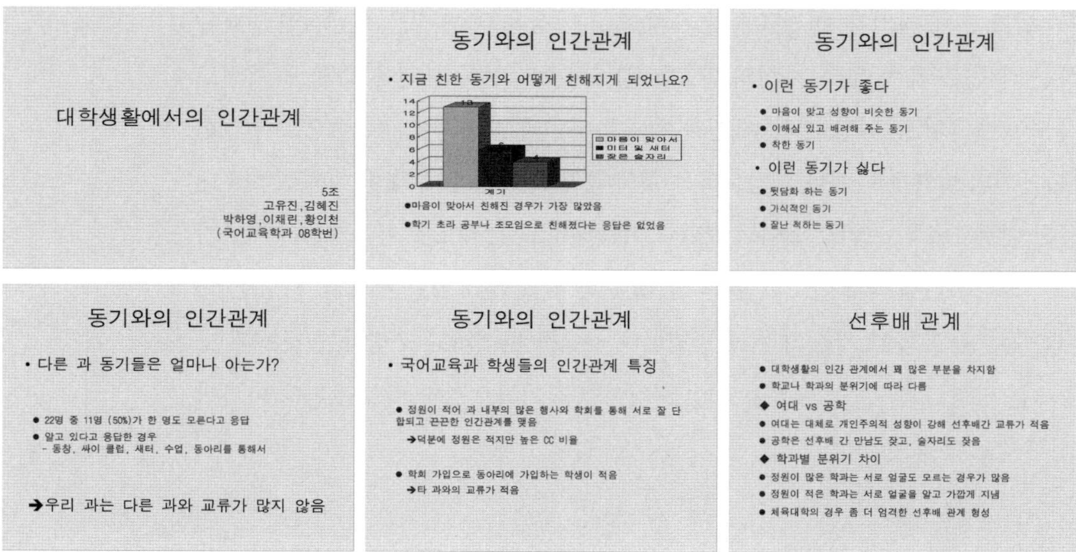

4.2. 발표의 평가

발표는 충실한 정보 전달을 토대로 설득력을 확보해야 하는 활동이므로, 평가의 기준도 내용이 충실하고 잘 조직화되었는가, 그 내용이 효과적으로 디자인되었는가, 그 내용을 전달하기 위한 표현이 적합한가 등으로 구성해야 한다. 더불어 모든 발표에서 주의해야 할 올바른 언어 사용과 태도 등도 평가 항목에 포함된다.

발표에 대한 평가는 발표의 실제 상황에서 평가의 요소마다 절대적 등급으로 평가하는 등급적 방법, 어떠한 집단에서 사람들의 발표를 개개인마다 대조하면서 평가하는 대조적 방법, 이들을 모두 포함한 종합적 평가 방법이 있다(이현국, 2007).

평가 주체와 대상에 따라, 발표 평가 방법은 자신이 자신의 발표를 평가하는 방법과 청중이 발표자를 평가하는 방법으로 구분되기도 한다. 그리고 한 사람이 자신이나 다른 사람의 발표를 평가하는 '개인 평가', 두세 사람이 자신과 상대방의 발표를 동시에 평가 대상으로 선정하여 비교 분석하고 평가하는 '상호 평가', 조를 나누어 발표조가 평가의 대상이 되는 '집단 평가'로 구분되기도 한다.

자신의 발표나 다른 사람의 발표를 평가하기 위해서는 자료가 있어야 한다. 발표의 평가 자료는 전사(轉寫)할 수도 있고, 녹음이나 녹화 등을 통해서 수집하거나 발표의 실행 현장에서 직접 관찰로 수집할 수도 있다. 수집된 발표 자료를 평가함으로써 발표의 문제점을 파악하고, 문제점에 대한 반성과 수정을 할 수도 있다.

발표 후에 자기가 한 발표를 평가해 보고 반성을 하는 것은 성공적인 발표를 하는 데 큰 도움이 된다. 자신의 발표를 평가하고 반성하는 일은 크게 두 가지로 나누어 수행할 수 있다. 먼저, 자신의 발표를 타인의 발표처럼 객관적으로 평가한다. 자신의 발표를 단계별로 검토하는 것인데, 발표의 상황에 대한 이해로부터 내용의 선정과 조직 그리고 언어적 표현과 비언어적 표현, 태도와 마음가짐에 이르기까지 하나하나를 되돌아보고 잘된 점, 잘못된 점을 가려 보는 것이다. 다음은 이러한 검토를 토대로 자신의 발표 방법이나 자세를 반성하고 수정하는 것이다. 그 중에는 당장 고칠 수 있는 부분도 있을 것이고 장기적으로 고치고 보완해 나가야 할 부분도 있을 것이다.

4.2.1. 자신의 발표 평가하기

세상에서 가장 무서운 평가자는 다름 아닌 나 자신이다. 내가 만족할 만한 발표를 했다면 이미 절반 이상은 성공한 것이다. 나 자신을 객관적으로 보는 것이 쉽지만은 않지만 그 누구보다 발표의 장점과 단점을 잘 파악하고 개선할 수 있는 것도 바로 나 자신이다. 따라서 다른 사람에게 평가받기 전에 스스로 자기반성과 자가 평가를 먼저 해 보는 것이 중요하다.

만약 수업 시간에 발표를 할 경우, 자신의 발표 모습을 친구에게 촬영해 달라고 부탁한 뒤 자신의 발표 내용을 직접 확인하며 평가해 보는 것이 좋다. 자신도 몰랐던 사소한 습관들이나 실수들, 그리고 생각지도 못했지만 잘하고 있는 점을 새삼 발견하는 기회가 되면서 자신을 객관적으로 평가해 보는 새로운 시도가 될 것이다.

별첨한 평가표 1~2는 자신의 발표를 평가하는 양식이다. '평가표 1: 발표 자가 평가표'를 작성함으로써, 발표자는 자신이 발표 과정에서 수행한 발성, 발표 진행, 발표 태도를 스스로 점검해 볼 수 있다. 또한 '평가표 2: 발표 자가 평가표'는 발표자가 발표의 준비, 발표, 마무리 단계에서 고려해야 할 점들을 스스로 질문하면서 평가할 수 있다. '준비 단계 → 발표 단계 → 마무리 단계'로 구성되어 있으니 각각의 단계에서 자신의 수행 과정을 차근차근 검토해 볼 수 있다. 이처럼 자가 평가표를 활용하여 발표자가 자신의 발표 능력을 점검해 볼 수 있으며, 나아가 다른 사람의 발표 능력 또한 평가해 볼 수 있다.

스티브 잡스처럼 쇼를 하라! 쇼

지난 1월 15일 애플이 주최한 '맥월드(Macwold) 2008' 행사가 미국 샌프란시스코에서 열렸다. 기조연설을 맡은 사람은 애플의 최고경영자(CEO)인 스티브 잡스. 열흘 뒤 미국의 경제 주간지 <비즈니스위크>는 이날 행사를 모델로 '발표(설명회)'의 달인인 잡스의 발표 노하우를 10가지로 분석했다.

1. 화제를 제시하라

   스티브 잡스는 이날 연설에서 "오늘 무엇인가 있습니다(There is something in the air today.)."라며 말문을 열었다. 그런데 그는 의도적으로 '에어(air)'라는 단어가 들어간 문장을 사용한 것. 애플의 새 노트북 컴퓨터인 '맥북에어(MacBook Air)'를 의식한 말이었다.

2. 열정을 표출하라

   잡스는 기조연설에서 자신이 소개하는 컴퓨터의 디자인에 대한 자신감을 유감없이 드러냈다. <비즈니스위크>는 그의 이런 노하우를 두고 "청중이 졸지 않고 설명회에 빠져들게 하기 위해서는 그런 열정을 표출해야 한다."라고 분석했다.

3. 윤곽을 보여 주라

본격적 설명에 앞서 잡스는 자신의 말의 요지가 몇 가지인지 분명히 전달한 뒤 설명에 들어간다고 한다. 가령 "오늘 제가 말하고 싶은 것은 4가지입니다."라는 식으로…….

4. 숫자를 의미 있게 활용하라

스티브 잡스는 이날도 어김없이 숫자를 잘 활용했다. 아이폰의 판매량이 400만 개라는 설명을 하면서도 그는 "하루 평균 2만 개 꼴"이라고 덧붙이는 센스를 발휘했다. 이는 아이폰의 파급력이 얼마나 대단한지 강조하기 위한 것이었다.

5. 잊지 못할 순간을 선사하라

스티브 잡스는 설명회를 할 때면 청중이 잊지 못할 순간을 연출하는 것으로 유명하다. 이날도 잡스는 들고 있던 누런 서류 봉투에서 세상에서 가장 얇은 '맥북에어'를 꺼내 들었다고 한다.

6. 시각적 자료를 극대화하라

일반적으로 발표에서 사용하는 시각 자료는 텍스트, 데이터, 차트 등이다. 하지만 스티브 잡스는 다르다. 텍스트가 짧은 대신 하나의 이미지를 제시함으로써 설명을 극대화한다.

7. '쇼'를 하라

잡스의 발표는 뭔가 다르다. 정보의 단순 전달이 아닌 영상과 모의 테스트 등을 곁들여 청중이 마치 쇼를 보는 듯한 착각을 불러일으키게 한다.

8. 작은 실수는 잊어라

아무리 많은 준비를 해도 실수는 있게 마련이다. 잡스도 때로는 실수를 한다. 하지만 이때 그는 웃으며 농담으로 넘긴다고 한다. 실수도 잘 이용하면 청중을 만족시키는 데 큰 효과를 볼 수 있다.

9. 장점을 펼쳐라

잡스는 애플이 내놓은 제품이나 서비스의 장점을 잘 전달하는 것으로 유명하다. 이 역시 설명회를 잘 이끄는 데 필요한 능력이다.

10. 연습만이 살 길이다

거저 얻는 것은 없다. 연습하고 또 연습해야 발표를 성공적으로 마칠 수 있다. 잡스도 그렇게 한다.

- 김상진, 『중앙일보』, 2008.3.9.

발표 Perfect Point

1. 실전 발표 단계에서 가장 필요한 것은 자신감이다. 발표장에서는 발표자인 여러분이 그 발표에 대해 가장 잘 알고 있다. 청중의 무관심을 역으로 이용하면 미리 겁먹을 필요가 전혀 없다.
2. 10분 먼저 도착해 발표의 전반적인 상황을 체크하는 것만으로도 여러분은 수많은 상황에서 일어날 수 있는 안 좋은 일들을 대부분 방지할 수 있다.
3. 청중이 어떠한 연령대인가에 따라서 청중에게 말하는 어미가 달라질 수 있다. 청중의 연령이 혼재되어 있다면 내 발표의 주제가 어떤 연령대를 대상으로 하는지를 생각하고 어미를 정하자.
4. 강연장이 넓고 청중이 꽉 차는 경우가 아니라면 자연스러운 권유를 통해 청중이 무대 근처로 모여들게 해야 한다. 집중력이 훨씬 더 높아질 것이다.
5. 발표자의 동선을 활용해 청중과 적절한 긴장도를 지속적으로 유지한다. 좌/우로의 움직임은 슬라이드와 관련된 움직임이며, 앞/뒤로의 움직임은 청중과의 긴장을 조절하는 데 사용하면 된다.
6. 청중이 알아들을 수 있는 쉬운 언어로 설명하자. 발표의 무대는 지적 우월성을 드러내는 곳이 아닌 원활한 전달을 위한 자리다.
7. 습관적으로 튀어나오는 언어를 자주 사용하는 것은 청중의 몰입을 방해한다. 이런 언어를 쓰기보다는 잠시 말을 멈추고 천천히 말을 하는 편이 오히려 도움이 된다.
8. 중간중간 이어지는 유머는 청중이 편안하게 발표에 집중할 수 있게 해준다. 유머를 사용할 때는 발표 내용과 관련 있는 유머를 사용하는 편이 훨씬 더 효율적이다.
9. 청중이 졸고 있다면 그들의 몸을 직접 움직이게 함으로써 분위기를 환기시킬 수 있다.
10. 질의 응답의 기본 원칙은 내가 아는 것을 정확하게 대답해주는 것이다. 또한 질문의 경우도 발표의 연장이므로 질문자에만 집중해 답변하는 게 아니라, 청중 모두가 알아들을 수 있도록 답변해야 한다.
11. 정해진 시간보다 일찍 끝마침으로써 청중이 최대한 집중하고 있을 때 발표를 끝마치는 것이 좋다.
12. 유인물을 나눠줄 때는 청중이 발표에만 집중할 수 있도록 발표가 끝난 다음에 나눠준다.

- 김재성, 2012: 303.

4.2.2. 타인의 발표 평가하기

스스로 자신의 발표 과정을 점검해 보고 반성하는 과정을 거쳤다면, 다음으로는 다른 사람의 발표를 성의 있게 분석하고 진단해 주는 것이 중요하다. 발표를 어떻게 보았으며, 자신에 비해 어떤 점이 더 잘 되었고 어떤 점이 아쉬웠는지 생각해 보자. 이러한 과정은 앞으로 발표에 든든한 지시등이 되어 줄 뿐 아니라 스스로의 발표에 대해서도 객관적으로 비교·분석해 보는 기회가 될 것이다. 또한 다양하고 다채로운 발표들을 보면서 잘된 발표와 그렇지 못한 발표를 구분하는 감각을 기르고, 좋은 발표에 대한 실용적이고 유용한 팁도 얻을 수 있을 것이다.

1) 등급적 평가

등급적 평가는 평가 요소를 필요에 따라 다양하게 구성할 수 있으며, 세부적 요소마다 절대적 점수를 부여하여 종합적으로 평가하는 방법이다. 등급적 평가의 사례를 보면 다음과 같다.

등급적 평가표

평가 요소	등급				
	1	2	3	4	5
의사표현의 효과성					
발음의 정확성					
진술의 유창성					
내용의 참신성					
논리적 전개					
자신감					
청중의 반응					
준비성					

별첨에 제시한 평가표 3~4는 등급적 평가 양식이다. '평가표 3: 발표 평가표'는 발표를 평가할 수 있는 대표적인 등급적 평가 양식이다. 이 양식을 참고하여 다른 사람의 발표에서 발표자의 음성 형식, 비언적 요소, 진행 방식이나 발표 태도, 발표 내용을 종합적으로 평가하고 분석할 수 있다. '평가표 3'이 발표를 개별적으로 꼼꼼하게 분석하고 평가해 주는 양식이라면, '평가표 4: 발표 평가표'는 다수를 평가하기에 적합한 양식이다. 만약 여러 명의 발표자가 함께 발표를 진행한다면 직관적으로 서로의 발표를 분석하고 비교해 주는 이러한 평가표 양식이 더 유용할 수도 있다.

2) 대조적 평가

대조적 평가는 발표가 끝난 뒤에 하는 것이 아니라 발표 진행 중에 발표자를 다양한 평가 요소에 의해 평가하는 방법이다. 따라서 발표 상황에서 발생할 수 있는 다양한 평가 요소를 대조적인 항목으로 미리 마련해 놓고, 발표자의 발화 상황에서 바로 평가한 후 이를 종합적으로 정리한다. 평가 요소를 대조적으로 나열하되, 편의상 긍정적 측면과 부정적 측면으로 나누는 것이 유리하다. 대조적 평가에서 평가 요소로 고려될 수 있는 항목들은 다음과 같다.

긍정적 측면	부정적 측면
– 태도가 좋았다.	– 태도가 적대적이고 불쾌했다.
– 음성 표현에 다양성이 있었다.	– 성실성이 부족했다.
– 시선 배분이 좋았다.	– 알아듣기 어려웠다.
– 침착하고 자신감이 있었다.	– 발음이 명료하지 않았다.
– 제스처가 훌륭했다.	– 빠르게 말했다.
– 좋은 증거를 댔다.	– 틀린 발음이 있다.
– 확실한 예를 댔다.	– 자세가 불안했다.
– 자료를 잘 구성했다.	– 제스처가 부족했다.
– 청중의 관심과 흥미를 끌었다.	– 시선이 불안했다.
– 어휘가 풍부했다.	– 결론이 부족했다.
– 흥미를 끄는 다양한 이야기를 했다.	– 준비가 부족했다.
– 명확한 문장을 썼다.	– 남의 말을 도중에 가로챘다.
– 신뢰를 받았다.	– 군말을 자주 사용했다.
– 사전 준비가 착실했다.	– 문법상 틀린 곳이 많았다.
– 청중의 반응이 즐거워 보였다.	– 과장된 표현이 많았다.

긍정적 측면	부정적 측면
	– 속된 표현을 자주 사용했다. – 질의응답에 대한 요령이 부족했다. – 무례하고 비협조적이었다. – 두서없는 이야기를 했다. – 음성이 단조로웠다. – 이해하기 힘든 내용이었다.

3) 종합적 평가

종합적 평가는 등급적 평가를 위주로 하고 여기에다 대조적 방법을 가미해서 평가하는 방법이다. 별첨에 제시한 평가표 5~6은 종합적 평가 양식이다. '평가표 5: 발표 평가표'는 육군사관학교 화법 강의에서 개발한 화법 평가표이며, '평가표 6: 발표 평가표'는 각 사항에 대한 구체적인 판단 근거를 제시하고 평가자의 판단 이유를 명시하도록 함으로써 평가의 객관성을 강화한 것이다(이현국, 2007).

4.2.3. 평가 사례

최근 실시되고 있는 KBS 한국어능력시험 중 말하기 능력의 평가 방법을 살펴보자.[1] 말하기 능력은 발표, 토론, 협상, 설득, 논증, 표준화법(언어 예절, 호칭어와 지칭어 사용 등) 등의 다양한 말하기 상황과 관련된 능력을 평가한다. 여기에는 정확한 발음과 관련하여 표준발음법 관련 문항도 포함되어 있는데, 이는 국민의 발표 능력, 토론 능력, 설득 및 협상 능력이 매우 부족하다는 지적을 반영한 것이다.

KBS 한국어능력시험 홈페이지에는 말하기 능력을 측정하는 과제 제시부터 평가 단계까지 세밀하게 제시되어 있다. KBS 한국 방송의 말하기 능력 평가 과제는 조건제시형 과제와 자유과제로 구분되어 있으며, 특정 영역에 종사하는 응시자가 유리하지 않도록 수행 과제를 발표와 대담 과제 중에서 선택하도록 하고 있다. 그런데 말하기 능력만 따로 평가하지 않고, 듣기, 읽기, 쓰기 능력과 함께 4개 영역의 한국어능력을 종합적으로 평가하여 추정 성취도에 따라 한국어능력의 등급을 정한다.

---

1 https://www.klt.or.kr/cms/exam_direction

이를 자세히 살펴보면 다음과 같다. 한국어능력시험의 등급부여 시스템은 쉽게 출제된 시험에 응시한 수험생이 자신의 능력보다 높은 등급을 받는 것과 어렵게 출제된 시험에 응시한 수험생이 자신의 능력보다 낮은 등급을 받는 모순을 해결함은 물론 동점자라도 변별력이 높은 문항의 정답률이 높은 수험생이 더 높은 등급을 받도록 고안되어 있다. 총 5단계의 과정을 걸쳐 언어능력등급을 부여하는데, 제1단계는 준거집단(reference group)을 추출하고, 제2단계에서는 준거집단으로 선정된 응시자를 대상으로 실제 직무와 관련된 말하기 및 쓰기 과제를 부여하여 실제 직무를 수행할 수 있는 언어수행능력을 평가한다. 제3단계에서는 등급 평가표(정성지표)로, 하위단계에 대한 기능 습득이 상위 단계의 기능 습득으로 발전하는 구조를 취하되 등급별로 성취해야 할 지식 수준과 기능 수준을 구별하여 기술한다. 이러한 등급 평가표는 사회적 요구를 반영하여 주기적으로 갱신하고 있다. 제4단계에서는 준거집단의 언어수행능력을 체크리스트로 계량화하여 다수 평가관의 평균 점수를 부여한다. 평가자 간 편차가 큰 점수를 보정하는 과정을 거친 후에, 언어수행능력 데이터베이스(DB)를 구축하고 있다. 마지막 단계에서 등급을 부여하는데, 언어수행평가에 해당하는 말하기·쓰기(Speaking and Writing)와 더불어 지필평가를 통해 취득한 듣기·읽기(Listening and Reading) 능력 사이의 관계를 하나의 식으로 도출한다. 이러한 과정을 거쳐 전체 응시자의 한국어능력시험 점수(990만점)에 해당하는 추정 성취도를 도출한 다음 등급 평가표에 맞게 한국어능력등급을 부여한다.

이처럼 한국어능력시험은 체계적이고 세밀한 평가 시스템을 구축함으로써 시험에 대한 공정성과 신뢰성을 확보하는 한편 한국어능력과 한국어의 경쟁력을 향상시키고 있다.

연습 문제 13

자신의 발표를 녹화한 후, '평가표 2: 발표 자가 평가표'를 활용하여 자신의 발표를 객관적으로 분석해 보자. 특히 자신에게 부족한 발표 능력이 무엇이며 그 원인이 무엇인지 찾아보고, 그것을 해결하기 위해서 자신이 할 수 있는 일이 무엇인지 상세히 적어 보자.

[별첨]

■ 평가표 1 : 발표 자가 평가표

평가자 이름 :	날짜 :
발표 주제 :	

구분	번호	점검 내용	그렇다	아니다
발성	1	발표를 하면서 목소리가 떨리거나 높아지는 증상이 있다.		
	2	나에게 발표를 시키려고 하면 무조건 회피한다.		
	3	발표를 하다 보면 목소리가 점점 작아진다.		
	4	말을 하다 보면 머릿속이 하얗게 변해 제대로 말을 못한다.		
	5	발음이 명확하지 않다는 이야기를 많이 듣는다.		
발표 진행	6	발표나 진행을 해 본 경험이 별로 없다.		
	7	말을 하다 보면 자꾸 주제와 다른 말을 하게 된다.		
	8	사람들 앞에 나가면 서두를 어떻게 시작할지 잘 모르겠다.		
	9	마무리를 하지 못해 말이 자꾸 길게 늘어진다.		
	10	갑자기 발표를 하면 무슨 말을 하는지 나도 잘 모르겠다.		
발표 태도	11	발표를 하는 동안 청중을 보지 않는다.		
	12	어떤 제스처를 취해야 하는지 모르겠다.		
	13	나의 말하는 속도나 자세를 잘 모른다.		
	14	발표나 진행을 하고 나면 거의 만족스럽지 못하다.		
	15	발표와 관련된 좋지 않은 기억을 가지고 있다.		
스스로 칭찬해 주고 싶은 점이 있다면?				
반성해야 할 점이나 보완해야 할 점이 있다면?				

■ **평가표 2: 발표 자가 평가표**

발표자 이름 :	**평가 날짜 :**
발표 주제 :	

구분	번호	점검 내용	그렇다	보통이다	그렇지 않다
준비 단계	1	발표에 앞서 청중의 특성을 충분히 분석하고 고려했는가?			
	2	조별 발표의 경우 조원 각자의 역할을 적절히 나누었는가?			
	3	필요한 기자재(OHP, PPT 등)의 준비는 철저하게 이루어졌는가?			
	4	발표자의 용모와 태도는 단정한가?			
	5	발표를 시작하면서 청중의 주의를 집중시켰는가?			
발표 단계	6	말하는 속도와 말소리의 크기는 적절했는가?			
	7	발표에 필요한 적절한 몸짓을 사용했는가?			
	8	발표 도중 시선처리는 적절히 이루어졌는가?			
	9	발표에 주어진 시간을 정확히 지켰는가?			
	10	준비한 기자재를 제대로 활용했는가?			
	11	발표는 논리적으로 진행되었는가?			
	12	발표 내용은 참신한 것이었는가?			
	13	청중의 반응을 기민하게 살펴 발표에 반영했는가?			
마무리 단계	14	청중이 발표 내용을 충분히 이해한 것으로 판단되는가?			
	15	청중이 발표 내용에 호응하였는가?			
	16	청중의 질문에 충실히 답변했는가?			
	17	준비된 내용을 발표하지 못하고 빠뜨린 것은 없는가?			
	18	발표 내용이 처음 의도한 것과 달라진 부분은 없는가?			
	19	발표를 통해 새로운 문제제기가 이루어졌는가?			

■ **평가표 3: 발표 평가표**

평가자 이름 :	**날짜 :**
발표 주제 :	

※ 각 항목을 5등급으로 나누어 표시해 주세요.

번호	분류	평가 항목	1	2	3	4	5
1	음성 형식	소리 크기가 적절했다.					
2		빠르기가 적절했다.					
3		발음이 정확했다.					
4	비언어적 요소	제스처가 적절했다.					
5		시선이 적절했다.					
6	진행 구성 및 태도	시간(구성) 배분이 적절했다.					
7		실수가 없었다.					
8		청중에 대한 태도가 좋았다.					
9	발표 내용	전체 내용을 이해했다.					
10		부분적으로 이해가 안 되는 곳이 있었다.					
11		발표를 듣고 설득되었다.					
점수(55점 만점)							

※ 평가 등급 표시 기준

1: 매우 그렇지 않다. 2: 그렇지 않다. 3: 보통이다. 4: 그렇다. 5: 아주 그렇다. (절대평가 방식)

■ **평가표 4: 발표 평가표**

평가자 이름 :		**날짜 :**
발표 순서 :	**발표자 이름 :**	**발표 주제 :**

구분		평가 항목	1	2	3	4	5
1 내용/언어적 측면	1	내용이 논리적이고 창의적이었는가?					
	2	목소리의 크기와 발음이 청중들이 알아들을 수 있을 만큼 적당하였는가?					
	3	주어진 시간을 적절히 사용하였는가?					
2. 비언어적 측면	4	손동작 및 시선 등의 처리가 적당하였는가?					
	5	옷차림 및 태도가 청중이 보기에 적당하였는가?					
총평 :							

발표 순서 :	**발표자 이름 :**	**발표 주제 :**

구분		평가 항목	1	2	3	4	5
1 내용/언어적 측면	1	내용이 논리적이고 창의적이었는가?					
	2	목소리의 크기와 발음이 청중들이 알아들을 수 있을 만큼 적당하였는가?					
	3	주어진 시간을 적절히 사용하였는가?					
2. 비언어적 측면	4	손동작 및 시선 등의 처리가 적당하였는가?					
	5	옷차림 및 태도가 청중이 보기에 적당하였는가?					
총평 :							

발표 순서 :	**발표자 이름 :**	**발표 주제 :**

구분		평가 항목	1	2	3	4	5
1 내용/언어적 측면	1	내용이 논리적이고 창의적이었는가?					
	2	목소리의 크기와 발음이 청중들이 알아들을 수 있을 만큼 적당하였는가?					
	3	주어진 시간을 적절히 사용하였는가?					
2. 비언어적 측면	4	손동작 및 시선 등의 처리가 적당하였는가?					
	5	옷차림 및 태도가 청중이 보기에 적당하였는가?					
총평 :							

■ **평가표 5: 발표 평가표**

평가자 이름 :	날짜 :
발표 주제 :	

구분	평가 요소	배점	점수	비고
태도 (15)	자세는 바른가?	5		
	시선은 청중을 주시하는가?	5		
	표정과 동작은 적절한가?	5		
음성 (15)	발음은 명확한가?	5		
	안정된 어조를 사용하고 있는가?	5		
	말의 속도, 억양은 적절한가?	5		
내용 (60)	자료 수집 및 준비는 충분한가?	10		
	흥미 있는 내용인가?	10		
	논리적 체계가 있는가?	10		
	이성과 감성에 동시에 호소하고 있는가?	10		
	효과적인 표현을 사용하고 있는가?	10		
	청중의 반응은 긍정적인가?	10		
기타 (10)	시간 배분은 적절한가?	5		
	바른 말을 사용하고 있는가?	5		
총평		총점		

■ 평가표 6: 발표 평가표

평가자 이름 :	발표 일시 :
발표 주제 :	

구분	평가 항목	해당 항목에 체크		점수	판단 근거
		그렇다	그렇지 않다		
전달 내용 평가 (20)	내용에 맞는 화제를 선택하였는가?				
	내용의 배열 순서는 괜찮은가?				
	불필요한 내용은 없는가?				
	청자를 고려한 내용인가?				
	의도한 내용이 잘 드러나는가?				
언어 내용 평가 (20)	바른 말을 사용하는가?				
	불필요한 미사여구를 사용하지 않는가?				
	경어법이 바른가?				
	전문어나 외국어를 함부로 쓰지 않는가?				
	방언을 적절히 구사하는가?				
음성 평가 (20)	어조가 단조롭지 않고 변화를 주는가?				
	속도가 적절한가?				
	목소리의 크기가 충분한가?				
	발음을 확실하게 하는가?				
	목소리가 듣기 좋은가?				
전달 방법 평가 (20)	짧고 간결하게 말하는가?				
	유머와 위트를 섞어서 말하는가?				
	청자를 포함하여 상황에 맞게 말하는가?				
	시청각 자료도 활용하는가?				
	준비한 내용을 적절하게 활용하는가?				
태도 평가 (20)	정열과 성의를 다해 말하는가?				
	자세는 품위가 있는가?				
	옷차림은 깔끔한가?				
	몸동작이 생기가 있는가?				
	청중을 무시하는 듯한가?				
총점(100점 만점)					

스티브 잡스의 '스탠포드대학교 졸업식 축사'

스탠포드대학교 졸업식에서 스티브 잡스 (2005.6.12.)

먼저 세계 최고의 명문으로 꼽히는 이곳에서 여러분들의 졸업식에 참석하게 된 것을 영광으로 생각합니다. 저는 대학을 졸업하지 못했습니다. 솔직히 태어나서 대학교 졸업식을 이렇게 가까이서 보는 것은 처음이네요. 오늘 저는 여러분께 제가 살아오면서 겪었던 세 가지 이야기를 해볼까 합니다. 그게 답니다. 별로 대단한 이야기는 아니고요. 딱 세가지만요.

먼저, 인생의 전환점에 관한 이야기입니다. 전 리드 칼리지에 입학한 지 6개월 만에 자퇴했습니다. 그래도 일 년 반 정도는 도강을 하다가 정말로 그만뒀습니다. 왜 자퇴했을까요? 그것은 제가 태어나기 전까지 거슬러 올라갑니다. 제 생모는 대학원생인 젊은 미혼모였습니다. 그래서 저를 입양보내기로 결심했던 거지요. 그녀는 제 미래를 생각해서 대학 정도는 졸업한 교양 있는 사람이 양부모가 되기를 원했습니다. 그래서 저는 태어나자마자 변호사 가정에 입양되기로 되어 있었습니다. 그들은 여자 아이를 원했던 걸로 알고 있습니다. 그들 대신 대기자 명단에 있던 양부모님들은 한밤중에 걸려온 전화를 받고 : "어떡하죠? 예정에 없던 사내아이가 태어났는데, 그래도 입양하실 건가요?" "물론이죠." 그런데 알고 보니 양어머니는 대졸자도 아니었고, 양아버지는 고등학교도 졸업 못한 사람이어서 친어머니는 입양동의서 쓰기를 거부했습니다. 친어머니는 양부모님들이 저를 꼭 대학까지 보내주겠다고 약속한 후 몇 개월이 지나서야 화가 풀렸습니다. 17년 후, 저는 대학에 입학했습니다. 그러나 저는 멍청하게도 바로 이곳, 스탠포드의 학비와 맞먹는 값비싼 학교를 선택했습니다. 평범한 노동자였던 부모님이 힘들게 모아뒀던 돈이 모두 제 학비로 들어갔습니다. 결국 6개월 후, 저는 대학 공부가 그만한 가치가 없다는 생각을 했습니다. 내가 진정으로 인생에서 원하는 게 무엇인지, 그리고 대학 교육이 그것에 얼마나 어떻게 도움이 될지 판단할 수 없었습니다. 게다가 양부모님들이 평생토록 모은 재산이 전부 제 학비로 들어가고 있었습니다. 그래서 모든 것이 다 잘 될 것이라고 믿고 자퇴를 결심했습니다. 당시에는 두려웠지만, 뒤돌아 보았을 때 제 인생 최고의 결정 중 하나였던 것 같습니다. 자퇴한 순간, 흥미 없던 필수 과목들을 듣는 것은 그만두고 관심 있는 강의만 들을 수 있었습니다. 그렇다고 꼭 낭만적인 것만도 아니었습니다. 전 기숙사에 머물 수 없었기 때문에 친구 집 마룻바닥에 자기도 했고 한 병당 5센트씩 하는 코카콜라 빈 병을 팔아서 먹을 것을 사기도 했습니다. 또 매주 일요일, 단 한번이라도 제대로 된 음식을 먹기 위해 7마일이나 걸어서 하레 크리슈나 사원의 예배에 참석하기도 했습니다. 맛있더군요. 당시 순전히 호기와 직감만을 믿고 저지른 일들이 후에 정말 값진 경험이 됐습니다. 예를 든다면 그 당시 리드 칼리지는 아마 미국 최고의 서체 교육을 제공했던 것 같습니다. 학교 곳곳에 붙어 있는 포스터, 서랍에 붙어 있는 상표들은 너무 아름다웠고요. 어차피 자퇴한 상황이라 정규 과목을 들을 필요가 없었기 때문에 서체에 대해서 배워 보기로 마음먹고 서체 수업을 들었습니다. 그때 저는 세리프와 산세리프체를, 다른 글씨의 조합 간의 그 여백의 다양함을, 무엇이 타이포그래피를 위대하게 만드는지를 배웠습니다. 그것은 '과학적인' 방식으로는 따라하기 힘든 아름답고, 유서 깊고, 예술적으로 미묘한 것이었고, 전 매료되었습니다. 이런 것들 중 어느 하나라도 제 인생에 실질적인 도움이 될 것 같지는 않았습니다. 그러나 10년 후 우리가 첫 번째 매킨토시를 구상할 때, 그것들은 고스란히 빛을 발했습니다. 우리가 설계한 매킨토시에 그 기능을 모두 집어넣었으니까요. 그것은 아름다운 서체를 가진 최초의 컴퓨터였습니다. 만약 제가 그 서체 수업을 듣지 않았다면 매킨토시의 복수 서체 기능이나 자동 자간 맞춤 기능은 없었을 것이고 맥을 따라한 윈도우도 그런 기능이 없었을 것이고, 결국 개인용 컴퓨터에는 이런 기능이 탑재될 수 없었을 겁니다. 만약 학교를 자퇴하지 않았다면 서체 수업을 듣지 못했을 것이고, 결국 개인용 컴퓨터가 오늘날처럼 뛰어난 글씨체들을 가질 수도 없었을 겁니다. 물론 제가 대학에 있을 때는 그 순간들이 내 인생의 전환점이라는 것을 알아챌 수 없었습니다. 그러나 10년이 지난 지금에서야 모든 것이 분명하게 보입니다. 달리 말하자면, 지금 여러분은 미래를 알 수 없습니다. 다만 현재와 과거의 사건들만을 연관시켜 볼 수 있을 뿐이죠. 그러므로 여러분들은 현재의 순간들이 미래에 어떤 식으로든지 연결된다는 걸 알아야만 합니다. 여러분들은 자신의 배짱, 운명, 인생, 업 등 무엇이든지 '그 무엇'에 믿음을 가져야만 합니다. 이런 믿음이 저를 실망시킨 적이 없습니다. 그리고 그것이 제 인생에서 남들과는 다른 모든 '차이'들을 만들어냈습니다.

두 번째는 사랑과 상실입니다.

저는 운 좋게도 인생에서 정말 하고 싶은 일을 일찍 발견했습니다. 제가 20살 때, 부모님의 차고에서 워즈(스티브 워즈니악)와 함께 애플의 역사가 시작됐습니다. 우리는 열심히 일해서, 차고에서 2명으로 시작한 애플은 10년 후에 4000명의 종업원을 거느린 2백억 달러짜리 기업이 되었습니다. 제 나이 29세, 우리는 최고의 작품인 매킨토시를 출시했습니다. 그러나 이듬해 저는 해고당했습니다. 내가 세운 회사에서 내가 해고당하다니! 당시 애플이 점점 성장하면서, 저는 저와 함께 회사를 경영할 유능한 경영자를 데려와야겠다고 생각했습니다. 처음 1년 정도는 그런대로 잘 돌아갔습니다. 그런데 언젠가부터 우리의 비전은 서로 어긋나기 시작했고, 결국 우리 둘의 사이도 어긋나기 시작했습니다. 이때, 우리 회사의 경영진들은 존 스컬리의 편을 들었고, 저는 30살에 쫓겨나야만 했습니다. 그것도 아주 공공연하게. 저는 인생의 초점을 잃어버렸고, 뭐라 말할 수 없는 참담한 심정이었습니다. 전 정말 말 그대로, 몇 개월 동안 아무것도 할 수가 없었답니다. 마치 달리기 계주에서 바통을 놓친 선수처럼, 선배 벤처 기업인들에게 송구스러운 마음이 들었고 데이비드 패커드(HP의 공동 창업자)와 밥 노이스(인텔 공동 창업자)를 만나 이렇게 실패한 것에 대해 사과하려고 했습니다. 저는 완전히 '공공의 실패작'으로 전락했고, 실리콘 밸리에서 도망치고 싶었습니다. 그러나 제 맘속에는 뭔가가 천천히 다시 일어나기 시작했습니다. 전 여전히 제가 했던 일을 사랑했고, 애플에서 겪었던 일들조차도 그런 마음들을 꺾지 못했습니다. 전 해고당했지만, 여전히 일에 대한 사랑은 식지 않았습니다. 그래서 전 다시 시작하기로 결심했습니다. 당시에는 몰랐지만, 애플에서 해고당한 것은 제 인생 최고의 사건임을 깨닫게 됐습니다. 그 사건으로 인해 저는 성공이란 중압감에서 벗어나서 초심자의 마음으로 돌아가 자유를 만끽하며, 내 인생의 최고의 창의력을 발휘하는 시기로 갈 수 있게 됐습니다. 이후 5년 동안 저는 넥스트, 픽사를 만들고, 그리고 지금 제 아내가 되어준 그녀와 사랑에 빠져 버렸습니다. 픽사는 세계 최초의 3D 애니메이션 토이 스토리를 시작으로, 지금은 가장 성공한 애니메이션 제작사가 되었습니다. 세기의 사건으로 평가되는 애플의 넥스트 인수와 저의 애플로의 복귀 후, 넥스트 시절 개발했던 기술들은 현재 애플의 르네상스의 중추적인 역할을 하고 있습니다.

또한 로렌과 저는 행복한 가정을 꾸리고 있습니다. 애플에서 해고당하지 않았다면, 이런 기쁜 일들 중 어떤 한 가지도 겪을 수도 없었을 것입니다. 정말 독하고 쓰디 쓴 약이었지만, 이게 필요한 환자도 있는가 봅니다. 때로 인생이 당신의 뒤통

수를 때리더라도, 결코 믿음을 잃지 마십시오. 전 반드시 인생에서 해야 할, 제가 사랑하는 일이 있었기에, 반드시 이겨낸다고 확신했습니다. 당신이 사랑하는 것을 찾아보세요. 사랑하는 사람이 내게 먼저 다가오지 않듯, 일도 그런 것이죠. '노동'은 인생의 대부분을 차지합니다. 그런 거대한 시간 속에서 진정한 기쁨을 누릴 수 있는 방법은 스스로가 위대한 일을 한다고 자부하는 것입니다. 자신의 일을 위대하다고 자부할 수 있을 때는, 사랑하는 일을 하고 있는 그 순간 뿐입니다. 지금도 찾지 못했거나 잘 모르겠다 해도 주저앉지 말고 포기하지 마세요. 온 마음을 다하면 반드시 찾을 수 있습니다. 일단 한 번 찾아낸다면, 서로 사랑하는 연인들처럼 시간이 가면 갈수록 더욱더 깊어질 것입니다. 그러니 그것들을 찾아낼 때까지 포기하지 마세요. 현실에 주저앉지 마세요.

세 번째는 죽음에 관한 것입니다.

17세 때, 이런 경구를 읽은 적이 있습니다. '하루하루를 인생의 마지막 날처럼 산다면, 언젠가는 바른 길에 서 있을 것이다.' 이 글에 감명 받은 저는 그 후 50살이 되도록 매일 아침 거울을 보면서 자신에게 묻곤 했습니다. '오늘이 내 인생의 마지막 날이라면, 지금 하려고 하는 일을 할 것인가?' '아니요!'라는 답이 계속 나온다면, 다른 것을 해야 한다는 걸 깨달았습니다. 인생의 중요한 순간마다 '곧 죽을지도 모른다'는 사실을 명심하는 것이 저에게는 가장 중요한 도구가 됩니다. 왜냐고요? 외부의 기대, 각종 자부심과 자만심, 수치스러움와 실패에 대한 두려움들은 '죽음'을 직면해서는 모두 떨어져 나가고, 오직 진실로 중요한 것들만이 남기 때문입니다. 죽음을 생각하는 것은 무엇을 잃을지도 모른다는 두려움에서 벗어나는 최고의 길입니다. 지금 모두 잃어버린 상태라면, 더는 잃을 것도 없기에 본능에 충실할 수밖에 없습니다. 저는 1년 전쯤 암진단을 받았습니다. 아침 7시 반에 검사를 받았는데, 이미 췌장에 종양이 있었습니다. 그전까지는 췌장이란 게 뭔지도 몰랐는데요. 의사들은 길어야 3개월에서 6개월이라고 말했습니다. 주치의는 집으로 돌아가 신변 정리를 하라고 했습니다. 죽음을 준비하라는 뜻이었죠. 그것은 내 아이들에게 10년 동안 해줄 수 있는 것을 단 몇 달 안에 다 해치워야 된다는 말이었고, 임종 시에 사람들이 받을 충격이 덜하도록 매사를 정리하란 말이었고 작별 인사를 준비하라는 말이었습니다. 전 불치병 판정을 받았습니다. 그날 저녁 위장을 지나 장까지 내시경을 넣어서 암세포를 채취해 조직 검사를 받았습니다. 저는 마취 상태였는데, 후에 아내가 말해 주길, 현미경으로 세포를 분석한 결과 치료가 가능한 아주 희귀한 췌장암으로, 의사들까지도 기뻐서 눈물을 글썽였다고 합니다. 저는 수술을 받았고, 지금은 괜찮습니다. 그때만큼 제가 죽음에 가까이 가 본 적은 없는 것 같습니다. 또한 앞으로도 수십 년간은 그렇게 가까이 가고 싶지 않습니다. 이런 경험을 해보니, '죽음'이 때론 유용하다는 것을 머리로만 알고 있을 때보다 더 정확하게 말할 수 있습니다. 아무도 죽길 원하지 않습니다. 천국에 가고 싶다는 사람들조차도 그곳에 가기 위해 죽고 싶어 하지는 않죠. 그리고 여전히 죽음은 우리 모두의 숙명입니다. 아무도 피할 수 없죠. 그리고 그래야만 합니다. 왜냐하면 삶이 만든 최고의 발명이 '죽음'이니까요. 죽음은 '인생'을 변화시킵니다. 죽음은 새로운 것이 헌 것을 대체할 수 있도록 만들어줍니다. 지금의 여러분들은 그중에 '새로움'이란 자리에 서 있습니다. 그러나 언젠가 머지않은 때에 여러분들도 새로운 세대들에게 그 자리를 물려줘야 할 것입니다. 너무 극적으로 들렸다면 죄송하지만, 사실이 그렇습니다. 여러분들의 삶은 제한되어 있습니다. 그러니 낭비하지 마십시오. 도그마(다른 사람들의 생각)에 얽매이지 마십시오. 타인의 소리들이 여러분들 내면의 진정한 목소리를 방해하지 못하게 하세요. 그리고 가장 중요한 것은 마음과 영감을 따르는 용기를 가지는 것입니다. 이미 마음과 영감은 당신이 진짜로 무엇을 원하는지 알고 있습니다. 나머지 것들은 부차적인 것이죠. 제가 어릴 때, 제 나이 또래라면 다 알만한 '지구 백과'란 책이 있었습니다. 여기서 그리 멀지 않은 먼로 파크에 사는 스튜어트 브랜드란 사람이 쓴 책인데, 자신의 모든 걸 불어넣은 책이었지요. PC나 전자 출판이 존재하기 전인 1960년대 후반이었기 때문에, 타자기, 가위, 폴라로이드로 그 책을 만들었습니다. 35년 전의 책으로 된 구글이라고나 할까요. 그 책은 위대한 의지와 아주 간단한 도구만으로 만들어진 역작이었습니다. 스튜어트와 친구들은 몇 번의 개정판을 내놓았고, 수명이 다할 때쯤엔 최종판을 내놓았습니다. 그때가 70년대 중반, 제가 여러분 나이 때였죠. 최종판의 뒤쪽 표지에는 이른 아침 시골길 사진이 있었는데, 아마 모험을 좋아하는 사람이라면 히치하이킹을 하고 싶다는 생각이 들 정도였지요. 그 사진 밑에는 이런 말이 있었습니다. 배고픔과 함께. 미련함과 함께.

배고픔과 함께, 미련함과 함께. 그것이 그들의 마지막 작별 인사였습니다. 저는 이제 새로운 시작을 앞둔 여러분들이 여러분의 분야에서 이런 방법으로 가길 원합니다.

배고픔과 함께. 미련함과 함께.

참고 문헌

한양대학교 교양국어교육위원회, 『2012-여름 한양대학교 말과글 워크숍 자료집』, 2012.

김재성, 『퍼펙트 프리젠테이션』, 에이콘, 2012.

나은미, 「성인 화자의 말하기 평가 방법」, 『화법연구』, 11(0), 2007.

문병용, 『오바마의 설득법』, (주)도서출판 길벗, 2009.

서성교, 『하버드 리더십 노트』, 원앤원북스, 2003.

이현국, 『화법의 이론과 실제』, 학문사, 2007.

전영우, 『토의 토론과 회의-학교에서 직장에서 사회에서』, 집문당, 1996.

조두환, 『최고의 설득을 이끌어내는 프레젠테이션』, 가림출판사, 2006.

하우석, 『발표의 기술』, 한국경제신문, 2005.

한양대학교 국어교육위원회 편, 『말이 힘이다 삶이 문화다』(초판), 한양대출판부, 2004.

게리 스펜스, 서성교 역, 『설득 마음을 움직이는 전략』, 세종세종서적, 2003.

데이비드 스미스, 셸라 암스트롱 그림, 노경식 역, 『지구가 100명의 마을이라면』, 푸른숲, 2002.

베른트 라토어, 배진아 역, 『모든 질문에 대답할 필요는 없다』, 더난출판, 2004.

올리버 가이셀하르트, 도복선 역, 『거침없이 당당하게 말하라』, 청년정신, 2007.

잭 웰치, 이동현 역, 『잭 웰치 · 끝없는 도전과 용기』, 청림, 2001.

진 젤라즈니, 안진환 역, 『맥킨지 발표의 기술』, 스마트비즈니스, 2006.

제5부

토론

1

토론의 개념

1.1. 토론의 정의와 중요성

토론은 어떤 논제에 대해 서로 다른 의견을 가진 사람들이 정해진 규칙에 따라 논증을 통해 자신의 주장을 정당화하여 다른 사람을 설득하는 행위이다. 토론(討論)의 한자어 '토(討)'는 '치다, 쳐부수다'를 의미한다. 영어 'debate'의 어원인 라틴어 'debattuere'는 '나누어 겨루다'를 뜻한다. 토론이라는 단어가 공격적이고 분석적인 의미를 지니다 보니 토론은 곧 말싸움으로 생각하는 경우가 많다. 그러나 토론은 단순히 말싸움, 논쟁만을 의미하지 않는다. 토론은 논쟁뿐 아니라 토의와 문답까지 모두 포함한다. 토론에서 논쟁은 다른 편과 하고, 토의는 같은 편끼리 하는 소통이라고 볼 수 있다. 같은 편끼리 하는 토의에서는 협의를 통해 바람직한 방안을 강구해야 한다. 어떻게 하는 것이 모두에게 좋은 결과를 가져다 줄 수 있을지 머리를 맞대고 고민하다 보면 자연스럽게 공동체 의식도 생기고, 조금씩 양보하는 법도 배우게 된다.

로버트 달(Robert Dahl)이라는 정치학자는 민주주의를 토론과 참여로 규정하고 있다. 민주주의에서 가장 중요한 것은 정치적 토론을 자유롭게 할 수 있는 것이고, 출판과 집회를 할 수 있는 시민적·정치적 자유가 존재해야 하며, 다음에 선거가 있어야 한다는 것이다. 이처럼 한 나라의 토론 수준은 그 나라의 민주주의 수준을 가늠할 수 있는 중요한 척도로 작용한다. 그리스가 민주주의를 꽃피울 수 있었던 것은 바로 정치적·경제적·사회적 주요 사안에 대해서 토론으로 의사 결정을 해 왔기 때문이다. 영국과 미국에서 근대 민주주의가 태동할 수 있었던 것도 토론 문화가 있었기 때문이다. 잘 발달된 토론 문화는 개인 간 또는 집단 간의 의사소통에 중요한 영향을 미치며, 더 나아가 국가의 중요 정책을 결정하고 사회집단 간 갈등을 해결하는 데에도 중요하게 작용한다.

또한 다원화 시대를 맞이하면서 우리 사회의 관심도 토론을 통한 타협과 통합으로 모아지고 있다. 토론은 서로가 다름을 인정하고, 열린 대화의 마당을 자주적이고 능동적으로 열어 가는 것이다. 다양한 입장과 다양한 목소리가 존재한다는 것을 인정하고 다양성을 긍정적인 사회적 에너지로 바꾸어 가기 위해서는 토론을 통해 의견을 나누고 모으는 것이 무엇보다 중요하다. 의견이 다른 사람들과 논쟁형 토론을 벌이다 보면 감정이 격해지기도 하고 자기 입장만 되풀이해 말할 수도 있지만, 토론의 규칙과 절차가 이러한 위험을 막아 준다. 절차를 지키려고 노력하면 절차를 따르는 동안 자기감정을 절제하고 논리적으로 상대방을 설득하려는 노력을 하게 된다. 이처럼 토론은 합리적으로 문제를 해결하는 소통으로, 결과에 못지않게 그 과정이나 절차도 매우 중요하다. 토론은 찬반 양측에 동등한 발언 기회와 발언 시간을 주면서 일정한 순서와 규칙에 따라 바람직한 결과를 도출하는 소통이다. 따라서 토론자들은 합의한 절차를 존중하고 그 도출된 결과를 받아들여야 한다. 이것은 민주 시민으로서 갖추어야 할 기본 소양이다. 또한 상대방에 대해 예의를 갖추어 말하는 훈련을 함으로써 건전한 시민 의식도 함양하게 된다.

'화이부동(和而不同)'은 『논어(論語)』의 「자로(子路)」편에 나오는 말이다. 공자는 "군자는 화이부동(和而不同)이요, 소인은 동이불화(同而不和)"라고 했다. 이 말은 '군자는 서로 다르면서도 서로 다름을 인정하고 화합하지만, 소인은 서로 같은 듯 무리 지어 다니면서도 어울리지 못한다'라는 뜻이다. 토론은 기본적으로 다름이 있어야 가능하다. 서로 다름을 인정하고 같음을 지향하는 것, 즉 화이부동(和而不同)이 곧 토론의 정신이다. 토론은 나와 다른 생각을 가진 사람의 말을 존중하는 데에서 시작한다. 상대방과 쟁점을 두고 치열하게 논리적인 다툼을 벌이지만, 그 바탕은 상대방에 대한 존중이고 그 목표는 궁극적으로 토론에 참여하는 사람들 모두의 진정한 소통이다.

1.2. 토론과 토의

토론과 토의는 함께 언급되는 경우가 많다. 토론과 토의 모두 대표적인 집단적 말하기로, 주어진 논제를 둘러싼 관점을 논의하면서 논제에 대한 이해를 넓힌다는 공통점이 있다. 그러나 토론과 토의는 분명한 차이점도 존재한다. 토론은 논제에 대해 찬성과 반대의 입장으로 나뉜 참여자들이 자기편 입장의 정당성을 입증하고 상대편 입장의 부당함을 비판하는 경쟁적인 말하기이다. 반면, 토의는 둘 이상의 사람이 공통의 문제에 대해 적절한 해결책을 마련하기 위해 의견, 사실, 정보 등을 교환하는 논의 방식이다. 즉 사회 구성원이 협력하여 논의를 벌이는 의사소통 방식으로, 집단적 사고 과정을 통해 발생한 문제를 해결하려고 시도하는 협력적인 말하기이다. 따라서 토론 내에서 이루어지는 토의는 같은 입장을 보이는 사람들끼리 논제에 대한 핵심 쟁점을 찾고, 쟁점을 구체화할 내용을 함께 정리하는 과정이다.

토론과 토의 비교

구분	토론	토의
목적	대안의 우열을 가림	최선의 결과 도출
주제의 성격	선택이 필요한 주제	합의가 필요한 주제
참여자 간 태도	설득, 대립, 대결	협력
상호작용	논증과 실증	정보나 의견의 교환
규칙	엄격하고 공평성을 지킴	상대적으로 자유로움

이동욱 외, 2022: 147.

TIP

토의

토의를 할 때 유의해야 할 사항

1. 주장하는 내용이 타인에게 정확히 이해되고 전달되도록 명확한 언어 표현을 사용한다.
2. 분명하고 명료한 음성으로 말한다.
3. 발언 기회를 독점하지 않는다.
4. 타인의 발언이 끝나기 전에 개입하지 않는다.
5. 상대방의 의견이나 주장을 정중하게 긍정하는 태도를 취한다.

토의를 할 때에는 타인의 의견을 존중하고 받아들이는 자세로 상대방에 대한 말하기 예절을 지키고 자기 의견만을 고집하지 않는 태도를 취하여야 한다. 모든 토의자는 논제에 직접적으로 관여하며 토의에 적극적으로 참여해야 한다. 토의자는 토의 목적이 자기 과시나 남을 설득시키는 것이 아니라는 점을 염두에 둘 필요가 있다. 토의 과정에서 자신과 반대되는 의견이 생길 수도 있다. 이 경우 감정적인 표현이나 태도를 삼가야 한다. 또한 논리적이고 설득력이 있는 의견이라면 동의할 수 있는 포용적인 태도를 갖추어야 한다.

토의의 5가지 유형

구분	원탁토의	패널토의	심포지엄	포럼	학교 토의
논제	토의할 수 있는 논제	정치적이거나 시사적인 논제	학술적이거나 전문적인 논제	공동의 관심사나 공적인 문제	토의할 수 있는 논제
사회자	없어도 상관 없음	공정한 진행	공정한 진행	공정한 진행	공정한 진행
참여자	5~10명 내외의 소규모 성원	논제에 대한 충분한 지식과 정보, 경험이 있는 패널 3~6명	논제에 대한 전문적인 지식을 가진 전문가 3~8명	전문가 0~2명	논제를 발견하고 토의를 구성할 학생 3~8명
청중	없음	논제에 관심이 있는 사람	논제에 관심이 있는 사람	논제와 이해관계가 있는 사람	논제에 대해 잘 알지 못하는 경우가 많음
특징	비공식적인 회의에서 자주 사용함. 자유롭고 평등한 토의 분위기를 조성함.	논제에 대한 다양한 의견을 들을 수 있음. 서로 다른 의견을 조정하는 수단으로 자주 사용함.	토의자 간에 의견 교환이 거의 없음. 결론 도출보다 논제에 대한 전문적인 지식과 정보 전달이 중요함.	상충된 의견을 가진 사람들 간의 의견 교환(토론적 성향이 강함). 청중의 질의응답 비중이 큼.	교수학습 방법으로 활용됨. 토의 준비 단계, 토의 단계, 평가 단계까지 단계별 과정에 따라 진행함.

1.3. 토론의 세 가지 원칙

1) 추정의 원칙

추정의 원칙은 기존의 믿음이나 가치관, 제도나 정책을 적극적으로 부정하지 않을 경우에는 그것이 현재 상황에서 그대로 통용된다고 보는 자동적인 의사결정의 규칙을 의미한다. 만약 현재의 상황이나 제도에 대해서 문제를 제기하는 사람이 있다면, 현재 상황을 선호하고 유지하려는 사람들은 문제를 제기한 사람의 의견을 들어 보고 나서 그 의견의 타당성을 따져보려 할 것이다. 따라서 토론에서는 현재의 가치관이나 제도, 상황 등에 문제를 제기하는 사람들이 먼저 발언한다.

추정의 원칙은 현 상황을 지지하는 것으로, 변화의 필요성이 충분히 제기되지 않으면 현재의 상황에 머무는 것이 낫다는 관점이다. 일반적으로 토론의 논제는 문제를 제기하는 입장을 반영한다. 다시 말해서, 찬성 측이 현 상황에 대한 문제 제기를 먼저 하는 역할을 담당한다. 변화는 비용과 위험을 수반하기 때문에 문제를 제기하는 찬성 측은 변화의 필요성을 충분히 제기해야 한다. 즉, 찬성 측은 현재 상황의 문제와 해결책 등을 증명해야 할 '입증의 책임'이 있다. 반면, 반대 측은 찬성 측이 내세운 증명에 대해 설득력이 없다거나 타당성이 없다고 반론해야 하는 '반증의 책임'을 갖게 된다.

2) 평등의 원칙

토론에서는 민주주의의 원리에 따라 토론 참여자들 모두가 골고루 발언할 수 있도록 규칙을 정하고 있다. 토론자들은 대등한 위치에서 자신의 주장을 펼칠 권리가 있으며, 자신의 발언권만큼 상대방의 발언권 역시 존중해야 할 의무가 있다. 특히 아카데미 토론(교육 토론)은 발언 시간과 기회를 공평하게 분배하기 위해 규칙과 형식을 만들고 이를 따르는 것을 원칙으로 한다. 자유 토론의 경우, 엄격한 규칙과 형식을 적용하지는 않지만 사회자가 참가자들의 공평한 발언 시간과 기회를 조율해야 한다.

3) 의사소통의 원칙

토론은 대화로 문제를 해결하는 의사소통의 방식이다. 토론 참여자는 승패에만 집착하여 격양된 발언을 할 위험이 있다. 이기기 위한 열성적 태도는 바람직하지만, 의사소통에서 지켜야 할 수칙을 잘 지키며 토론에 임하는 것이 중요하다. 토론 참여자들은 적절한 속도, 명료한 발음, 충분한 성량으로 발언해야 한다. 상대팀뿐만 아니라 청중들까지 잘 알아들을 수 있어야 한다. 짧은 문장으로 토론 내용을 전달할 수 있어야 하며, 핵심 요점을 먼저 말한 후에 설명과 근거를 제시해야 한다. 무엇보다도 단계별 발언의 형식과 규칙을 지켜야 한다.

1.4. 토론과 논증

토론은 논증을 통한 설득적 말하기이다. 형식적인 의미에서 논증은 전제와 결론으로 구성된다. 결론은 주장의 성격을 띠며, 전제들은 그 주장을 뒷받침하는 근거나 이유라고 할 수 있다. 토론에서 자신의 주장이 정당하다는 것을 입증하려면, 기본적으로 주장, 근거, 논거 세 가지 요소를 갖춰야 한다.

토론에서 주장은 찬성 측 또는 반대 측의 각 입장이 담긴 문장이거나 그 입장을 지지하는 논점이 될 수 있다. 근거는 주장을 지지해 주는 구체적인 사실적 정보이다. 근거를 나열하는 것만으로는 주장의 정당성을 입증하기 어렵다. 주장과 근거를 연결하는 일반적 원리나 원칙, 즉 논거를 제시해야 한다. 따라서 주장과 관련성이 깊은 근거 자료와 타당한 논거를 가지고 논점을 제시해야 설득력 있는 토론을 펼칠 수 있다.

논증이 타당성을 가지기 위해서는 올바른 추론의 과정을 거쳐야 한다. 이 과정에서 잘못을 범하는 것이 오류이다. 토론의 과정에서는 논증의 오류에 빠지지 않도록 유의해야 하며, 다른 사람의 논증에서 오류를 발견해 내는 것이 중요하다.

TIP

논증의 오류

오류 유형	사례	분석
순환 논증	성서의 글은 모두 하느님의 말씀이다. 성서가 하느님의 말씀인 것은 성서에 쓰여 있기 때문이다. 그러므로 성서가 하느님의 말씀인 것은 의심할 여지가 없다.	'하느님의 말씀'이라는 말이 따로 입증되지 않고 순환하고 있다. 즉 증명되는 것이 아니라 전제와 결론에 돌아가며 쓰일 뿐이다. 전제는 결론에 의지하고 결론은 전제에 의지하는 형식에서 생긴 오류이다.
우연	우리는 외국에 있는 사람을 잘 모른다. 그런데 친한 친구가 외국에 가 있다. 그러므로 우리는 친한 친구를 모른다.	'한국에 있는 우리는 외국에 사는 사람을 잘 모른다'라는 본질적 일반 규칙을 '친구가 외국에 있다'라는 우연한 예외적 경우에 잘못 적용해서 생긴 오류이다.
성급한 일반화 (역우연)	그가 운동을 하다가 다리를 다쳤다. 그러므로 운동을 해서는 안 된다.	'운동하다 다리를 다치'는 것은 우연적 특수 사실이다. 이것으로 '운동'이라는 일반 사항을 미루어 판단하는 데서 생긴 오류이다.
모호한 용어	귀한 것은 드물다. 100원짜리 가락국수는 드물다. 그러므로 100원짜리 가락국수는 귀하다.	대전제의 '드물다'와 소전제의 '드물다'를 같은 의미로 파악하는 데서 오류가 발생한다.
개념 묶기	김 씨의 의견도 틀렸다. 민 씨의 의견도 틀렸다. 그러므로 사람들의 의견은 틀렸다.	개별 사항에 적용되는 사실이라도 그들 전체에 적용하면 오류가 발생할 수 있다.
개념 나누기	이것은 아파트이다. 아파트는 벽돌과 시멘트, 철근으로 이루어졌다. 그러므로 벽돌과 시멘트, 철근은 아파트이다.	전제에 적용되는 사실을 개별 성분에 적용함으로써 오류가 생겼다.
논점 이탈	그 학설은 보나 마나 틀린 것이다. 그 학설을 말한 사람은 이름도 알려져 있지 않다.	어떤 학설이나 의견을 반박할 경우 그 내용의 잘못이나 논리적 모순 따위를 지적하지 않고 그것과 직접 관련이 없는 이유를 들어 문제의 핵심을 흐리는 오류이다.

오류 유형	사례	분석
인신 공격	– 아직 나이도 어린데 무엇을 안다고 진리 운운하는 것인가. – 자기 가정 일이나 잘 처리할 것이지 사회 문제에 대하여 말하는 것 자체가 문제이다.	상대방의 주장을 논박할 경우 그 주장 자체의 옳고 그름을 떠나 발설의 동기나 발설자의 인격, 지위, 종교, 사생활, 사고방식 따위를 관련시켜 말할 때 범하는 오류이다.
권위에 의지	– 성경에도 그렇게 쓰여 있다. – 우리가 음력으로 설을 쇠는 것은 오랜 전통이니 논란의 여지가 없다. – 말이 많으면 안 된다. 속담에도 말 많은 집의 간장은 쓰다고 했다.	권위 있는 이의 말이나 언명을 절대적으로 신봉하고 의지하는 데서 오는 오류이다.
위력/ 공포에 호소	우리 의견에 찬동하지 않으려거든 이곳을 떠나시오. 다수의 의견에 따르지 않는 사람은 민주국가에서는 설 자리가 없는 법이니까요.	이성적으로 상대를 설복하려 하지 않고 힘을 과시하거나 협박하는 따위 방식으로 주장을 펴는 데서 오는 오류이다.
감정에 호소	이것이 그의 피로 물들인 옷입니다. 이 칼자국을 보십시오. 우리에게는 그의 뜨거운 피가 흐르고 있습니다. 우리는 이 사건을 규명하고 말 것입니다. 여러분, 일어섭시다.	사람들의 감정에 호소하여 자기의 주장을 유리하게 이끌어가는 데서 생기는 오류이다.
믿음의 결과에 호소	한반도에서 전쟁이 일어난다고 생각하면 마음이 편치 않아. 그래서 난 한반도에서는 절대 전쟁이 일어나지 않을 것으로 확신해.	전쟁이 일어나지 않아야 편히 살 수 있는 것은 사실이지만, 그것이 전쟁이 일어나지 않을 것이라는 근거는 되지 않는다. 믿음의 결과에 지나치게 의지함으로써 생긴 오류이다.
동정심/ 아부에 호소	– 한번만 봐주세요. 우리 집안 형편도 안 좋고……. – 손님처럼 몸매가 좋은 분들은 우리 옷을 입어야 해요.	주장의 객관적 증거 대신 화자의 안타까운 처지를 이용해 동정심을 유도하는 데서 생기는 오류이다. 마찬가지로 상대의 기분을 좋게 하는 찬사를 늘어놓고 주장을 제시하는 것은 논리적 설득력을 지니지 못한다.

1.5. 토론 참여자의 역할과 자세

1.5.1. 사회자의 역할과 자세

사회자는 토론을 진행하고 조정해 나가는 역할을 한다. 사회자는 논제를 제대로 파악하고 있어야 하며, 토론을 어떻게 진행할지 구상하고 있어야 한다. 본격적인 토론을 시작하기 전에 사회자는 좌석 배치, 토론자 소개, 논제 소개와 설정 배경 설명을 한다. 토론이 진행되는 동안에는 무엇보다도 중립적인 입장을 지녀야 한다. 찬성이나 반대 중 어느 한쪽의 의견을 지니고 있더라도 자신의 생각을 드러내서는 안 된다. 토론자가 논지에서 벗어나는 발언을 하거나 감정적인 발언을 할 경우에는 이를 지적하고 조율해야 한다. 또한 토론 내용을 요약해서 청중들의 이해를 돕거나, 활발한 논의가 진행될 수 있도록 질문을 던질 수도 있다. 마지막으로 토론자들이 발언 시간과 순서 등 토론 규칙을 준수하도록 이끌어야 한다.

1.5.2. 토론자의 역할과 자세

토론자들은 제한된 시간 안에 합리적인 토론을 수행해야 한다. 기본적으로 토론자는 자료 조사와 분석을 통해 논제를 충분히 숙지해야 한다. 자신의 주장뿐만 아니라 이에 대한 상대의 반박에 대해서도 예측하고 준비해야 한다. 토론자들은 발언 시간과 순서 등 토론 규칙을 명확하게 인지해야 하며, 사회자의 지시에 따라야 한다. 상대방이나 자신의 팀원이 발언하는 도중에 끼어들어서는 안 되며, 자신의 발언 순서와 시간을 지켜 간결하고 명확하게 표현해야 한다. 상대의 발언을 경청하는 자세 역시 지녀야 한다. 논리적인 허점을 발견하거나 부적절한 논거를 공격하는 등 효과적인 논박을 펼치기 위함이다. 토론자들은 서로를 존중하는 자세가 바탕이 되어야 하며, 예의 바른 언어 표현을 사용해야 한다. 마지막으로 토론의 결과를 납득하고 받아들이는 자세 또한 필요하다.

1.5.3. 청중의 역할과 자세

청중은 토론자나 사회자만큼이나 중요하다. 청중은 토론자와 함께 공동의 문제를 풀어가겠다는 공동체 의식으로 토론에 참여해야 한다. 청중은 토론자에게 자신의 의견과 질문을 제시하면서 토론을 보다 역동적으로 만들 수 있다. 무엇보다도 청중은 토론의 결과를 결정하는 판정단의 역할을 한다. 청중은 객관적인 입장을 유지하면서 정해진 평가의 기준에 따라 토론자들의 발언을 듣고 타당성과 설득력을 평가해야 한다. 토론이 진행되는 동안 청중은 집중하고 경청해야 한다. 청중의 자세가 토론에 많은 영향을 끼칠 수 있기 때문이다. 또한 청중은 다른 토론 참여자와 마찬가지로 토론의 진행 방식과 규칙을 숙지하고 있어야 하며, 발언 기회가 주어졌을 때 발언하도록 한다.

2

토론의 유형

• • •

토론은 크게 아카데미 토론과 자유 토론으로 나뉜다. 아카데미 토론 또는 교육 토론은 토론을 교육하려는 목적으로 만든 토론 방식이다. 찬성과 반대의 입장이 분명하게 대립하고, 발언 시간이나 순서 등의 규칙과 형식이 엄격하게 적용된다. 반면, 자유 토론은 규칙과 형식이 없거나 매우 간략한 토론 방식이다. 아카데미 토론에는 세다 토론 형식, 칼 포퍼 토론 형식, 링컨-더글라스 토론 형식, 의회 토론 형식 등이 있다. 자유 토론에는 TV 토론이나 패널 토론, 난상 토론 등이 있다. 여기서는 아카데미 토론을 중심으로 대표적인 토론 유형을 살펴본다.

2.1. 아카데미 토론의 기본 형식

입론 → 교차 조사·반론 → 최종 변론 → 판정

위의 절차는 아카데미 토론 절차로, 대부분의 토론에서 가장 기본적으로 갖추고 있는 토론 형식이다. 기본 형식의 가장 큰 특징은 특정 역할 및 순번을 정하지 않는다는 점이다. 다른 유형의 경우 토론자의 순번 및 역할이 정해져 있어 해당 역할을 맡은 사람이 실수하면 다른 사람이 대체할 수 없다. 그러나 기본 형식에서는 정해진 역할이 없기 때문에 입론에서부터 최종 입장 정리까지 모두 동일인이 해도 무방하다. 물론 다양하게 참여하는 것이 바람직하지만 특정인의 역할이 중복되어도 감점되지 않는다.

2.2. 세다(CEDA: Cross Examination Debate Association) 토론

찬성		반대	
찬성1 입론	6분		
		반대2 질문	3분
		반대1 입론	6분
찬성1 질문	3분		
찬성2 입론	6분		
		반대1 질문	3분
		반대2 입론	6분
찬성2 질문	3분		
		반대1 반론	4분
찬성1 반론	4분		
		반대2 반론	4분
찬성2 반론	4분		
총 소요시간: 62분 (토론시간 52분 + 작전타임 각 팀당 5분)			

1971년 교차조사토론협회에서 제안한 토론 형식이다. 1947년 이래로 해 오던 미국의 전국 토론 대회(National Debate Tournament)의 토론 형식이 주장과 반박만으

로 이루어져 토론자들이 자신의 주장만 말하고 다른 사람의 주장을 경청하지 않는다고 보고 상대방 주장에 대한 질문 시간을 넣었다. 토론자들 사이의 직접적인 의사소통을 강조하는 토론 형식으로 발전된 것이다. 각 팀은 논제를 긍정하거나 부정하는 두 사람으로 구성되며, 토론자 개개인은 각각 세 번의 발언 기회를 갖게 된다. 즉 한 번씩의 입론과 반론, 그리고 교차 조사를 하게 된다. 발언 시간은 조절해서 진행할 수 있다.

2.3. 칼 포퍼 토론

찬성		반대	
찬성1 입론	6분		
		반대3 질문	3분
		반대1 입론	6분
찬성3 질문	3분		
찬성2 반론	5분		
		반대1 질문	3분
		반대2 반론	5분
찬성1 질문	3분		
찬성3 반론	5분		
		반대3 반론	5분
총 소요시간: 52분 (토론시간 44분 + 작전타임 각 팀당 4분)			

영국의 철학자 칼 포퍼의 비판적 합리주의 사상을 바탕으로 한 토론 형식이다. 찬성과 반대 각각 3명으로 구성된다. 각 팀은 한 번의 입론과 두 번의 반론, 두 번의 교차 조사를 진행한다. 칼 포퍼 토론은 입론보다 반론의 횟수가 더 많고, 입

론뿐만 아니라 반론에 대한 교차 조사도 이루어진다는 것이 특징적이다. 따라서 한 번의 입론에서 자신의 주장과 근거를 적절하게 제시하는 것도 중요하지만, 상대방의 주장을 검증하고 효과적으로 반론을 펼치는 것이 보다 핵심적이다.

2.4. 링컨-더글라스 토론

찬성		반대	
찬성 입론	6분		
		반대 질문	3분
		반대 입론	7분
찬성 질문	3분		
찬성 반론	4분		
		반대 반론	6분
찬성 반론	3분		
총 소요시간: 32분			

1858년 미국 상원의원 선거 중 링컨과 더글라스 사이에 있었던 노예 제도에 관한 토론에 기원을 둔 것으로, 양쪽에 각각 한 사람이 토론에 참가하는 방식이다. 주장과 반박의 부담이 한 사람에게 집중되기 때문에 토론자 개인의 능력과 이미지가 승패에 영향을 줄 수 있다. 다른 형식에 비해 토론 시간은 짧지만, 교차 조사의 비중과 중요성은 상대적으로 크게 작용한다. 찬성 측과 반대 측은 각각 입론, 교차 조사, 반론의 기회를 1회씩 갖는데, 찬성 측이 반론의 기회를 추가적으로 한 번 더 갖는다. 각자에게 주어지는 토론 시간은 똑같다.

2.5. 의회 토론

찬성		반대	
수상 입론	7분		
		야당 당수 입론	8분
여당 의원 입론	8분		
		야당 의원 입론	8분
		야당 당수 반론	4분
수상 반론	5분		
총 소요시간: 40분			

영국 의회의 특징을 반영한 토론 형식으로, 1820년대 옥스퍼드와 케임브리지의 학생회가 행하던 토론 형식에 기초를 둔 것이다. 수상과 여당 의원이 찬성 측을, 야당 당수와 야당 의원이 반대 측을 구성한다. 토론 참여자 4명의 위상이 동일하지 않은 것을 인정하여 토론의 발언 기회와 시간 배분을 차별화하고 있다는 점이 특징적이다.

3

토론의 절차와 기법

3.1. 토론의 준비

3.1.1. 논제의 설정

1) 논제의 정의

논제: 토론의 핵심적인 쟁점을 드러내는 진술문

토론이 성립하려면 어떤 가치나 정책에 대한 양측의 쟁점이 분명하게 규정되어야 한다. 이때 쟁점이 되는 핵심적인 사안을 명료하게 해 주는 진술문을 토론의 제목 곧 '논제'라고 한다. 토론에서는 논제에 대해 찬성 또는 반대 입장이 존재한다. 토론에서 말하는 '찬성 측'이란 변화를 원하는 측을, '반대 측'은 현 상황을 유지하려는 측을 의미한다. '사형 제도는 폐지되어야 한다'라는 논제가 주어졌을 때, 찬성 측은 사형 제도의 폐지를 주장하며 현 상태가 변화되기를 주장한다면, 반대 측은 사형 제도의 존치를 주장하며 현 상태를 유지하고자 하는 입장을 취한다.

논제의 쟁점 찾기 사례

논제: 이중 국적을 허용해야 한다		
쟁점	찬성	반대
1. 이중 국적의 경제적 효과	있다	없다
2. 이중 국적으로 민족성 와해	아니다	그렇다
3. 이중 국적 허용으로 위화감 조성	아니다	그렇다

위 표에서 확인되듯 쟁점과 관련하여 찬성 측과 반대 측은 상반된 입장에 있다. 찬성 측이 반드시 '예', 반대 측이 반드시 '아니요'의 입장이 되는 것이 아님을 알 수 있다. 찬성 측은 뛰어난 인재들을 수용하여 경제적인 효과를 가져온다는 점을 부각시킨다면, 반대 측에서는 경제적인 효과가 있을 수도 있겠지만 그것보다는 이중 국적으로 인해 민족성이 와해되고, 병역 기피 등의 악용할 수 있는 요소가 있음을 들어 반박할 수 있다. 문제를 제기한 찬성 측에서는 쟁점에 대해 입증할 책임이 있는 반면에, 반대 측에서는 이들 쟁점에 대해 한 가지 이상만 논박해도 유리해진다.

2) 논제의 종류

① 사실 논제

사실 논제는 '어떤 일이 일어났다'라는 것을 기술한 논제로 주장의 시점에 따라 과거, 현재, 미래에 관한 사실로 나눌 수 있다. 찬성 측은 특정한 사실이 실제로 벌어졌음을, 반대 측은 그것이 거짓임을 주장한다. 검사와 변호사가 벌이는 형사 사건의 법정 공판에서 흔히 볼 수 있다. 또한 선거 때 국민들이 어떤 후보를 지지하는가에 대한 공방과, 현재 경제 상태를 어떻게 볼 것인가에 대한 문제도 사실 논제에 해당한다.

② 가치 논제

가치 논제는 현안을 둘러싼 평가적 주장을 담고 있다. 가치 논제와 관련하여 대립하는 쟁점은 참과 거짓을 판단하는 문제가 아니라 좋고 나쁜지, 옳고 그른지에 관한 것이다. 경제 성장이 먼저냐, 분배가 먼저냐 하는 대립 구도에서 경제 성장의 우선성을 혹은 분배의 우선성을 주장하는 것을 의미한다. 이러한 주장은 순수한 주장이라기보다는 어떤 정책에 대한 가치 평가를 내리는 주장이다. 가치 논제는 '바람직하다', '가치가 있다', '중요하다', '해롭다' 등의 표현을 사용한다.

③ **정책 논제**

정책 논제는 우리가 원하는 모습은 무엇이며, 그것의 실현을 위해 어떤 행동을 새롭게 해 나가야 할 것인지에 대한 주장이다. 국회나 정부에서 법률안을 놓고 벌이는 공방이나 민간의 기업체나 조직에서 이루어지는 대부분의 토론이 이에 해당한다. 앞서 가치 논제와의 차이점은 실행에 대한 방안을 포함하느냐의 여부에 달렸다. 정책 논제는 반드시 실행시킬 방안을 제시해야 하지만, 가치 논제의 경우는 꼭 그렇지 않기 때문이다. 정책 논제는 '-해야 한다'의 의무적 서술문 혹은 행위의 서술문으로 하는 것을 원칙으로 한다. '시행해야 한다', '규제해야 한다', '금지해야 한다' 등으로 표현한다.

연습 문제

다음 예와 같이 쟁점을 찾고, 그것을 바탕으로 사실 논제, 가치 논제, 정책 논제를 만들어 보자.

예시

우리나라의 교육열 현상 중 하나의 쟁점을 찾아 논제화해 보자.

찾아낸 쟁점: 한자 조기 교육

사실 논제: 한자 조기 교육은 세계적인 흐름이다.

가치 논제: 한자 조기 교육은 경제적인 이득을 가져온다.

정책 논제: 한자 조기 교육은 미취학 아동과 초등학생에게 실시해야 한다.

1 우리나라 경제 정책 중 최근의 쟁점을 찾아 논제화해 보자.

2 우리나라의 문화예술 제도 중 최근의 쟁점을 찾아 논제화해 보자.

3 우리나라의 사회 현상 중 최근의 쟁점을 찾아 논제화해 보자.

3) 논제의 조건

① 하나의 쟁점만 분명히 제시해야 한다.

'조기 유학과 기부 입학 제도는 필요하다'처럼 둘 이상의 논의를 포함하면 한 가지에는 찬성하지만 다른 하나에 반대하는 상황이 벌어져 쟁점을 형성하기 어렵다.

② 찬반 당사자 가운데 어느 한쪽에 유리하게 작용할 수 있는 표현은 피해야 한다.

'비도덕적인 낙태는 금지해야 한다'와 같이 논제 가운데 이미 좋고 나쁨의 감정이 드러나 있으면 어느 쪽인가는 정서적으로 유리한 위치를 차지할 수 있으므로 피하는 것이 좋다.

③ 현재의 상황을 변화시키려는 의도가 반영되어야 한다.

'종교적 병역 거부자에게 대체 복무를 허용해야 한다'와 같이 현재의 상태를 지적하고 이를 개선하는 것을 찬성하는 쪽의 입장으로 하여 긍정적인 형식으로 제시하는 논제가 좋다.

④ 시의적절하면서도 지속적으로 논란이 되는 문제를 다루어야 한다.

시의성은 토론을 하는 시점에서 논란의 여지가 있는 현재의 문제를 다루어야 한다는 것이다. '연좌제를 폐지해야 한다'처럼 시의성이 떨어지면 현재의 상황에서 관심을 끌기 어렵다.

⑤ 추상적이며 모호한 논제는 피해야 한다.

'인간 복제를 허용해야 한다'는 '인간 배아 복제를 허용해야 한다'로 바꾸어 주어야 한다. 배아 복제와 인간 복제는 의미가 달라 찬성 측에 불리한 토론이 될 수 있기 때문이다.

⑥ 의문형이나 명사형이 아닌 긍정의 서술문으로 정해야 한다.

'사형 제도를 폐지해야 하는가?'처럼 의문문은 주장하는 바를 알 수 없다. '사형 제도를 폐지해야 한다'로 고쳐 써야 한다. '종교인 과세 형평성'처럼 명사형으로 끝나는 경우는, 종교인에게 과세를 하는 것이 정당하다는 것인지 형평성에 맞다는 것인지 주장이 불명확하기 때문에 '종교인도 과세를 해야 한다.'로 주장을 분명하게 제시해야 한다.

연습 문제

다음에 제시한 논제가 적절한(또는 부적절한) **이유를 생각해 보고, 각자 현재 토론할 만한 논제를 찾아 빈칸에 써넣은 뒤에, 자신의 주장을 발표해 보자.**

1 국가보안법은 폐지되어야 한다.

2 사형과 낙태는 금지되어야 한다.

3 인터넷 실명제를 실시해야 하는가?

4 소극적 안락사를 법적으로 허용해야 한다.

5 방송 심의 제도를 폐지해야 한다.

6

7

8

9

10

3.1.2. 핵심 쟁점 분석

논제가 정해지고 나면, 논제가 내포하고 있는 핵심 쟁점이 무엇인지를 찾아내고, 쟁점을 체계적으로 분석하는 과정을 거쳐야 한다. 이것이 논제 분석의 과정이다. 논제 분석은 논제의 성격과 내용에 따라 분석의 초점이 달라진다.

논제 파악은 논제에 대해 어떤 입장이 가능한지 가늠해 보는 단계이다. 이를 위해서는 논제의 종류를 먼저 파악하고, 논제를 둘러싸고 있는 사회적 배경을 함께 살펴보아야 한다. 이미 살펴본 것처럼, 논제는 크게 사실 논제, 가치 논제, 정책 논제로 나뉜다. 사실 논제는 사실 여부의 판단에 중점을 둔다. 가치 논제는 가치 판단의 기준이나 가치 판단이 충돌하는 지점이 중요하다. 정책 논제는 정책이나 제도의 문제점, 개선의 필요성, 개선 방안 등을 찾아보아야 한다.

논제를 파악하고 분석한 뒤에는 핵심 쟁점이 무엇인지를 찾아내고, 쟁점을 체계적으로 분석하여 논점을 구축해야 한다. 사실 논제에서는 추측, 정의, 정도, 절차 등의 상태가 핵심 쟁점이 된다. 가치 논제에서는 가치 판단에 대한 용어와 판단 기준, 판단 방법 등이 핵심 쟁점이다. 정책 논제에서는 문제 정의, 문제 제기, 해결 방안, 이익과 부작용 등을 핵심 쟁점으로 한다. 각각을 정리하면 다음과 같다.

① 사실 논제의 핵심 쟁점

핵심 쟁점	내용	찬성	반대
추측의 상태	행위 유무	행위를 했다	행위를 안 했다
	행위자의 동기	그럴 사람이다	그럴 사람이 아니다
	행위자의 능력	일을 저지를 능력이 있다	그런 능력이 없다
정의의 상태	언어의 정의로 상태 규정	예 선물	예 뇌물
정도의 상태	정당화	예 당할 만하다	예 그런 행위를 해서는 안 된다
	변명 (우발적 행위, 제도적·사회적 상황, 상대 인물에 대한 역공, 정신 착란)	예 우발적이다 사회나 제도가 원인이다 나만 그런 것은 아니다 정신이 이상했다	예 계획적이다 문제는 개인이다 타인과는 무관하다 아니다
	관용에 호소	예 잘못했다	예 관행이었다
절차의 상태	과정의 절차로 상황 규정	예 여론재판이다	예 아니다

② 가치 논제의 핵심 쟁점

핵심 쟁점	내용	찬성	반대
정의	주요 용어 및 개념	찬성 측 정의	반대 측 대체 정의
가치 우선 순위	우선 순위 계층화 제시	예 성장이란 가치가 분배보다 우선이다	예 분배란 가치가 성장보다 우선이다
가치 판단 기준	속성	예 안락사는 사회적 문제	예 개인의 의사 표현
	타당성	예 안락사의 비윤리성에 대한 공동체 구성원들의 인정	예 공동체 구성원들의 안락사 권리 인정
	대상 가치와의 적합성	적합한 사례 제시	사례의 부적합성 지적
	판단 기준과 안정성	판단 기준이 안정적이다	판단 기준이 자의적이며 임시방편이다
판단 기준의 측정	사회적 결과	심각한 결과가 있다	그렇지 않다
	중대성	중대한 문제가 발생하고 있다	그렇지 않다
	문제원인 제공유무	가치와 문제가 인과관계가 있다	직접적 인과관계가 없다

③ 정책 논제의 핵심 쟁점

핵심 쟁점	내용	찬성	반대
문제 정의	주요 용어 및 개념	찬성 측 정의	반대 측 정의
	역사적·이념적·철학적 배경	찬성 측 해석	반대 측 해석
문제 제기	중요성	중요하다	중요하지 않다
	심각성	심각하다	심각하지 않다
	즉시성	즉시 조치해야 한다	즉시 조치할 필요가 없다
	지속성	지속된다	자연적으로 해결된다

<table>
<tr><th>핵심 쟁점</th><th>내용</th><th>찬성</th><th>반대</th></tr>
<tr><td rowspan="3">해결
방안</td><td>실행 가능성
(인적·물적·자연 자원
사회 제도
사회적 인식 및 가치 변화
대상의 의지)</td><td>실행 가능하다
(모두 충분하고 가능하다)</td><td>실행이 가능하지 않다
(모두 부족하고 불가능하다)</td></tr>
<tr><td>해결성</td><td>해결된다</td><td>해결 보장 없다</td></tr>
<tr><td>다른 대안 비교</td><td>최선의 대안이다</td><td>최선의 대안이 아니다</td></tr>
<tr><td>비용</td><td>이익과 부작용</td><td>부작용이 있을 수 있지만
이익이 크다</td><td>이익을 가져올 수 있지만
부작용이 더 크다</td></tr>
</table>

이상철 외, 2007: 300-317.

핵심 쟁점 분석 사례

<table>
<tr><th>논제</th><th colspan="3">인간 배아 복제, 허용해야 한다.</th></tr>
<tr><td rowspan="2">논제 파악</td><td>사회적 배경</td><td colspan="2">1997년 영국의 로슬린 연구소가 양의 성체 체세포에서 핵을 추출하여 난자에 이식하는 방법으로 최초로 복제양 돌리를 탄생시켜 세계적 관심을 집중시켰다. 또한 영국에서는 2004년 8월 11일, 인간 배아 복제를 승인했다. 이를 계기로 생명공학의 급속한 발전을 중시하는 관점과 생명 윤리와 연구 방법의 비윤리성을 문제 삼는 관점에서 많은 논란이 일고 있다.</td></tr>
<tr><td>논제에 담긴 본질</td><td colspan="2">생명 자체를 과학적 수단이나 도구로 사용할 수 있는가 하는 문제를 중심으로, 생명공학의 발전으로 인해 나타나는 다양한 이점과 부작용에 대한 찬성과 반대의 입장이 대립하고 있다.</td></tr>
<tr><td>공유점</td><td colspan="3">인간의 생명은 모두 중시돼야 한다. 생명의 존엄성을 지키기 위해 난치병이나 희귀병을 앓는 사람의 생명도 존중되어야 한다.</td></tr>
<tr><th></th><th colspan="2">찬성 측</th><th>반대 측</th></tr>
<tr><td>논제에 대한 입장</td><td colspan="2">희귀병과 난치병 치료를 위해 인간 배아 복제 연구를 허용해야 한다는 과학자들을 대변하는 입장</td><td>인간 배아는 생명이므로 어떠한 경우에도 배아를 이용한 연구는 전면 금지해야 한다는 종교계와 시민단체를 대변하는 입장</td></tr>
</table>

		찬성 측	반대 측
핵심쟁점구축	개념정의	배아는 정자와 난자가 수정된 이후 14일 이전까지의 수정란으로 장기와 조직으로 나뉘지 않은 세포 덩어리이다. 14일이 지난 이후에야 비로소 척추로 자라는 원시선이 생기는 등 생명체(태아)로 볼 수 있다. 더구나 인간의 수정란을 분할하거나 혈액·살점 등에 들어 있는 체세포만을 이용해 인공적으로 복제해 낸 것이 배아이므로, 배아는 생명체가 아니다.	일단 정자와 난자가 합쳐진 수정란은 자연적 배아이든 체세포만을 이용해 인공적으로 복제한 배아이든 그 자체가 이미 생명체이다.
	가치기준	• 배아는 엄격한 의미에서 생명체라고 말하기 어렵다. • 인간은 여러 가지 의학적 기술을 발전시켜오면서 치료를 통해 생명을 연장하는 등 이미 생명 영역에 관여해 왔다. • 생명 복제 기술이 인간 개체 복제라는 구체적인 위험성을 가지고 있지만, 잠재적인 의학적 유용성이 너무 크기 때문에 연구를 허용해야 한다.	• 장기와 조직으로 분리되지 않은 세포 덩어리라 해도 엄연히 생명체이다. 따라서 수정 후 14일이라는 기준이 의미가 없다. • 인간 생명은 인간이 함부로 관여할 영역이 아니므로 인간 배아 복제는 생명 윤리에 어긋난다. • 의학적 유용성이 크다 해도 인간을 복제하는 것이고, 위험성이 너무 크기 때문에 연구를 허용하면 안 된다.
	절차의문제	• 인간 배아 복제에 대한 연구를 금지하는 것은 곧 난치병 치료를 위한 기초 연구를 막는 위험이 있다. • 인간 배아 간(幹)세포 복제 연구는 특정 질환과 그 치료법에 관한 연구를 촉진할 수 있는 유일한 수단이다. • 인간의 발생 과정과 같은 과학 지식 상의 중요한 발전을 가져올 수 있다.	• 핵을 이식한 배아를 자궁에 착상하여 분만시키면 인간 복제로 발전할 가능성이 있다. • 인간 배아 복제 기술을 통해 생명공학 산업이 발달하여 생명의 상품화를 초래할 수 있다. • 배아 복제 기술의 안정성이 확보되지 않았고, 성공한다 해도 부작용이나 기형화, 종양화 등의 가능성이 높다.

이정옥, 2008: 110.

연습 문제

조별로 하나의 토론 논제를 정하고, 핵심 쟁점을 구축해 보자.

논제	
논제 파악	
논제에 대한 입장	
핵심 쟁점 구축	

3.1.3. 자료 조사

효과적인 토론을 위해서는 자신의 입장을 뒷받침할 수 있는 적합한 자료와 근거를 충분히 확보해야 한다. 자신의 입장을 뒷받침하는 근거뿐만 아니라 이와 상반되는 근거, 즉 상대측의 입장과 관련된 자료까지 모두 수집할 필요가 있다. 충분한 자료를 수집해야 서로 다른 의견에 적절하게 대응하고, 자신의 주장을 설득력 있게 제시할 수 있다. 자료는 일반적으로 문헌 자료, 인터넷 검색 등을 통해 수집한다. 해당 논제와 관련된 연구가 부족하거나 최근의 실상을 보여줄 자료가 부실한 경우 직접 설문 조사한 결과물이나 인터뷰한 내용 등을 논거로 활용할 수 있다.

3.1.4. 토론 개요서

논제에 대해 논점을 분석하고 자료를 조사했다면, 조사한 자료를 통합해서 하나의 토론 개요서를 만들어야 한다. 토론 개요서는 논리적 흐름에 따라 자료를 분류하고 종합하는 작업이다.

토론 개요서를 작성하는 것은 토론의 전략을 체계화할 수 있기 때문에 중요하다. 찬반 양쪽의 논점과 논거를 비교하고 대조하며 정리하기 때문에 상대방의 전략을 예측하고 이에 대한 대비가 가능하다. 따라서 토론 개요서는 논제에 관해 성립될 수 있는 가능한 논점들을 모두 포함해야 하며, 논점이 함축하는 전제와 증거 사례들을 제시할 수 있어야 한다. 특히 상대방의 전략을 예측할 때에는 실제 토론에서 적중할 수 있도록 자료 조사와 논점 분석 등을 다각도로 접근해야 한다.

토론 개요서 작성 순서

1 자기 팀의 논점과 논거 정리
2 예상되는 반론과 반론에 대한 대책 마련
3 상대 팀의 논점과 논거 탐색
4 상대 팀의 논점과 논거에 대해 반론할 만한 문제점 분석
5 자기 팀의 논점과 논거에 대한 상대 팀의 반론을 예측, 이에 대해 대책 수립

토론 개요서 형식

논제:

	우리 팀	상대 팀(예측)
입론	논점(주장)	논점(주장)
	논거와 근거 자료	논거와 근거 자료
반론	상대 팀 입론에 대한 반론	우리 팀 입론에 대한 상대 팀의 반론
	상대 팀 반론에 대한 우리 팀의 대책	우리 팀 반론에 대한 상대 팀의 대책

토론 개요서 예시

논제: 소극적 안락사를 시행해야 한다

	우리 팀	상대 팀(예측)
입론	논점(주장)	논점(주장)
	1 누구나 인간답게 살 권리가 있듯이 인간답게 죽을 권리도 있다. 2 소극적 안락사는 환자가 존엄한 죽음을 맞을 수 있도록 해 준다. 3 무익한 생명의 인위적 연장보다 소극적 안락사 허용이 낫다.	1 생명은 자연적으로 주어진 것으로 인간이 좌지우지할 수 있는 것이 아니다. 2 소극적 안락사는 죽음을 방조한다는 면에서 윤리적 비난을 피할 수 없다. 3 소극적 안락사를 시행하면 그 이점보다 부작용이 더 심각하다.
	논거와 근거 자료	논거와 근거 자료
	1 소극적 안락사의 정의 2 소극적 안락사를 원하는 환자의 인터뷰 3 환자 가족의 심적, 경제적 부담 자료 4 안락사를 허용하는 다른 나라의 경우 사례 5 호스피스가 일반화된 나라에서도 안락사 논쟁이 뜨거운 이유	1 실제적인 안락사 판례들 2 생명경시풍조 확산과 사회적 파급력에 대한 연구 결과들 3 소극적 안락사 시행의 실제적 어려움 관련 자료 4 호스피스 제도의 채택 증가 이유

	우리 팀	상대 팀(예측)
	상대 팀 입론에 대한 반론	우리 팀 입론에 대한 상대 팀의 반론
	1 인위적으로 생명 연장을 하는 것 역시 인륜에 어긋나는 행위이다. 2 인간에게는 누구나 자신의 운명을 결정지을 권리가 있다. 3 안락사의 합법화가 음성화할 때의 부작용을 더 최소화할 수 있다.	1 생명권보다 더 우선적인 권리는 있을 수 없다. 지유권보다 생명권이 우선이다. 2 존엄한 죽음이란 있을 수 없다. 삶에 반하는 인위적 죽음 자체가 윤리적으로 부당한 것이다. 3 생명유지 장치를 사용해서라도 살 수 있는 생명을 일부러 방치하는 것은 명백한 살인 행위이다.
반론	상대 팀 반론에 대한 우리 팀의 대책	우리 팀 반론에 대한 상대 팀의 대책
	1 생명권에는 누구나 자신의 의사에 따라 인간답게 결정지을 수 있는 자유와 자신의 삶을 아름답게 마감할 권리 역시 포함된다. 2 인간의 생명을 유지하는 것만이 본질적으로 가치 있다는 생각을 인정할 수 없다. 존엄한 죽음도 그에 상응하는 가치를 지닌다. 3 고통에 허덕이는 환자에게 생명을 유지하도록 하는 것이 최선책이라 할 수 없다.	1 생명 자체가 자연적인 것이므로 생명의 유지에 대한 의지와 노력을 인위적 연장이라 말할 수 없다. 2 환자의 자발적 선택이었다 할지라도 충동적이거나 순간적인 선택일 가능성도 있다. 3 안락사의 음성화로 인한 오남용 문제가 발생하는 것 자체가 안락사 허용의 문제점이므로 안락사를 전면적으로 금지하는 것이 마땅하다.

김장원 외, 2018: 147–148.

연습 문제

다음 양식을 활용하여 토론 개요서를 작성해 보자.

논제:

		우리 팀	상대 팀(예측)
입론		논점(주장)	논점(주장)
		논거와 근거 자료	논거와 근거 자료
반론		상대 팀 입론에 대한 반론	우리 팀 입론에 대한 상대 팀의 반론
		상대 팀 반론에 대한 우리 팀의 대책	우리 팀 반론에 대한 상대 팀의 대책

3.2. 토론의 실행

3.2.1. 입론

논제가 정해지고, 논제에 대한 양측의 입장이 준비되면, 토론 참가자는 토론의 절차에 따라 각자의 주장을 펼친다. 진행 절차상, 토론은 제시된 논제에 관한 찬성 측과 반대 측의 입론으로 시작한다.

입론은 본격적인 주장과 반론으로 나아가기 위한 도입부로 토론의 기본 방향을 제시하게 된다. 따라서 입론에서 전체 토론의 방향이 드러나도록 주장할 내용을 명쾌하게 정리하여 발표해야 한다. 입론에서 제시해야 할 요소를 정리해 보면 다음과 같다.

1) 문제 인식

입론에서는 우선 논제에 관한 정확한 인식을 보여 주어야 한다. 특히 논제에 등장하는 주요 개념을 정의하는 것은 필수적이다. 입론에서 문제 인식은 개념 정의로 시작된다. 개념을 정의함으로써 논제에 포함된 쟁점을 분명히 하고 그 범위를 한정한다. 적절한 개념 정의를 통해 토론의 방향을 유리하게 이끌 수 있다.

2) 입장 제시

입론 과정에서는 찬성 또는 반대의 입장을 분명하게 표명해야 한다. 이를 '입장 제시' 또는 '입장 세우기'라고 한다. 토론에서 찬성 또는 반대란 단순히 어떤 가치나 정책에 찬성하거나 반대하는 태도를 일컫는 것이 아니다. 토론에서 '찬성'은 현재의 상태가 부적절하므로 변화시켜야 한다고 주장하는 쪽을 말하며, '반대'는 현 상태를 유지하려는 입장을 가리킨다.

3) 논거 제시

입론에서는 자신의 주장에 대한 논거를 제시해야 한다. 논거는 주장의 근거가 되는 이론 또는 자료를 말한다. 입론에서 자신의 논점을 제시할 때에는 타당한 논거를 토대로 하여 논점의 정당성을 입증해야 한다.

논제: 과제를 할 때 오픈AI 사용을 허용해야 한다

찬성 측 입론

최근 들어 Chat GPT와 같은 오픈AI가 화제이다. Chat GPT와 같은 오픈AI는 요구하는 것을 얘기해 주면 즉각적으로 답변을 준다는 그 편리함 때문에 많은 사람들이 애용하고 있다. 특히 대학생들이 과제할 때 인공지능 프로그램을 활용하는 것은 많은 장점을 지닌다.

대학생은 다양한 분야에서 창의적인 사고를 발휘해야 한다. 오픈AI의 활용은 학생들에게 다양한 아이디어와 관점을 제공함으로써 학생들의 창의적 사고를 촉진한다. 예를 들어, 학생이 어떤 주제에 대한 아이디어를 찾아야 할 때, 인공지능 프로그램은 관련된 사례, 연구 결과, 통계 데이터 등을 제시하여 학생의 사고를 확장시킬 수 있다. 이러한 다양한 자료와 의견은 학생들이 새로운 관점을 도출하고, 기존의 아이디어를 발전시키는 데 도움이 된다.

대학생들은 다양한 학업과 활동으로 바쁜 일정을 보내고 있다. 인공지능 프로그램은 작업의 효율성을 높여 대학생들이 시간을 효과적으로 관리할 수 있도록 돕는다. 예를 들어, 보고서 작성이 필요한 경우, 인공지능 프로그램의 적절한 활용은 대학생이 시간을 절약하면서도 높은 품질의 보고서를 작성할 수 있도록 도와준다.

마지막으로, 개개인별로 필요한 도움을 즉각적으로 받을 수 있다. 각자 선택한 과목이 모두 다른 대학생들은 바로 자신이 필요한 부분에서 도움을 얻기 힘들 수가 있다. 앞서 언급했듯이 오픈 AI의 가장 큰 장점 중의 하나는 즉각성이다. 즉각적인 대답을 해 주는 인공지능 프로그램을 과제를 하면서 필요한 때에 적절히 사용함으로 인해 학생들은 자기가 필요로 하는 정보를 바로 얻을 수 있다.

인공지능 프로그램의 사용은 과제 수행에 있어서 큰 도움을 줄 만한 도구로서 학생들의 학습과 창의력 발전을 촉진한다. 창의적 사고 개발, 효율적인 시간 관리, 즉각적인 도움 등의 장점은 학생들의 학업 성취도와 학습 효과를 높여 준다. 따라서, 과제를 할 때 인공지능 프로그램의 사용은 허용되어야 한다.

찬성 측 입론	
문제 인식	Chat GPT 등 오픈AI의 효율성
입장	과제를 할 때 오픈AI 사용을 허용해야 한다
논거	확장된 사고 가능 효율적 시간 관리 즉각적인 정보 제공

반대 측 입론

Chat GPT의 출현과 함께 많은 문제점 역시 제기되고 있다. 대부분의 대학에서는 학생들의 과제 해결에 인공지능의 사용을 허용하지 않고 있으며, 우리 팀 또한 '과제 시 인공지능 프로그램 사용을 허용해야 한다'라는 논제에 대해 반대한다. 그 이유는 크게 세 가지가 있다.

먼저, 인공지능의 사용은 학습의 기회, 사고의 성장을 방해한다. 과제의 목적은 수업 내용의 학습도 있으나, 주어진 내용을 이해하려고 노력하고 주어진 문제를 스스로 고민하는 과정에서 사고를 발달시키는 것도 있다. 그러나, 인공지능을 활용하게 되면, 사고하는 과정이 많이 생략되기에 사고력 향상에 도움이 많이 되지 않을 것이며 이는 과제의 목적에 부합하지 않는다고 볼 수 있다.

두 번째로, 인공지능에 의존하게 되어 유연한 사고를 하기 힘들 수 있고 창의력이 저해될 수 있다. 인공지능을 빈번하게 사용하게 되면, 인공지능 없이 결과물을 만들어야 하는 상황에서 어려움을 느낄 수 있다. 또한 창의력이 저해될 수 있다. 인공지능은 이미 존재하는 데이터, 알고리즘에 기반하여 작동하는 반면, 인간은 새로운 아이디어나 해결책을 제시할 수 있는 창의력을 가지고 있다. 그러나, 스스로 새로운 생각을 해 보는 경험이 많지 않으면 창의적 사고를 발달시키기 어려울 수 있다는 문제점이 있다.

마지막으로, 인공지능으로 얻는 데이터는 옳지 않을 수 있으며 편향적일 수 있다. 아직 Chat GPT와 같은 인공지능이 출시된 지 얼마 되지 않았으며 많은 이들은 인공지능에서 얻은 정보가 정확하지 않을 수 있다는 인식이 부족하다. 이러한 시점에서 과제 해결 시 인공지능을 허용한다면 학생들이 정보의 부정확성, 편향성을 간과할 수 있어 문제가 될 수 있다. 인공지능의 정보 신뢰성을 확보하거나 학생들이 인공지능으로부터 얻은 정보가 정확한지, 편향적이지 않은지에 대해 의심해야 한다는 인식을 가질 수 있도록 충분히 교육하기 전에 인공지능을 허용하면 여러 부작용이 발생할 수 있다.

이렇듯, 과제에 인공지능의 사용을 허용하면 여러 문제점이 생길 수 있기에 인공지능 사용을 허용하면 안 된다.

반대 측 입론	
문제 인식	오픈AI의 부정적 측면
입장	과제를 할 때 오픈형 AI 사용을 허용해서는 안 된다
논거	과제의 목적에 부적합 창의적 사고 방해 데이터의 부정확성

학생 사례

연습 문제

다음 양식을 활용하여 토론 논제의 입론을 작성해 보자.

논제	
문제 인식	
입장	
논거	

3.2.2. 교차 조사

1) 내용과 방법

교차 조사(교차 질문, 상호 질문, 심문)는 상대측 토론자의 발언 내용에 대해 질문하는 과정으로, 효과적으로 질문하기 위해서는 무엇보다도 잘 들어야 한다. 찬성측이든 반대 측이든 상대측 토론자로부터 질문을 받게 되는데 이것이 상호 교차로 이루어진다고 해서 교차 조사라고 한다. 교차 조사를 실시하는 취지가 토론자들이 상대측의 주장을 듣지 않은 채 자기주장만 내세우는 고질적인 문제를 극복하는 데 있는 만큼 교차 조사에서는 반드시 상대 팀이 발언한 내용에 대해서만 질문해야 한다. 일련의 질문들을 통해서 단계별로 접근하여 어떤 결론을 이끌어 내는 과정은 토론에 역동성을 더할 뿐 아니라 청중에게 흥미를 주기도 한다.

교차 조사에서는 상대방의 첫 입론을 주의 깊게 듣고 그 입론에서 주장된 내용만을 가지고 상대방 논리의 허점, 오류 등을 부각시키거나 자기 팀의 주장과 배치되는 부분을 찾아내어 날카로운 질문을 함으로써 토론을 유리하게 끌고 가야 한다. 따라서 상대측의 주요 개념과 용어가 정확하게 정의되었는지, 상대 팀 주장 중에 논제에서 벗어난 내용은 없는지, 모순되는 내용이나 표현은 없는지, 논리적으로 취약하거나 오류가 있지는 않은지 잘 찾아내어 이를 부각시킨다.

2) 유의 사항

질문을 할 때에는 "…라고 말씀하신 것 맞습니까?"라고 사실을 확인한 후 일방적으로 자기주장을 늘어놓는 토론자가 있는데 이것을 올바른 교차 조사가 아니다. 사실 확인 후에는 반드시 이 내용과 관련해서 상대방 주장의 문제점을 드러내는 것으로 연결해야 한다. 문답식으로 몇 개의 질문과 답변을 교환함으로써 유도신문해서 상대방으로 하여금 문제점을 스스로 인정하게 만드는 것이 효과적이다. 따라서 "…에 대해 어떻게 생각하십니까?"와 같은 개방형 질문이나 너무 일반적이고 모호한 질문을 피해야 한다. 이런 질문은 상대방에게 자유롭게 대답할 수 있는 기회를 제공해 주고, 자신의 입장을 강화하기 위해 주어진 시간이 상대방의 입장을 구축하는 결과를 낳기 때문이다. 따라서 '예/아니요'와 같은 단답형 대답을 유도하는 질문이 바람직하다. 특히 질문의 목적이 반박에 유리한 정보를 얻기 위함이라는 것을 인식해야 한다.

교차 조사 사례

논제: 에너지 수급을 위해 원자력 발전소를 증설해야 한다

찬성 측 입론

– 원자력 발전은 전력난 해결에 효과적

– 기존 발전 방식인 화력 발전 등에 비해 친환경적

– 투입되는 자원이 적어 효율적

반대 측 교차 조사 1

반대 측 질문: 찬성 측 토론자께서는 원자력 발전의 효과성을 말씀하시면서, 현재의 전력난을 해결할 수 있다고 하셨지요?

찬성 측 답변: 네, 맞습니다. 다른 에너지 발전보다 효과성이 높은 원자력 발전이 전력난을 해결하는 데 적합합니다.

반대 측 질문: 그렇다면 현재 우리나라의 전력 수요가 특정 기간만 집중되며, 현재 발전량의 저장, 운용으로 충분히 전력 수요에 대응하고 있는 점을 알고 계십니까?

반대 측 교차 조사 2

반대 측 질문: 찬성 측은 화력 발전과 같이 환경 오염물질이 발생하는 발전은 친환경이 아니라고 생각하는 것이지요?

찬성 측 답변: 네, 유해 가스가 발생되는 기존 화력 발전보다, 원자력 발전은 친환경적이라고 생각합니다.

반대 측 질문: 그렇다면 원자력 발전의 폐기물은 어떻게 생각하시는지요? 그 폐기물은 환경에 영향을 주지 않나요?

반대 측 교차 조사 3

반대 측 질문: 원자력 발전소를 건설하는 것과 다른 발전소를 건설하는 것의 비용 차이는 어느 정도 되는지 말씀해 주실 수 있으십니까? 핵폐기물 안전시설 건설은 비용에 포함된 것인가요?

양현모 외, 2018: 183–186.

연습 문제

다음 양식에 따라 교차 조사에 필요한 질문을 빈칸에 작성해 보자.

단계	일반화된 질문		질문 던지기 연습
필요성	주질문	현 상황의 문제점(손해)은 긴급한 정책 변화나 행동을 요구할 만큼 심각한가?	예 주질문 현 상황이 기여 입학제를 도입해야 할 만큼 심각한가?
	보조질문	현 상황이 충족시키지 못하는 사회적 요구(가치)는 긴급한 정책 변화나 행동을 요구할 만큼 중요한가?	
현 정책의 한계	주질문	현재 정책(체계)은 현 상황의 문제점을 해결하기에 충분한가?	
	보조질문	현재 정책(체계)은 현 상황의 문제점(문제의 원인)에 책임이 있는가?	
해결 가능성	주질문	제안된 새 정책은 현 상황의 문제점을 해결할 수 있는가?	
	보조질문	제안된 정책은 현 상황의 문제점을 경감시킬 수 있는가?/개선시키는 데 효과가 있을까?	
비용	주질문	제안된 새 정책의 효과는 정책 수행 과정의 비용을 정당화할 수 있는가?	
	보조질문	새 정책을 통한 이익은 현재의 정책을 변경함으로 인해 생기는 손실보다 가치 있는가?	
타 대안과 비교	주질문	제안된 새 정책이 현 상황의 문제점을 해결하는 데 최선의 대안인가?	
절차 준수	보조질문	제안된 새 정책은 현 상황의 변화를 위한 적절한 규칙과 절차를 준수했는가?	

숙명여자대학교 의사소통능력개발센터, 2011: 153.

3.2.3. 반론

1) 내용과 방법

반론은 토론에서 가장 핵심적이다. 반론은 주어진 시간 동안 양쪽의 입론을 통해서 드러난 쟁점들을 정리해서 상대방 주장이나 근거가 지닌 약점과 허점을 공격하면서 자신의 주장이 지닌 강점을 강화하는 단계이다. 반대로 자기주장의 약점이나 한계에 대해 정확히 파악해 둠으로써 예상되는 반론에 대비하는 자세 또한 필요하다.

반론에서는 상대방이 내세운 논점이 논제에서 벗어나지 않았는지 검토해야 한다. 만약 상대방의 논점이 논제에서 벗어났다면, 어떤 점에서 어떻게 벗어나고 있는지 근거를 제시해야 한다. 또한 상대방이 자신의 주장을 뒷받침하기 위해 제시한 논거가 타당한지 검토해야 한다. 자료가 명확하고 정확한지, 자료가 주장을 지지할 만큼 충분한지, 출처는 분명한지 따져봐야 한다. 상대방의 입장과 논거가 일관성이 없거나 모순된다는 점을 들어서 반박할 수도 있다.

2) 유의 사항

반론에서는 새로운 주장을 제시하면 안 된다. 반론은 상대방의 주장에서 부족한 점을 지적하고, 왜 잘못되었고 어떤 점에서 오류가 있는지를 밝혀야 하기 때문이다. 다시 말해서, 입론에서 제시하지 않은 논점을 들어 반론해서는 안 된다. 물론, 앞서 말한 입론 내용을 단순히 반복하는 것도 부적절하다.

반론을 펼칠 때에는 효율적인 전략을 통해 상대방의 주장보다 자신의 주장이 더 가치가 있다는 것을 증명해야 한다. 무조건 상대방 주장에 반대하기보다는, 상대방의 주장 중 동의할 부분이 있다면 분명한 공유의 자세를 보이되 어떤 차이가 있는지 언급하는 것이 필요하다. 상대방의 주장에 수용할 점이 없다면 핵심적인 논점만 공략할 것인지, 아니면 전부 공략할 것인지 정해야 한다. 시간 관계상 앞에서 거론한 쟁점들을 모두 언급하기에 무리가 있다면 첨예하게 대립하는 주요 쟁점들 중에서 자신에게 유리한 쟁점을 선택해 집중적으로 반박하는 전략을 펼치는 것이 효과적이다. 왜냐하면 상대의 논점을 모두 반박하지 않더라도 결정적인 논점 하나만 제대로 반박한다면 상대방 주장이 잘못되었다는 것을 입증하는 것이기 때문이다.

반론 사례

논제		사형제를 폐지해야 한다.
입론	찬성측	• 국가가 사람의 생명을 박탈할 권리는 없다. 1) 헌법 10조: 모든 인간에게 기본권이 보장되어 있다. • 사형제는 범죄 예방 효과가 없다. 1) 충동적으로 범죄를 저지르는 경우가 많다. (1) 사형제 폐지 국가의 범죄율이 높아졌다는 통계 없음. (2) 사형제 집행 국가의 범죄율이 낮아졌다는 통계 없음. • 오판으로 판정 났을 때 이를 구제할 방법이 없다. 1) '인혁당 사건' 재심 결과 사형된 8명 전원 무죄 판결 받음. 2) 미국에서는 200년 사법 역사상 사형으로 판결됐는데 진범이 잡힌 경우가 137건 있다. • 정치적 악용의 가능성 1) 법무연수원의 범죄백서 2) 중국, 북한
	반대측	• 사형제는 범죄 예방 효과가 있다. 1) 인간은 죽음을 두려워한다. 2) 사형제 집행 국가의 범죄율이 낮다는 통계 • 강력 범죄를 저지른 흉악범은 사회에서 영구히 격리해야 한다. 1) 무고한 국민의 생명권 보호를 우선시해야 한다. (1) 사형 미결수의 대부분은 살인 강도, 성폭행 등의 강력범죄를 저질렀다. • 사회 정의를 실현한다. 1) 형벌의 출발점은 응보이다. (1) 대부분의 피해자는 처벌을 원한다. (2) 대다수의 국민 법 감정에 부합한다. • 과거보다 오판 가능성, 정치적 남용 없다. 1) 과학수사, 3심제도, 증거 재판주의, 성숙된 민주주의
반론	찬성측	• 사형제가 범죄 예방 효과가 있다는 증거는 없다. – 밀그램의 실험 • 피고인에게도 인권이 있다. – 법률상 또는 실질적 사형 폐지국 133개 국가, 사형제 폐지가 유럽연합의 회원국 자격임. • 형벌의 목적은 교화이다. • 오판 가능성 여전히 존재한다. – 재심 끝에 무죄가 된 35년 복역한 일본의 사형미결수.
	반대측	• 피고인의 생명보다 피해자의 인권이 더 우선한다. • 사형제는 잠재적 범죄자들에게 가장 강력한 심리적 억제 효과가 있다. • 교화가 불가능한 흉악범죄자도 있다. – 오원춘 사건, 울산자매 살해 사건 • 헌법재판소는 사형제가 합헌이라고 판결한 바 있다.

논제		사형제를 폐지해야 한다.
재반론	찬성측	• 사형은 범죄 피해자에게 아무런 도움이 되지 못한다. • 사형은 정도의 차이를 인정하는 징역형과 달리 죄에 대한 형벌의 균형을 유지하기 어렵다. • 사형은 인간 생명의 절대성을 인정해야 하는 국가가 생명경시 풍조를 조장하는 것이다. • 범행한 자만을 사형 집행하는 것은 범죄에 대한 사회적 책임을 은폐하는 것이다.
	반대측	• 사형이라는 무서운 형벌이 있으므로 반인륜적 범죄를 저지르는 자에게는 사형을 내리는 것이 마땅하다. • 사형제는 사람을 죽이는 데에 있는 것이 아니라 범죄를 예방하는 데 그 목적이 있다. • 국가는 흉악한 범죄로부터 대다수의 선량한 국민을 보호할 의무가 있다. • 사형제가 범죄예방 효과를 입증하지 못한다고 하더라도 경고 효과는 분명히 있다.

백미숙, 2014: 87.

반론을 위한 준비 - 발언자별로 메모하는 방식

발언자 이름				
포인트 메모				
내 생각				

반론을 위한 준비 - 발언자순으로 메모하는 방식

발언자 이름	포인트	내 생각

3.2.4. 최종 변론

1) 내용과 방법

최종 변론은 토론의 최후 발언으로, 최종 입장 정리를 하는 것을 말한다. 최종 변론을 하면서 입론과 반론에서 이미 거론된 것이므로 이제 더 이상 설명할 필요가 없다고 속단해 대부분 생략해 버리고 짧게 끝내 버리는 것보다는, 주어진 시간을 최대한 활용해 자신의 입장을 다시 한번 선명하게 부각시키는 것이 좋다. 최종 변론은 청중을 향해 마지막으로 자신의 주장을 설득적으로 제시하는 과정이기 때문이다. 최종 변론은 논제에 대한 자신의 입장과 논점을 요약하고, 자신의 논점에 대한 상대방의 반박을 간략하게 정리하고 이에 대한 자신의 전체적인 입장을 밝힌다. 토론 내용을 압축적으로 담을 수 있는 비유나 일화 등을 활용해 청중들에게 강렬한 인상을 남기는 방법도 활용할 수 있다.

2) 유의 사항

최종 변론은 기사회생(起死回生)의 기회일 수 있다. 지금까지의 논의가 어떠했던 간에 끝까지 최선을 다해 논증에 나서야 한다. 이미 승리했다고 생각하거나 이미 패배했다고 판단해 불성실한 변론을 벌이는 사람이 있으나 최종 변론에서 판정이 뒤바뀌는 경우도 있다는 것을 명심해야 한다. 토론자 전원이 마지막까지 최선을 다하는 모습을 보이는 것이 중요하다. 임기응변의 부족으로 반론이나 교차 조사에서 난항을 겪었다면 이때를 이용해 차분하면서도 정돈된 변론으로 열세를 만회하고 반전을 꾀할 수 있다. 마지막 마무리를 어떻게 매듭짓느냐에 따라 토론의 승패가 결정지어지는 경우가 적지 않다.

최종 변론 사례

논제: 코딩 교육, 대학 교양필수 교과에 포함시켜야 한다.

찬성 측 최종 변론

…"프로그래밍을 못 하면 프로그래밍 당한다." 미디어 이론가이자 디지털 전문가인 러시코프(Douglas Ruschkoff)의 말이다. 빠르게 발전하는 사회에서 미래 시민에게는 소

프트웨어와 함께하는 삶이 일상화될 것이며, 추상화된 생각을 구현하고 표현해내는 코딩의 능력이 요구될 것이다. 이제 코딩은 몇 명에게 국한되는 선택적인 교육이 아니다. 코딩은 미래의 문식력으로 모두가 배워야 하는 필수 교양이다. 4차 산업혁명 시대는 본격화된 지능 정보화 시대이며 이러한 디지털 사회에서 모든 분야에서 소프트웨어를 활용하여 문제를 해석하고 있다. 우리는 각 전문분야의 문제를 풀기 위해 SW전문가와 효과적으로 협업할 수 있는 소통 능력이 필요하며, 전문가의 힘을 빌리더라도 사실상 개인 맞춤화에는 한계가 있어 코딩을 통한 커스머마이징이 더 보편화될 것으로 예상한다. 즉, 우리는 코딩을 통해 ICT와 융합하여 소프트파워를 실현해야 하며, 소프트웨어적 문제 해결의 역량을 갖추어야 한다.

또한 코딩 교육으로 알고리즘적 사고를 학습할 수 있으며 이를 각 전공 분야의 복잡하고 융합적인 문제에 적용하여 색다른 시각으로 문제를 해결할 수 있는 통찰력을 확대시킬 수 있다. 더불어, 대학은 시대의 흐름에 맞춰 요구되는 인재를 육성해야 하는 타당성을 갖고 있는 교육 기관이다. 대학은 인류 사회 발전을 위한 사회가 요구하는 인재를 육성해야 하며, 교양 필수 교과목은 시대에 맞춰 확대되는 시민의 소양을 기르는 교과목으로서 문식력을 위해 코딩을 가르쳐야 하는 타당성에 부합하는 교과목이다.

반대 측 최종 변론

…1980년대, 컴퓨터를 모르면 시대적 경쟁에 뒤쳐질지도 모른다는 분위기가 만연했던 때가 있었다. 대학은 앞다투어 전산학 수업을 개설하고, 학생들은 도스 명령어를 배웠지만 운영 체제가 윈도우로 바뀜에 따라 도스 명령어 대신 마우스 클릭 한 번으로 모든 것을 해결할 수 있게 되었다. 현재 로우 코드(Low Code), 노 코드(No Code)와 같은 자동 코딩화 기술이 본격화되는 상황 속 AI가 코딩을 대신하는 시대가 도래한다면, 어쩌면 코딩 교육도 80년대 컴퓨터 교육과 같은 수순을 밟게 되는 것은 아닌가? 물론 4차 산업혁명의 시대적 흐름은 반대 측도 충분히 인지하고 있다. 학생들이 소프트웨어와 코딩의 기본 개념을 이해하고 이와 친숙해지도록 하는 것은 사회의 발전 양식에 발맞춘 중요한 교육이다. 하지만 이와 같은 교육적 목표는 초·중·고에 걸쳐 의무적으로 실시되는 코딩 교육을 통해 충분히 달성될 수 있다. 따라서 대학은 코딩 학습에 강한 의지가 있는 학생들을 대상으로 산학 협력 프로그램, 해커톤 개최, 코딩 캠프 등 다양하고 생동적인 기회의 장을 마련함으로써 학생들이 실습 위주의 내실 있는 경험을 할 수 있도록 교육에 있어 선택과 집중을 해야 할 것이다.

더불어 우리는 현재 교양 교육이 처한 열악한 상황을 명확히 직시하고, 이를 정상화하려는 노력이 우선임을 알아야 한다. 강좌 수는 감소하고, 대형 강의가 증가하여 학생들의 학습권이 심각하게 침해되고 있다. 졸업 전까지 필수로 이수해야 하는 수업이 폐강되어 추가 학기를 다니는 학생, 200명 이상의 숨 막히는 콩나물 강의실을 해결해 달라고 목소리를 내는 학생들도 있다. 이렇듯, 현존 교양 과목 운영마저 위태로운 상황 속 졸속으로 추진되는 코딩 교양 의무화는 기존 교양의 부실을 초래함으로써 학문 생태계를 파괴하는 주원인이 될 것이다. 4차 산업혁명에 맞춘 교육 혁신의 요구가 주문서처럼 들이닥치고, 수치화된 가시적 성과만이 중요시될수록 우리는 대학의 존재 이유와 역할에 대해 더욱더 논의해야 한다.

숙명여자대학교 교양교육연구소 편, 2021: 257–261.

4

토론의 실제와 평가

4.1. 토론의 실제-토론 사례 분석

다음은 '아동납치범에 대한 공소시효를 폐지해야 한다'라는 논제에 대해서 인터넷 자료를 토대로 세다 토론 형식에 맞춰 내용을 재구성한 것이다. 토론 설명은 부패방지위원회와 한국커뮤니케이션학회가 주최한 전국 대학생 토론대회 토론 방식 지침을 따랐다.

1) 찬성 측① 입론 (6분)

영화 '그놈 목소리'가 개봉되면서 사회적으로 아동납치범과 관련된 공소시효에 사람들의 관심이 집중되고 있습니다. 이 영화는 1991년 발생한 이형호 군 유괴 사건을 바탕으로 한 영화로, 아동납치범에 대한 심각성과 공소시효 폐지에 대한 중요성을 우리에게 보여 주고 있습니다. 이에 저희 찬성 측에서는 아동납치범에 대한 공소시효는 폐지되어야 한다는 주장을 내세우며, 이와 관련하여 공소시효의 정의에 대하여 설명하고 아동납치 사건을 예로 들어, 왜 아동납치범에 대한 공소시효가 폐지되어야 하는지에 대하여 말씀드리겠습니다.

우선 공소시효란 어떤 범죄에 대하여 검사가 일정한 기간 동안 공소를 제기하지 않고 방치하는 경우 국가의 소추권을 소멸시키는 제도를 말합니다. 공소시효 기간은 현재 살인죄는 15년, 사기죄나 공갈죄 등은 특별한 가중처벌이 없는 한 7년이며, 교통사고 및 문서위조 5년, 기타 흔히 벌금형의 범죄들은 3년으로 하고 있습니다. 현재 우리나라 3대 미해결 납치 사건인 이형호 군 납치 사건, 개구리소년 납치 사건, 화성 연쇄살인 사건 중에서만 봐도 벌써 2건의 사건이 아동납치 사건인 것을 봤을 때 아동납치 사건의 공소시효를 폐지시켜 반드시 사건을 종결시켜야 합니다. 또한 인천 송도 아동납치 사건과 서귀포 양지승 어린이 납치 사건으로 봤을 때 미해결 사건의 모방범죄로의 성향이 짙어 사건의 종결이 반드시 필요합니다. 1991년 3월 대구에서 소년 5명이 실종돼 11년 6개월 만에 유골로 발견된 일명 '개구리소년' 사건의 유족 및 실종 미아 부모들은 28일 국회에서 기자회견을 열고 공소시효 폐지를 촉구했습니다.

최근 공소시효가 만료된 미제 유괴 사건을 다룬 영화가 제작되어 공소시효에 대한 논란이 일고 있는 가운데, 우리 국민 상당수는 반인륜 범죄에 대한 공소시효 제도가 폐지돼야 한다고 생각하는 것으로 조사됐습니다. SBS 라디오 '김어준의 뉴스엔조이'가 여론조사 전문기관(리얼미터)에 조사를 의뢰한 결과 '아동납치범과 관련한 공소시효 제도가 폐지되어야 한다'는 의견은 69.1퍼센트, '폐지에 반대한다'는 의견은 22.5퍼센트로 나타나 폐지에 찬성하는 의견이 훨씬 많았습니다. 법이란 사람이 살아가며 그 길을 바로 인도하는 규정이지만, 그 법이 사회적 현실에 맞지 않다면 개정이 필요하다는 것을 밝히는 바입니다.

모든 토론은 논제에 등장하는 주요 개념들을 바르게 정의하면서 시작된다. 따라서 이러한 개념 정의가 있은 뒤 논제가 등장한 배경과 역사, 논제의 현상 및 문제점에 관한 분석을 이 과정에서 명시하고 자신의 주장을 펼친다. 찬성 측의 첫 번째 입론은 토론의 전체적 방향을 좌우하므로 토론의 핵심 요소들을 필수 쟁점으로 제시해야 한다. 필수 쟁점이란, ① 논제와 관련하여 지속되는 문제점이 내재한다는 사실과(지속적 내재성: inherency), ② 이 문제는 현재는 물론 앞으로도 반복적으로 대두될 것으로서 즉각적 관심을 기울여야 할 심각한 사안이라는 것(중요성: significance), 그리고 ③ 문제 해결을 위해 찬성 측이 제시한 주장이 가장 실행 가능한 방책이라는 것이다(해결성: solvency). 따라서 이처럼 지속되는 심각한 문제의 성격을 과거와 현재의 자료를 통해 설득력 있게 분석하고, 제시한 문제해결 방안이 가장 결정적인 해결성이 있음을 논리적으로 입증해야 하는 증명의 부담을 안고 있다.

2) 반대 측② 질문 (3분)

1. 인천 송도 어린이 유괴 사건과 서귀포 양지승 어린이 납치 사건이 미해결 사건의 모방범죄로서의 성향이 짙다고 말씀하셨습니다. 맞습니까?
   → 네, 맞습니다. 앞선 입론에서 말씀드린 바 있습니다.
2. 그 모방범죄의 원인이 공소시효가 폐지되지 않았기 때문이라고 말씀하셨습니다. 맞습니까?
   → 네, 맞습니다.
3. 수사의 신속, 정확성이 높아진 상태라면 수사의 기간을 길게 할 필요가 없다고 생각합니다. 동의하십니까?
   → 공소시효의 만료 전까지 범인을 확실히 파악할 수 있다면 수사 시간이 필요 없다고 생각합니다. 하지만 공소시효의 폐지는 그 범인을 확실하게 파악할 수 없는 미해결 사건을 전제로 하고 있습니다.
4. 이 외의 질문도 가능

교차 조사는 상대방의 논리에 나타난 문제점을 부각시키는 심문 과정이다. 따라서 상대방의 첫 입론을 주의 깊게 듣고 그 입론에서 주장된 내용만을 가지고 상대방 논리의 허점, 오류 등을 부각시키거나 자기 팀의 주장과 배치되는 부분을 찾아내어 날카로운 질문을 함으로써 토론을 유리하게 끌고 가야 한다. 이 과정 중 상대측이 인용한 자료 출처의 신뢰성에 대해, 또는 제시된 사실의 근거 등 입론자가 앞서 한 말에 대해서는 무엇이든지 질문할 수 있다. 또한 교차 조사 때는 질문을 하는 교차 조사 측이 제한된 3분 내에 대화를 이끄는 통제권을 가진다.

3) 반대 측① 입론 (6분)

우리 반대 측은 공소시효의 필요성에 입각하여 공소시효가 폐지되어서는 안 된다는 주장을 펼치고자 합니다. 이번 첫 번째 입론에서는 공소시효가 존재하는 이유와 공소시효 규정이 없을 경우에 발생하게 되는 문제점과 국가적인 손실에 대해서 말씀드리겠습니다.

범죄가 발생하게 되면 범죄의 종류에 따라 법적으로 정해진 공소시효가 있습니다. 검사가 그 사건에 대해 공소를 제기한 시점부터 공소시효 기간이 시작됩니다. 공소시효 기간 내에 범인을 잡는 것을 목표로 하고 있지만 공소시효 기간이 끝나도록 범인을 잡지 못한다면 공소시효는 종료되고 이후 범인을 잡는다 하더라도 법적으로 범인을 처벌할 수 없게 됩니다. 국민들은 왜 이런 공소시효가 존재해야만 하는 건지에 의문을 가지고 공소시효 종료 후 범인 처벌이 불가능하다는 것에 대해 불만을 가지기 쉬운 것은 사실입니다. 그렇다면 여기에서 공소시효가 존재하여야 하는 법적인 의의에 대해 말씀드리겠습니다. 사건의 시간이 경과하게 되면 가벌성은 감소하게 됩니다. 가벌성이란 어떤 체벌이 가해질 수 있는 성질입니다. 가벌성이 감소하는 이유는, 시간이 지남에 따라 사건의 담당자들이 바뀌고, 증거는 조금씩 희미해지기 때문입니다. 또한, 범인도 소수의 국민이라는 관점에서 보호받아야 할 필요성이 있습니다. 법이란 것은 모든 국민에게 평등하게 적용되어야 하는 것이기 때문에 범죄자의 신분이지만 그들도 법에 보호받아야 할 권리가 있는 것입니다. 공소시효가 폐지된다면 범죄자는 평생토록 처벌의 불안 속에서 살아가게 됩니다.

두 번째로 공소시효가 폐지되면 일어날 문제점과 국가적 손실에 대해서 말씀드리겠습니다. 공소시효가 폐지된다면 사건이 해결되지 않는 한 오랜기간 한 사건에 매달리는 수사 인원들의 수와 수사 시 들어가는 비용은 한없이 늘어가게 됩니다. 그의 한 예로 '개구리소년 사건'을 위해 동원된 인원만 35만 명에 달한다고 합니다. 이것은 인력의 낭비일 뿐 아니라 국민들의 세금으로 이루어진 수사 비용의 낭비입니다. 즉 공소시효의 폐지로 인해 늘어난 비용은 국민들 전체가 부담해야 하는 것입니다. 찬성 측에서는 모방범죄가 일어나는 이유를 공소시효의 존재로 들었지만, 공소시효가 존재한다고 해서 모방범죄가 일어난다는 주장은 타당하다고 볼 수 없습니다. 모방범죄를 계획하는 사람들은 현재 공소시효의 존재 유무를 생각하기보다는 영화나, 뉴스, 인터넷, 신문 매체 등의 보여지는 자료를 통해서 범죄를 결심하게 됩니다. 아동납치 공소시효가 폐지된다면 소수 범죄자들의 법적 보호가 불가능하며, 국가의 인력, 시간, 비용의 낭비 측면으로 볼 때, 공소시효는 존재하여야만 합니다. 그래서 우리 반대 측은 아동납치 공소시효의 폐지를 반대합니다.

반대 측의 첫 입론은 토론을 생산적으로 만드는 데 매우 중요한 역할을 한다. 즉 찬성 측 첫 입론의 연장선상에서 이 입론과 관련하여 교차 조사한 결과 드러난 상대방 논리의 가장 취약한 문제들을 중심으로 찬성 측이 제시한 개념의 정의나 필수 쟁점 등을 부정하는 입론을 펼친다. 특히 전체적 토론의 생산성이 이 부분에서 결정 난다고 판단될 경우 가용한 작전 타임을 여기에 집중적으로 사용하여 효과를 보아야 한다. 한편, 찬성 측의 핵심 쟁점 중 반대 측이 견해를 달리하는 부분을 명확히 제시해야 한다. 즉 근본적으로 찬성 측의 개념 정의에 대해서부터 이견을 제시하거나, 찬성 측이 제시한 필수 쟁점이 본 토론의 논제에서 벗어났다고 주장할 수 있다. 아니면, 찬성 측의 필수 쟁점을 그대로 받아들인 가운데 찬성 측이 제시한 문제 해결 방안이 오히려 더 심각한 불이익을 초래한다고 주장하거나, 해결성이 더 높은 대체 방안을 제시하여 심사위원들에게 자신들의 입장이 더 설득력 있음을 밝힐 수도 있다.

4) 찬성 측① 질문 (3분)

A. 질문

이것은 위의 2)에서 찬성 측과 반대 측의 역할을 바꾼 것에 해당한다. 따라서, 역시 반대 측 주장 중에서 증거가 불충분하다고 판단되거나 나중에 문제 삼을 부분에 대해 반대 측의 분명한 입장을 들어볼 기회로 삼아야 한다.

5) 찬성 측② 입론 (6분)

공소시효의 존재 이유는, 시간 경과에 따른 사실관계를 존중하고, 사회와 개인 생활의 안정을 도모하고 형벌 부과의 결정을 기하는 데 있다고 정의하고 있습니다. 그러나 현실은 사회와 개인 생활의 안정을 도모하기보다는, 더 큰 불안감과 슬픔, 모방 범죄의 탄생, 그리고 계속되는 피해로 인한 공소시효의 모순을 나타내고 있습니다. 그 모순의 세 가지 예를 들면, 첫째, 최근 아동납치 사건의 증가율을 그 사례로 들 수 있습니다. 2000년 이후 주요 아동납치 사건으로 보면, 2001년 2월 30대 남성이 7살 어린이를 납치하였고, 같은 해 6월과 10월경 10대와 30대 남성 각각이 두 명의 6살 어린이와 두 명의 5살 어린이를 납치한 사건이 있었습니다. 이를 비롯하여 2002년에서 2006년 사이에 크게 이슈화된 사건만 보더라도, 약

11건의 아동납치 사건이 발생하였습니다.

여기서는 첫 입론과는 달리 논제의 정의나 역사, 배경 따위를 재론할 필요가 없다. 다만, 자기 팀 첫 입론의 연장선상에서 반대 측 논리의 허점을 지적하면서 첫 번째 입론자가 하지 못한 나머지 주장을 설득력 있게 제시해야 한다. 따라서 첫 번째와 두 번째 입론자의 역할 분담이 필요하다. 두 번째 입론자는 ① 반대 측 첫 입론을 논리적으로 재논박하고, ② 찬성 측 첫 입론 가운데 반대 측이 논박하지 않은 부분들을 정리함은 물론(논박 안 된 주장은 수용된 것으로 인정되므로 이를 심사위원과 청중에게 인지시킬 필요가 있음), ③ 추가적 근거나 자료를 통해 자기 팀 첫 입론을 보강해야 한다. 또한 찬성 측은 필수 쟁점의 제시를 통해 토론 범위를 제한할 수 있는 이점이 있는 반면, 반대 측 주장을 하나라도 재논박하지 못하면 그 주장을 수용한 것으로 인정되므로 반대 측 주장에 빠짐없이 반론을 펼쳐야 한다. 이처럼, 두 번째 입론은 자기 팀의 주장을 할 마지막 기회이므로 가장 극적이고 결정적인 주장으로 마무리 지어야 한다.

6) 반대 측① 질문 (3분)

B. 질문

위의 2)에 해당한다.

7) 반대 측② 입론 (6분)

C. 입론

여기서는 자기 팀 첫 입론 주장 중 찬성 측이 논박하지 않은 것들을 정리하고, 6)의 교차 조사에서 드러난 찬성 측 주장의 논리적 오류나 문제점을 지적해야 한다. 찬성 측과 마찬가지로 반대 측도 일정한 역할 분담이 필요하다. 이를테면 반대 측 첫 토론자가 찬성 측이 제시한 쟁점 사례의 적절성 여부를 문제시한다면, 다음 토론자는 문제 해결 방안에 대해 집중적으로 이견을 제시하는 방식도 가능하다.

8) 찬성 측② 질문 (3분)

D. 질문

위의 2)에서 찬성 측과 반대 측의 역할을 바꾼 것에 해당한다.

9) 반대 측① 반론 (4분)

공소시효는 사회적인 자원을 효과적으로 사용하기 위해 마련된 제도적 시간 제한입니다. 또한 공소시효 제도는 범죄 후 도피한 범인에 대해서도 불처벌의 혜택을 주는 법치국가의 시혜 제도라는 특색을 가지고 있습니다. 그렇기 때문에 세계의 각국은 공소시효 제도를 채택하고 있습니다.

물론 이런 우리나라의 현행 공소시효 제도가 문제가 없는 것은 아닙니다. 일본이나 독일에 비해서도 공소시효의 기간이 짧은 것은 사실입니다. 공소시효 제도에는 공소시효가 진행 중인 상태에서 사용할 수 있는 공소시효의 정지라는 기능이 있습니다. 공소시효의 정지란 사건의 발생 후 공소시효가 진행 중인 상태에서 범인이 해외로 도피하거나 검거가 불가능한 특수 사항일 때 사건을 담당한 검사가 공소를 제기하게 되면 일정 기한 동안 공소시효가 정지되는 기능을 말합니다. 따라서 공소시효가 정지되어 있는 기간 동안은 공소시효가 진행 중인 상태가 아니므로, 정지한 만큼의 공소시효 기간이 늘어납니다. 공소시효 정지의 기능은 연장 기간이 길지 않고 특수 사항일 때만 사용할 수 있다는 단점이 있어서, 공소시효의 연장은 논의되어야 할 사실임에는 분명합니다. 그러나 아동납치 공소시효의 일부 연장이 아닌 폐지가 되었을 경우에는 그 문제점이 다릅니다.

수사라는 것은 범죄 사실을 조사하여 범죄자를 처벌함으로써 국가의 질서 유지를 목적으로 하고 있습니다. 저희 반대 측이 주장하는 것은 범죄 후 오랜 시간이 지나면 범죄자가 면죄를 받아도 된다는 것이 아닙니다. 범죄를 저지른 범인은 공소시효 기간 내에 검거되어서 법의 처벌을 받는 것은 당연한 이치입니다. 저희가 보고자 하는 관점은 피해자의 가족처럼 범죄자 가족의 고통도 배제할 수 없다는 점입니다. 공소시효의 폐지를 무작정 주장하기에 앞서 공소시효 기간 내에 아동납치 사건의 신속하고 정확한 해결과 납치 범죄자들의 검거율을 높여야 하는 것이 올바르다는 생각입니다. 공소시효 제도가 폐지된다고 해서, 사건의 해결 가능성이 더 높아지는 것은 절대 아닙니다.

이것은 앞서 자기 팀의 두 번째 교차 조사와 입론의 연장선상에서 전개되는 것이다. 즉 8)의 찬성 측 교차 조사를 제외하고는 6), 7), 9)의 반대 측 발언이 이어지므로 반대 측은 이 기회를 십분 활용해야 한다. 예컨대 두 번째 입론에서 미처 다루지 못한 부분을 여기서 만회할 수 있으므로, 반대 측의 처음 주장에 대한 찬성 측의 답변을 다시 공박할 수 있다. 그리고 모든 아카데미 토론에서는 앞서 언급되지 않았던 주장이 반론 과정에서 처음으로 제시되어서는 안 된다는 것을 기본 원칙으로 하고 있다.

10) 찬성 측① 반론 (4분)

E. 반론

여기서는 앞서 반대 측이 7)과 9)에서 제시한 모든 주요 주장을 효과적으로 반박해야 한다. 왜냐하면 찬성 측은 1)에서 언급한 논제의 필수 쟁점에 대한 '증명의 부담' 원칙으로 인해 반대 측의 주된 주장의 하나라도 효과적으로 반박하지 못하면 토론에서 불리한 입장에 놓이기 때문이다.

11) 반대 측② 반론 (4분)

F. 반론

이것은 반대 측의 마지막 발언 기회이다. 찬성 측의 허점을 명료하게 요약하고, (대체 방안이 이미 제시된 경우) 자기 팀의 문제 해결을 위한 대체 방안을 요약하면서, 자기 팀이 왜 승리했는지 이유를 말해야 한다.

12) 찬성 측② 반론 (4분)

G. 반론

전체 토론의 마지막 발언이다. 찬성 측이 제시한 필수 쟁점의 논리성을 강조하고 방안의 실행을 통해 얻을 이익을 상기시키면서, 반대 측 최후 반론에서 제시된 주장을 공박하고, 왜 찬성 측이 토론에서 이겼는지 말하게 된다. 바꾸어 말해, 반대 측의 입론과 반론 내용을 종합적으로 재반박하여 찬성 측 필수 쟁점들이 성공적으로 방어되었음을 확인시키는 것이다.

연습 문제

앞의 세다 토론 형식 사례를 근거로, 아래의 예를 참고하여 물음에 답해 보자.

예시

찬성 측과 반대 측이 첫 번째로 제시한 입론의 특징을 설명해 보자.

찬성 측 입론의 특징

- 공소시효 개념 정의
- 3대 납치 사건을 통해 볼 때 공소시효 폐지 필요
- 여론조사 결과 공소시효 폐지 필요 압도적지지
- 현실에 맞지 않는 제도 개정 필요

반대 측 입론의 특징

- 공소시효 존재의 이유 제시
- 공소시효 폐지 시 발생하게 되는 문제점 제시 – 소수 범죄자들의 법적 보호 불가능, 미해결 사건으로 수사 인원과 고비용 발생 누적

1. 3)의 반대 측① 입론을 보고, 2)의 반대 측② 질문처럼 A의 질문을 해 보자.
2. 각 설명을 토대로 B, C, D, E, F, G에 들어갈 내용을 실행해 보자.

4.2. 토론의 평가

토론을 정리하는 과정에서 가장 간과하기 쉬운 부분이 평가이다. 그러나 토론은 상대방을 설득하는 형식을 띠면서, 동시에 그 토론 과정을 지켜보고 있는 불특정 다수의 청중을 설득하는 것을 목표로 한다. 따라서 토론에서 평가가 차지하는 부분은 매우 크다.

토론은 엄격한 규칙에 입각하여 진행되기 때문에 제시된 주장의 논리적 측면과 함께 형식적 측면도 중요하다. 특히 상대 토론자에게 설득력 있게 전달하는 전달력과 태도, 토론자의 자세 또한 평가의 대상이다. 하지만 토론 평가의 세부 기준은 토론 형태나 대회 방식, 심사위원 구성 등에 따라 다르게 적용되며 상황마다 적절한 평가 기준을 미리 마련하는 것이 일반적이다.

토론 평가는 토론자로서 자기 자신이 토론을 어떻게 하였는지 자가 진단을 하는 방법, 우리 팀이 제대로 토론하였는가를 분석하는 팀 분석 방법, 청중들이 토론을 어떻게 지켜보았는지를 분석하는 청중 평가 방법으로 구분해 볼 수 있다.

4.2.1. 자기 평가

토론을 통한 성장은 논제가 제시되고 자료를 찾아 토론을 준비하는 과정에서 끊임없이 이루어진다. 상대방을 만나 열띤 토론을 벌이고 돌아서는 순간, '아까 그 순간에 왜 이 말을 하지 못했을까?', '왜 그렇게 말했을까?'하는 아쉬움이 남지 않는 토론은 없다. 토론의 모든 과정이 성장을 위한 중요한 과정이라고 할 수 있지만, 토론에서 진정으로 성장하기 위해서는 자기 자신을 냉정하고 합리적으로 피드백할 필요가 있다.

토론 이후에 자기가 한 말을 평가해 보고 반성을 하는 것은 토론 능력을 키우는 데 큰 도움이 될 수 있다. 이러한 검토를 토대로 자신의 토론 방법이나 자세를 보완하는 것인데, 그중에는 당장 고칠 수 있는 부분도 있을 것이고 장기적으로 고치고 보완해 나가야 할 부분도 있을 것이다.

자신이 말한 것이나 다른 사람이 말한 것을 평가할 때는 자료가 있어야 더 정확하게 피드백을 할 수 있다. 이를 위해 녹음이나 녹화 등을 통해서 자료를 수집할 수 있다.

4.2.2. 조별 평가

토론이 끝난 뒤에 우리 팀은 찬성 측으로서 또는 반대 측으로서 토론 준비가 적절하였는가, 진행 절차와 규칙을 잘 지켰는가, 팀 구성원이 협동하여 제 역할을 잘 하였는가 등을 분석할 필요가 있다.

우리 팀을 분석하기 위하여 먼저 팀원 간 분석 토의를 하는 것이 좋다. 상대방의 의견을 존중하는 태도, 말하기 전략, 타당성 있고 조리 있게 자신의 의견을 피력하는 능력 등에 대해 잘한 점은 칭찬하고 개선해야 할 점은 상세하게 지적한다.

4.2.3. 청중 평가

실제로 청중 앞에서 정해진 시간 안에 자신과 반대되는 입장을 취하고 있는 상대방과 토론을 하는 것은 자신의 주장을 많은 사람들에게 효과적으로 전달하는 중요한 일이다. 따라서 토론의 주체에는 토론에 참가하는 당사자뿐 아니라, 그것을 지켜보고 있는 청중도 함께 포함되어야 한다. 이런 이유로 청중들의 토론 평가는 중요하다.

청중은 토론에 대한 평가를 통해 자신의 의견을 정리할 뿐 아니라, 자신이 직접 토론에 참가했을 때 유의해야 할 점이 무엇인가를 파악할 수 있게 된다. 이를 위해서는 보다 객관적인 기준에 따라 토론을 평가할 필요가 있다.

TIP

성공적인 토론자를 위한 제안

분석

1. 토론자는 자신의 논증을 뒷받침하기 위해 주제에 대한 가장 완전한 지식과 가장 완벽한 근거를 찾아야 한다.
2. 토론자는 논증을 뒷받침하며, 활용할 수 있는 근거가 충분히 있을 만큼 중요한 논증을 선택해야 한다.
3. 토론자는 다른 많은 팀들이 사용하는 '표준' 입론을 사용하는 것을 두려워해서는 안 된다. 표준 입론은 종종 토론 기간 동안 정제되고 강력하게 개발되어 최선의 입론이 될 수 있다. 생각이 부족한 팀은 자신들의 표준 입론을 통해 거짓된 안정감에 빠지기 십상인데, 사실 이러한 것들은 개선의 여지가 많은 것들이다.

내용 조직

1. 분석에 가장 적합한 내용 조직의 유형을 선택하라.
2. 내용 조직이 효과적인지 확인하기 위해 심판의 피드백을 면밀히 점검하라.

토론의 발표

1. 찬성 측
   a. 찬성 측은 입증 책임을 적극적으로 감당해야 한다.
   b. 찬성 측은 지속적으로 공세적이어야 한다.
   c. 몇 가지 예외를 제외하고 찬성 측은 토론에서 논쟁의 범위를 좁혀야 한다.
2. 반대 측
   a. 반대 측은 현재 상태를 유지해야 한다는 추정을 강력하게 옹호해야 한다.
   b. 반대 측은 공격 팀이 되기 위한 시도를 해야 하며, 찬성 측을 수세로 몰아넣어야 한다.
   c. 몇 가지의 예외를 제외하고는, 반대 측은 토론에서 논쟁의 범위를 확대하려는 시도를 해야 한다.

반론과 반박

1. 토론자는 상대편 주장을 경청해야 한다. 논증을 잘못 해석하고 논쟁하는 것은 바람직하지 않다.
2. 토론자는 자신이 공격하는 논증이 어떤 것인지 분명하게 언급하고 심판에게 공격의 이유를 알려야 한다.
3. 토론자는 자신의 반대 논증을 진술해야 한다.
4. 토론자는 자신의 반대 논증에 대한 근거들을 제시해야 한다.

5. 토론자는 토론의 전개 과정에 관점을 부여함으로써 관점이 토론에 어떻게 영향을 미치는지 보여 주어야 한다.
6. 토론자는 상대편이 진실을 말할 가능성이 있다는 것을 인식해야 한다. 명백하게 타당한 논증에 대해 경쟁하지 말아야 한다. 대신에 더 큰 사례와 논증의 관계를 분석하거나 경쟁할 만한 다른 논증으로 이동해야 한다.

토론에서의 표현과 전달

1. 토론자는 비판적 태도로 토론에 임해야 한다는 것을 인식해야 한다.
2. 토론자는 중요한 논증을 강조하기 위하여 흥미롭고 기억하기 쉬운 표현을 사용해야 한다.
3. 토론자는 상대의 공격을 예측해야 한다.
4. 토론자는 자신의 입론 과정을 심판이 이해할 수 있도록 내용 이정표를 제시하여야 한다.
5. 토론자는 마지막 발언에서 논의를 요약하고 조망할 수 있게 해야 한다.
6. 토론자는 말의 전달을 방해하는 모든 습관적 언어 행위를 삼가야 한다.
7. 토론자는 상투적인 표현을 피해야 한다. 토론자가 사용하는 언어는 주제에 부합해야 하며 토론자의 품위를 드러내는 데 적합해야 한다.
8. 토론자는 상대를 빈정대거나 인신 공격성 발언을 삼가야 한다.
9. 토론자는 토론을 하는 동안 평정심을 유지해야 한다. 상대가 발언하는 동안에 말을 하거나 무례하게 행동하는 일을 삼가야 한다.

알프레드 스나이더·맥스웰 슈누러, 2014: 188.

[별첨]

■ 토론 자가 진단표

토론 일자	
논제	
토론자	______________ 측 :

번호	평가 기준	자가 진단
1	주장이 논리 정연하고 비판이 적절하였는가?	근거 1 2 3
		점수 5 4 3 2 1
2	표현을 정확하게 잘 전달하였는가?	근거 1 2 3
		점수 5 4 3 2 1
3	토론 규칙을 제대로 지키고 태도는 좋았는가?	근거 1 2 3
		점수 5 4 3 2 1
4	종합	총점 : 핵심 주장 : 핵심 근거 : 핵심 비판 :

■ 토론 우리 팀 분석표

팀명	팀원

항목	점수	평가 내용
자료 준비성 충분한 자료와 타당성 있는 자료의 준비		
논리성 입론, 반론, 교차 조사 시에 적절한 발언		
협동성 준비 및 팀원의 원활한 역할 분담		
전달성 효과적인 언어적 표현과 비언어적 표현 구사		

총평		
총평	잘된 점	
	부족한 점	

■ **토론 청중 평가표**

논제		평가자	

	_____ 측 토론자	_____ 측 토론자	_____ 측 토론자	_____ 측 토론자
이름				
입론 (　　)				
반론 (　　)				
교차 조사 (　　)				
최종 변론 (　　)				
총점 (　　점)				

■ 토론 평가표 1

토론 일자	
논제	
사회자	
토론자	________ 측 :
	________ 측 :

번호	평가 문항		점수
1	토론자 (찬성 측)	• 주장이 정직하였는가?(조작, 변조, 왜곡 가능성이 없었는가?)	5 4 3 2 1
2		• 자발적이고 적극적으로 참여했는가?	5 4 3 2 1
3		• 감정적인 표현이나 대응을 삼가는가?	5 4 3 2 1
4		• 상대방 의견을 존중하고 경청하는 태도가 좋았는가?	5 4 3 2 1
5		• 발언 시간과 순서를 잘 지켰는가?	5 4 3 2 1
6		• 토론 결과에 승복했는가?	5 4 3 2 1
7	토론자 (반대 측)	• 주장이 정직하였는가?(조작, 변조, 왜곡 가능성이 없었는가?)	5 4 3 2 1
8		• 자발적이고 적극적으로 참여했는가?	5 4 3 2 1
9		• 감정적인 표현이나 대응을 삼가는가?	5 4 3 2 1
10		• 상대방 의견을 존중하고 경청하는 태도가 좋았는가?	5 4 3 2 1
11		• 발언 시간과 순서를 잘 지켰는가?	5 4 3 2 1
12		• 토론 결과에 승복했는가?	5 4 3 2 1
13	사회자	• 시작할 때 토론 논제의 의의를 잘 밝혔는가?	5 4 3 2 1
14		• 토론이 주제에서 벗어나지 않도록 잘 조정했는가?	5 4 3 2 1
15		• 특정 의견에 개입하지 않고 중립을 잘 지켰는가?	5 4 3 2 1
16		• 토론의 규칙을 지키도록 잘 유도했는가?	5 4 3 2 1
17		• 결론을 요약하고 논점을 정리해서 토론을 잘 끝냈는가?	5 4 3 2 1
18	전체적 분위기	• 토론의 전체 과정이 잘 진행되었는가?	5 4 3 2 1
19		• 청중들은 경청하는 태도였는가?	5 4 3 2 1

■ **토론 평가표 2**

토론 일자	
(　　　　)	
(　　　　)	

		평가 기준	배점	점수
입론 (　　　점)		• 토론의 쟁점을 바르게 이해하고, 간결하고 명확하게 진술했다.		
		• 주장에 대한 논거가 객관적이고 참신하다.		
반론 (　　　점)		• 입론의 핵심을 정확히 이해하고 상대 논리를 논리적으로 논박했다.		
		• 상대방 논리에 대한 심도 있는 이해와 분석을 통해 반론을 제기했다.		
최종 변론 (　　　점)		• 핵심 쟁점을 중심으로 토론의 큰 흐름을 간결하고 명확하게 요약했다.		
		• 반론에서 미진했던 부분을 적절하게 보충하며 주장을 재강조했다.		
공통 항목	언어적 표현 (　　　점)	• 토론 내용을 잘 나타내는 정확한 용어를 사용하였다.		
		• 정확하고 분명하게 발음하여 쉽게 알아들을 수 있었다.		
	태도 (　　　점)	• 청중과 사회자에게 정중하고 예의 바르게 대했다.		
		• 상대방의 인격을 존중하는 태도를 보였다.		
	규칙 준수 (　　　점)	• 토론 시간을 잘 지켰다.		
합계				
판정				

■ 토론 평가표 3

	이름 :
논제	
토론자	________ 측 :
	________ 측 :
사회자	

	평가 기준	찬성 측	반대 측
공통 항목	• 언어적 태도(목소리, 속도, 말투 등)의 적절성 • 토론의 예절과 규칙 준수 여부	각 단계별 평가에서 이를 반영하여 채점함 (+1, 0, −1)	
입론	• 논점은 참신했는가? • 논거가 적절한가? • 논거가 타당한가?	5 4 3 2 1	5 4 3 2 1
반론	• 상대방의 논리적 허점을 잘 지적했나? • 반론의 논거는 타당한가? • 반론거리를 모두 지적했는가?	5 4 3 2 1	5 4 3 2 1
교차 조사	• 쟁점을 분명하게 파악하는 질문을 했나? • 상대방의 논리의 허점을 잘 짚었나?	5 4 3 2 1	5 4 3 2 1
최종 변론	• 주장의 의의와 한계를 잘 파악했는가? • 핵심 쟁점을 잘 정리했는가? • 자기 팀의 입장을 효과적으로 부각했는가?	5 4 3 2 1	5 4 3 2 1
		합계	합계
사회자	• 논제의 의의를 잘 부각했는가? • 토론 규칙과 시간을 잘 지키도록 했는가? • 토론의 내용을 잘 요약했는가?		
총평			

참고 문헌

가은아 외, 『대학생을 위한 참여와 소통의 말하기』, 박이정, 2021.

강치원, 『토론의 힘』, 느낌이있는책, 2014.

권재환 외, 『논리적 말하기』, 공동체, 2016.

김병원, 『생각의 충돌』, 자유지성사, 2001.

김복순, 『토론의 방법』, 국학자료원, 2007.

김복순, 『발표와 토의』, 보고사, 2012.

김영숙, 『연구 방법 : 질적, 양적 및 혼합적 연구의 설계』, 시그마프레스, 2011.

김장원 외, 『사고와 표현: 말하기와 듣기』, 박이정, 2018.

김주환, 『교실 토론의 방법』, 우리학교, 2009.

박기복, 『유쾌한 토론 교과서』, 행복한나무, 2007.

박성익, 『교수·학습 방법의 이론과 실제 1』, 교육과학사, 2000.

백미숙, 『커뮤니케이션이해총서 토론』, 커뮤니케이션북스, 2014.

숙명여자대학교 교양교육연구소 편, 『아카데미 토론 배틀: 숙명토론대회』, 역락, 2021.

숙명여자대학교 의사소통능력개발센터, 『세상을 바꾸는 발표와 토론』, 경문사, 2011.

양현모 외, 『토론, 설득의 기술』, 리얼커뮤니케이션즈, 2018.

엄훈, 『조선전기 공론 논변 연구』, 역락, 2005.

유동걸, 『토론의 전사 — 토론, 교실에서 꽃피우다』, 한결하늘, 2016.

유동걸, 『토론의 전사 — 토론의 길을 열다』, 해냄에듀, 2015.

윤치영, 『토론의 기술』, 미래지식, 2009.

이동욱 외, 『대학생을 위한 말하기 이론과 실제』, 역락, 2022.

이상철 외, 『스피치와 토론』, 성균관대출판부, 2007.

이상태, 『토의식 수업, 국어교육학사전』, 서울대학교 국어교육연구소, 대교출판, 1998.

이연택, 『토론의 기술 — 포용의 리더십과 대화법』, 북이십일, 2003.

이정옥, 『토론의 전략』, 문학과지성사, 2008.

이창덕 외, 『삶과 화법』, 박이정, 2000.

이현국, 『화법의 이론과 실제』, 학문사, 2007.

전명남, 『토의식 교수법 토론식 학습법』, 계명대학교출판부, 2006.

전영우, 『토의토론과 회의』, 집문당, 1996.

전영우, 『토의, 토론과 회의 — 학교에서 직장에서 사회에서』, 집문당, 1996.

전영우, 『토론을 잘하는 법』, 기획출판 거름, 2003.
정문성, 『토의 토론 수업 방법』, 교육과학사, 2016.
최영신, 『최강토론 달인 되기』, 정인출판사, 2010.
최영환, 『토의/토론, 국어교육학사전』, 서울대학교 국어교육연구소, 대교출판, 1998.
최찬훈, 『이기는 말의 기술』, 추수밭, 2014.
최형용 외, 『열린 세상을 향한 발표와 토론』, 박이정, 2014.
케빈 리, 『대한민국 교육을 바꾼다 디베이트 심화편』, 한겨레에듀, 2012.
케빈 리, 『대한민국 교육을 바꾼다 디베이트』, 한겨레에듀, 2016.
토론실 편, 『토론 잘하는 사람이 성공한다』, 박이정, 2006.
한양대학교 국어교육위원회 편, 『말이 힘이다 삶이 문화다』, 한양대학교출판부, 2004.
마틴 브라이언, 윤희원 역, 『좋은 화법과 화법 지도』, 교육과학사, 1995.
알프레드 스나이더 · 맥스웰 슈누러, 민병곤 외 역, 『수업의 완성 교실 토론』, 사회평론아카데미, 2014.
오스틴 J. 프릴리 · 데이비드 L. 스타인버그, 민병곤 외 역, 『논증과 토론: 합리적 의사 결정을 위한 비판적 사고』, 사회평론아카데미, 2018.
tvN 끝장토론 '대학토론배틀' 제작팀 편, 『싸우지 않고 이기는 법』, 알마, 2012.
Salemi, Michael K. & Hansen, W. Lee, *Discussing Economics*, Edward Elgar, 2005.

말이 힘이다 [전면개정판]

한양대학교 교양국어교육위원회 편

펴낸날 2017년 2월 20일 초판 1쇄 ● 2024년 1월 30일 전면개정판 1쇄

펴낸이 이기정 ● **펴낸곳** 한양대학교출판부 ● **출판등록** 제4-7호(1972.2.29)

주소 서울 성동구 왕십리로 222 ● **전화** 02.2220.1432-4 ● **팩스** 02.2220.1435

홈페이지 press.hanyang.ac.kr ● **이메일** presshy@hanyang.ac.kr

표지 안광일 ● **본문디자인·편집** 김민지 ● **인쇄** 네오프린텍

값 **22,000**원

ISBN 978.89.7218.796.7 (93710)